普通高等教育
"十一五"国家级
规划教材

（第三版）

Zhongguo Chuantong Wenhua

中国传统文化

张岂之 主编

中国教育出版传媒集团

高等教育出版社·北京

主　编
张岂之

撰写者
龚　杰　刘宝才　孟昭燕　王　仲　申　诚　何清谷　陈国庆　赵丛苍
黄书光　方光华　刘毓劼　刘　宛　钟明善　肖永明　陈战峰

插图选配
于健航

出版说明

张岂之教授主编的《中国传统文化》是我社出版的关于中华优秀传统文化的教材。该书自 1994 年初版以来，已修订再版两次，其内容质量、编写体例和语言风格不仅得到广大高校师生的肯定，也受到社会读者的欢迎和喜爱，是我社的畅销书、长销书之一，并被翻译成多种语言。

这次，作者对部分内容进行了进一步的核校和完善，出版社也对版式进行了重新设计，使该书继续保持图文并茂、文质兼美的风格，以期更好地满足读者的学习和阅读需要。

通过各方共同努力，我们希望这部经典教材在宣传与推广中华优秀传统文化方面做出更大贡献。

高等教育出版社社科分社

2023年1月

　　《中国传统文化》一书于1994年11月由高等教育出版社出版，此后数年间共印刷11次。我经常收到读者来信，询问在哪里才能购到此书。2005年高等教育出版社计划修订此书，我十分高兴。由高等教育出版社文科分社的于健航同志主持为此书选择图片，力求做到图文并茂；同时还请西北大学中国思想文化研究所龚杰教授校正书中的差错，并查对原始资料。我仔细读了全书，十年前我们（指此书的执笔者和我本人）对中国传统文化的基本观点，今天仍然如此，毋需改动或重写。在高等教育出版社的督促下，此书的审订工作很快完成。现在我以喜悦的心情为改版的《中国传统文化》一书写一篇新序。原先的旧序和后记全部保留，使读者朋友们了解此书当初是怎样写出的，以便增加一点历史感。

　　从1994年开始，我经常和西北大学中国思想文化研究所的同志们就中国传统文化进行探讨。我们觉得，中国的文化复兴以及民族凝聚力的加强，不能离开中国优秀文化这个宏大而深厚的基础，在这方面，我们应当为大学本科生开设有关的课程，同时对传统文化进行深入研究，专著固然不可少，而深入浅出的读物也许更加需要。作为大学基础文科的教师，应努力写出大学生能够看懂而且感兴趣的关于中国传统文化的书来。十年来我们就是这样努力去做的。

　　还要提到，1994年9月，在华中理工大学召开的高校文化素质教育试点工作研讨会上，周远清同志代表国家教委作了《加强文化素质教育，提高高等教育质量》的讲话，这标志着我国大学文化素质教育的正式开始。我们撰写的《中国传统文化》一书虽然和大学文化素质教育没有直接联系，但此书出版后的多次印刷，受到读者欢迎，和大学文化素质教育的开展和深化有关。到今年（2005 年），大学文化素质教育已整整十年，金秋十月将召开有关这方面的学术研讨和经验交流会议。《中国传统文化》一书恰好在这个时候再版，可以算作我们对大学文化素质教育开展十年的祝贺！大量事实表明，文化素质教育和人文精神教育是十分必要的。十年来，学界关于人文精神和科学精神的交融已进行过多次探讨，其重要性已成为许多学人的共识。人文精神的弘扬，并不是抽象的，她是民族和国家历史和文化的结晶，因此，对于中国优秀传统文化需要结合我国历史进行深入的研究。我希望读者朋友们能够喜欢再版的《中国传统文化》，并恳请大家批评指正。

张岂之

2005 年 6 月 11 日

第
三
版
序

　　我为《中国传统文化》第一次写序，是在 1994 年的春节，同年 11 月出书，现在为修订版（第三版）写新序，已经是 2009 年 9 月，与初版相隔十五年。如果说 1994 年正当我国文化建设大步向前迈进，到 2009 年，我们迎来了我国文化建设的大发展、大繁荣时期。我们用了半年时间完成了《中国传统文化》一书的修订工作，以此表示我们对新中国成立 60 周年的祝贺。

　　此次《中国传统文化》一书的修订，主要是在两个方面，其一，对全书的文字进行必要的修改，使之更加简练、准确，便于读者阅读；其二，增加了一些内容，比如第六章"文化的摇篮——育才"，增加了关于书院的论述，在其他章节或多或少有所修订。新补了一章（现在的第十一章）："节日与中国传统文化"，春节、清明、端午、中秋节于 2008 年起已成为我国法定的节假日，它们是我国传统文化中的重要内容，需要在论述中说明其来源和文化内涵。

　　在本书修订中，我们也遇到一些困难，本想列出一些参考书目，但在取舍上很难把握；无论提出怎样的书单，总会找到书单的不足和缺点，所以我们不再列出参考书目。关于思考题，我们经反复研究，列出了一些，本意是想帮助读者对本书有关内容的理解，多少起一些参考的作用，不是以此束缚读者的思考，究竟如何，要请读者指正。

　　关于本书第七章"艺术精品——中国书法、绘画"的修订，得到书法家钟明善先生（西安交通大学教授）的帮助，我们表示衷心的谢意。和我一起参加修订工作的有湖南大学岳麓书院的肖永明教授、西北大学中国思想文化研究所的陈战峰博士，他们做了许多工作，我感谢他们。

我们之所以能够在较短时间内完成修订《中国传统文化》的工作，是因为有读者购买它，阅读它。如果出了初版，书卖不出去，躺在书库里，那就谈不到书的再版和修订版。我们的时代需要弘扬祖国优秀文化，读者朋友们在这方面有强烈的求知欲，这才使我们这些专业工作者有了用武之地。一本书的修订，并不是一次、两次，而是多次，这样才能不断提高书的质量。总之，归根到底我们应当感谢我们的时代，感谢读者朋友们!

张岂之

2009 年 9 月 1 日

目录

谈中国传统文化

绪论

谈中国

传统文化

我们将这本小书奉献给读者朋友。

本书主编和撰写者都是教育工作者，经常和青年接触，比较了解他们的心态。他们除去课本以外，迫切需要品位高而又有可读性的书籍。可惜这方面的读物不多。

读者们希望有介绍中国传统文化的书籍出版。有些高等学校已经开设"中国传统文化""中国书法""绘画""古乐""文物鉴赏"等选修课程。据我们所知，只要教师运用具体且生动的教材进行教学，给学生以形象的实感，就肯定会受到学生的欢迎，取得良好的教学效果。学生们争先恐后地选修"书法"，且对"古乐"和"文物鉴赏"等课程也有浓厚的兴趣，就是很有说服力的例子。

"文化"的含义比较宽泛。文化是有思想的人创造的。有系统的思想理论被称为观念文化，这是各种文化形态的理论基础。中国古代观念文化主要有儒家、道家、法家和佛教学说。除观念文化外，中国传统文化还包括历史文物。文物含器物，如陶器、瓷器、青铜器、玉器、金银器、漆器、铜镜、古钱；含艺术品，如书法、绘画；还含有古建筑、陵墓、古代服饰等。除文物外，传统文化还含有社会制度，即所谓制度文化，以及关于文学、史学、医药养生、农学、天文历算、科技等古代书籍。还包括民族风俗、习惯和节日，显示出民族文化的特色。由此看来，传统文化的内涵是多方面的。从中国传统文化可以看出，中华民族用自己的勤劳智慧创造了悠久、绵延不断的历史和丰富多彩的文明。

今天，在全民尤其是青年中进行中国传统文化的宣传和介绍，是必要的。如果人们从中学到了历史和文化知识，对认识中国国情，提高文化素质、道德素质、审美素质有所帮助的话，他们肯定会欢迎的。

我国正在社会主义现代化的道路上迈进，现代化与传统文化是不可分割的。传统文化中的精粹必将在现代化的伟业中得到发扬，而传统文化中的劣质必然被冲刷而淘汰。向读者朋友，特别是青年们介绍中国优秀传统文化，这是我们教育工作者的责任。青年朋友在头脑里积累的传统文化的精粹越多，现代化眼光就会越加深邃，责任感和使命感就会更加强烈。正是基于这样的目的，我们才决定编著《中国传统文化》这本书。

照上面所说，中国传统文化包含非常丰富的内容，而且表现形式也是多种多样的。那么，各种形式的传统文化是否具有共性？也就是说，什么是中国传统文化的基本精神？在我们看来，可从以下几个方面去看。

第一，"人文"精神。中国古代"人文"精神的产生和中国历史的演进是同步的。早在炎黄时代就已蕴含"人文"精神的萌芽。经过夏、商、周，到春秋末期，"人文"精神才以系统而完整的理论形式出现。这要归功于春秋末期大思想家、大教育家孔子。他继承商、周"人文"精神，又加以创造性的发展。孔子以后，不仅在儒家学派，而且在其他学派和各个学科领域里，"人文"精神又有新的发展和创造。

中国传统文化的"人文"精神带有这样的特征：它重视人的道德修养，主张人们通过自身的修养与学习，成为高尚的人、有理想的人。因而古代的"人文"精神非常重视礼仪形式，提倡德治，力求使社会各个等级和睦相处。为了维护社会的稳定，古代"人文"精神特别重视社会的细胞——家庭，为家庭成员规定了应当遵守的各种道德规范，认为有了家庭和谐，才有社会的稳定和均衡。古代的"人文"精神还提出了关于未来社会的理想模式，企求建立一个"天下为公"的世界，在这个环境里实现人尽其才。上述"人文"精神培育了中华民族的美德：积极进取、坚韧不拔、敬老养老、救济孤残、勤俭持家治国等。这些美德是我们的宝贵精神财富，也是古代"人文"精神的精华。

历史是复杂的。古代"人文"精神在历史上也出现过被扭曲的状况，或者它的某些方面被引向片面化和绝对化。比如，由于过分强调家庭的作用，因而在社会生活和价值观方面，把家庭成员间的血缘关系推到最重要的地位。又比如，由于过分强调道德的作用而忽视制度和法治；将道德人格化，即塑造出所谓的"圣人"，他被描绘成为无所不知、无所不能的"神"，从而忽视了社会整体对社会发展进步所做出的贡献。

今天，我们介绍中国传统文化，重点是从正面评介优秀的传统文化，使大家受到教育和启迪，至于其中某些和现代生活不合的方面，则要加以分析，并作出符合实际的说明，使人们能够理解，从而予以舍弃。

传统文化中的"人文"精神不仅表现于观念文化，而且渗透于传统文化的各个方面。这些，我们将在本书的各个章节加以说明。

第二，"自然"精神。中国古代各个学派都从不同的方面探讨人和自然的关系，即所谓"天人"关系。这不是偶然的。因为中国古代物质文化、制度文化和观念文化的创造都离不开农耕的物质基础。中国很早就有天文历算的发明，这是农业耕种的需要。由此引发出人与自然的学说。这在道家学说中有比较充分的论证。道家经典《老子》（又称《道德经》）将"无名"作为天地的始原，"有名"作为万物的本根。它们是外延很大的名词。后代所有科学的发明创造，如果要从哲学上加以概括，都超越不了"有"与"无"的外延范围。《老子》一书还提出要如实地去认识自然，不要附加人的主观想象，因为天、地、宇宙来源于"道"，而"道"是自然的（即"道法自然"）。这是中国传统文化中"自然"精神的出发点。

道家学派的另一部代表作《庄子》（又称《南华经》），则强调人们应当尊重自然，爱护自然，不能破坏自然。其中提出了保护自然生态平衡的卓越思想。但是《庄子》并非要人们在自然面前无所事事，而是主张按照自然本身的结构和特点去认识它，在不伤害自然的前提下，向自然索取人类需要的生活资料，《庄子》书中"庖丁解牛"的故事就是这方面有代表性的论证。

上述"自然"精神推动了中国古代科学技术的发展，在天文历算、农学和中医学等领域取得了巨大成就。但是，人和自然的关系不仅在于人类社会要从自然界获取生活资料，还有另一个重要方面，就是人们从自然界汲取美感，以自然界的某些现象为原型进行艺术加工，给生活带来美的享受和高雅的情趣。这些我们从古代器物，特别是书法、绘画、文学作品、饮食文化，以及园林建筑等方面可以看得十分清楚。

自然与人有和谐的一面，也有不协调的一面。天灾给人们带来苦难，古代人们对发怒的自然界感到恐惧。当他们还不能科学地解释令人恐怖的自然现象时，他们不得不设想自然（"天"）具有巨大的威力，人们在它的面前只能顺从，不能反抗。于是便把人的意识附加到自然的身上，向神化了的自然顶礼膜拜。这就和理性的"自然"精神相悖了。因此，在中国传统文化中有两种不同的"天人合一"，一种是人和自然的协调，表现为人对自然的认识、保护和利用，而另一种则是将自然神化，从而在心理上和精神上屈服于神性的自然。在传统文化中，这两者既相互联系又相互区别。我们应当仔细地加以辨别和抉择。

第三，"奇偶"精神。我们的祖先在农耕实践中观察山的向阳面和背阴面；又观察风向，以便预测天气的变化。于是创造了"阴"与"阳"两个在中国传统文化中最常见的范畴。当人们用阴与阳来解释自然和人事变化的时候，又在数字的计算方面归纳出"奇"与"偶"的概念。当人们探索自然的奥秘或思考问题的时候，有时从"五行"的"五"，如"五音""五色""五味"等去看事物的构成和变化；有时又从"偶数"的相对相生去把握自然和人生变易的道理。这种"奇偶"精神浸透于中国古代的自然科学之中，比如中医学。在唐朝以前，关于人的生理和医疗的理论，受"五行"说的影响较大。唐朝以后，中医学受"八卦"说的影响便明显地表现出来。

奇与偶的分离和结合，乃是中国古代思维方式的特征。从这里展开了异常生动活泼和丰富多彩的理论思维活动。于是相生相克、抑损举补、安危、动静、左右、上下、盈缺、贵贱、尊卑、情思、知行等相对的概念便应运而生。

孔子的"中庸"说、老子的"抑损举补"理论等，都是这种"奇偶"变化的理论说明。在孔子看来，"中庸"是"一"，是奇，它排除"不及"和

"过"；也就是说，它是从排除"二"个极端中得出的"一"。因此，"中庸"之道是"奇偶"变化的辩证思维。这种思维方式贯穿于中国古代典籍。古人将"奇偶"的思维方式运用于军事、国计民生方面，具有很强的理论说服力，在实践上也曾取得过重大的成就。

宋儒所说"一分为二"，也是奇、偶的结合。观察"一"，要看到它自身的"二"，最后又归结为"一"。这个时候，人们对于某一事物才有了真切的认识。

在中国传统文化中，不但哲学讲奇、偶结合，而且"奇偶"精神也浸透于其他文化构成。中国古建筑、古代都城布局等莫不是奇、偶结合的体现。所谓"对称为一"，就是由"偶"达到"奇"。古建筑素以对称为美，但是，对称又必须融汇于一个统一和谐的建筑群中，即所谓"浑然一体"。

中国古器物的造型美，在一定意义上可以归结为"奇偶"精神的体现。这些器物不仅给人以浑厚稳重的感觉，而且也符合物体方位学和人的视觉需要，使奇、偶达到精妙结合。

第四，"会通"精神。中国传统文化是国内各民族人民共同创造的，同时也吸收了外国的优秀文化。中国优秀传统文化不是抱残守缺、固步自封的文化，她善于学习各种文化体系的长处，并加以消化吸收，用以丰富自己，这就是"会通"精神。

我国先秦时期有许多学派。学派间相互辩论又相互吸收、共同发展。春秋时代文化中心偏于邹、鲁（在今山东省），战国时代的文化已经没有这种界限。中原各国文化交流日益开展起来。例如荀子虽出身于儒家，尊崇孔子的传统，但正如清初学者傅山所说，他的思想广泛吸取了各家思想的精华，同时对各个学派，包括儒家的若干派别在内，都作了深刻的批评。再如战国末期的《吕氏春秋》也带有"会通"之学的特色，它试图综合相互矛盾的各家学说，这在当时被称为"杂家"。

中国传统文化善于消化、吸收外来文化。佛学最初传入中国时，产生了

"格义"之学，沟通了当时流行的玄学和佛学原理。在这之后，佛经的翻译逐渐多了起来，在中国形成了许多佛学学派，其中不少具有中国特色。印度佛学被改造并融汇于中国传统思想文化之中，对中国古代文化的各个方面都产生了影响。清代，特别是清末，许多学者和有识之士为了国家富强，努力学习西方知识（含科学技术、科学理论），力求贯通中、西学。

所谓"会通"还包括各个学派的相通互识。例如，西汉时期，儒、法结合，儒、道互补，后来又吸取中国佛学的若干方面。这在中国文化思想史上可以看得十分清楚。这也是"会通"精神的表现。

上述精神同样贯穿于传统文化的各个方面。

以上四个方面就是我们所理解的中国传统文化的基本精神，在这里只作简略的说明，本书的各个章节将进行比较详细的论证。

最后再谈一个问题，就是关于传统文化的现代价值问题。

传统文化是历史的产物，她必然带有一定的历史特点。我们今天来研究她，择其要点向读者加以介绍，就是因为她有现代价值。可以这样说：历史上流传至今的思想文化都有现代价值。比如，2500多年前产生的儒学，经过了长时期的历史演变发展，《论语》《孟子》和《荀子》等书仍然受到人们喜爱，"温故而知新"，人们可以从这些古典名著中得到人生的启示。道家的《老子》《庄子》等书也有类似的作用。在中国历史上，有些著作是名副其实的不朽之作，世代相传，令人百读不厌。可以毫不夸张地说，只要人类存在，有些著作的智慧之火就永远不会熄灭，它们一直照耀着人类的过去、现在和未来。那么人们要问：出现这种情况的原因是什么？

这可从一般常识和人类认识史两方面加以说明。人类从远古历史到今天和未来，既有相异性，也有同一性。如果看不到相异，就看不见历史的前进和发展；如果看不到同一，就看不到历史的继承关系，而历史的演变和发展是不能割裂的。从哲学上说，任何真理都是相对真理和绝对真理的统一。古话说"人同此心，心同此理"，就说到历史人和现实人之间的共同点。这种共同点特别明显地反映在人类思想文化发展史方面。比如西汉时期写定的《黄帝内经》一书的中医理论，经历了两千多年仍然有医学价值，也可以说其中有些论述具有永恒价值。虽然今天中国人的思想观念和生活环境与西汉时期相比已有很大的差异，但是人的生理结构基本相同，这一点即或有些变异也是极小的。人的生理变异要经历相当长的时间，这不同于社会各项制度的变革。再比如《老子》关于小国寡民，关于法律、政治的若干观点，是过去某个特定历史环境的产物，当历史向前发展，随着时间的流逝，这些就会逐渐被人们忘却。然而《老子》一书关于自然运行，以及自然与人类的关系等重要问题上的创造性贡献，有些经过历史的检验，被确证是绝对真理的粒子，它们近似地反映了自然界某些方面的法则，历史的烟云不能淹没这些真理粒子的光彩。无怪乎睿智的哲人们说：无数相对真理的总和就是绝对真理。在绝对真理长河中有一点一滴贡献的人们，历史不会忘记他们，后人也会牢记他们的功绩。所以说，他们的学说理论具有现代价值。

所谓"现代价值"，可从两方面来看。一方面是表层的，再一方面则是深层的。前者具有普及性，为众多的人所理解和运用。比如孔子和老子讲的名言，经常为后代人引用，给人以启示。在一定场合，人们喜欢用孔子"有朋自远方来，不亦乐乎"和老子"千里之行，始于足下"。这就是表层的现代价值，易于被人们认识和运用。思想文化的现代价值并不限于表层，它还有更深层次的价值。而要认识这一点，就需要进行深入的科学研究，由表及里，从现象深入到本质。比如，关于老子理论思维的特色，它对于世界科学以及中国古代科学产生了怎样的影响，他的理论思维对于科学家们探索自然的奥秘有什么启示，以及他关于世界和宇宙结构的某些洞察，今天应当如何看待等。这些问题绝对不是摘引几句老子的话所能解决的。这需要付出艰巨的精神劳动，作为一项重要的科学课题来进行研究。在这方面，国内外有些学者已经取得了很好的研究成果。

在探索传统文化的现代价值时，不能只谈观念文化，对古器物以及书法、绘画、服饰、饮食、古建筑等也不能忽略。应当承认，它们蕴含的历史和美学内容具有一定意义的永恒性。例如，有些器物的价值并不因历史的演进而有所改变，各种艺术品给人以美感，这是不会消失的。比如唐朝人喜爱王羲之的书法，今人仍然感受到王羲之书法艺术的美。像这样的例子不胜枚举。正因为这样，传统文化中有形的成果比观念形态的成果更具有现代价值，从中可以清楚地看到历史某一方面的真实。

　　研究传统文化的现代价值需要有历史的观点，并不是说今天的科学创造只是以往思想文化的简单翻版。没有科学的继承，便谈不上科学的发展；同样，如果没有创新，所谓继承就成了空中楼阁。因此，我们在探讨传统文化的现代价值的时候，更加需要注意科学在今天和未来的发展。传统文化是我们进行创造的依据。当我们在探索的羊肠小道上行进，以往的文化成果给我们点燃了智慧之火；但在路上的披荆斩棘，则要靠我们自己的毅力和勇气；而要顺利地走过羊肠小道，进入"柳暗花明又一村"的境地，要靠我们自己的创造。继承以往的文化遗产，是为了今天和未来的发展。传承文明，创造未来，正是基于这样的目的，我们编写了这本小书。

第一章

炎黄时代与中国文化的开端

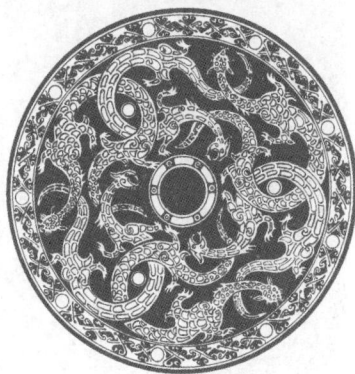

第一节　赫赫始祖的业绩

中国原始社会末期遗留下的丰富历史传说，经过两三千年的口耳相传，从西周开始才用文字记录下来。这样的史料被称为传说史料。传说史料讲述的那个时代称为古史的传说时代，相当于氏族社会后期，在考古学上相当于新石器时代晚期。那个时期已经出现了私有财产和贫富分化，社会制度和社会意识也发生着剧烈的变化。

中华民族的人文始祖炎帝和黄帝是传说时代的人物。《国语·晋语四》说，黄帝和炎帝的父亲是少典氏族的成员，母亲是有蟜氏族的成员。黄帝在姬水一带长大，炎帝在姜水一带长大。姜水是渭水的一条支流，在今天的陕西宝鸡境内，姬水离姜水不会很远。可见炎帝、黄

图1-1　汉代武梁祠画像石中的
黄帝像

帝是兴起于我国西部黄土高原地区的部落领袖。依据世系推算，黄帝生活的时代在距今大约 5000 年前。炎帝时代比黄帝时代早 500 余年。

炎帝最大的功绩是发展了原始农业。早在新石器时代初期，已经出现了原始农业。但当时农业在经济生活中还不占主要地位，渔猎仍然是获得食物的主要方式。随着时间的推移，人口增多，可供猎取的禽兽却越来越少，依靠渔猎已不能满足人们的生活需求，人们必须生产出更多的食物才能生存发展下去。炎帝发展原始农业，为解决这一时代性课题作出了重大贡献。炎帝发明了最早的农具耒耜。用耒耜代替双手刨土，提高了耕作能力。炎帝培植出最早的谷物粟（小米）。粟这种谷物耐旱、高产，又能长期储存，古人称之为嘉谷。与农耕密切相关，炎帝还是陶器的发明者，史称炎帝"耕而作陶"

图1-2 汉代武梁祠画像石中的炎帝像

（《太平御览》引《逸周书》）。与农业、制陶业发展密切相关，炎帝又创立了"日市"，教导人们定期聚会进行产品交换。炎帝的这些发明改善了人民的生活，受到人民的拥护爱戴。

炎帝的另一个功绩是发明了医药。他遍尝百草，寻找为人治病延年的药物。相传他尝百草时曾"一日而遇七十毒"（《淮南子·修务训》），"一日百生百死"（《通志》），但仍坚持不懈，表现了无私的牺牲精神。他发现了很多种草药，用来为人治病，减轻了人民的疾病痛苦。后人将中药学经典取名为《神农百草》，就是纪念他创始医药的功德。此外，炎帝还发明了五弦琴，创作舞乐《傩舞》和《下谋》，每当年末举行蜡祭的时候，带领人们载歌载舞，报答天地养育的恩德，祈愿来年风调雨顺、五谷丰登。

黄帝部落的发明很多，几乎遍及社会生活的一切方面。其中最值得注意的是文字、衣冠和若干社会制度等的发明。传说文字的发明者是仓颉（《世本》），或说还有沮诵（《书势》），他们两人都是黄帝的史臣。冠冕的发明者据说是黄帝本人，衣裳的发明者则是黄帝之臣胡曹（《世本》《吕氏春秋·勿躬》）。黄帝发明衣冠不只是为了抵御寒暑，更有文明教化的意义。"黄帝能成命百物，以明民共财"（《国语·鲁语上》），具有建立财产制度的意义。"黄帝取合己者四人"，使治四方（《尸子·下》），或说黄帝设立了"七辅""六相"（《管子》）、"三公"（《帝王世纪》）、"四史"（《拾遗记》）、"百官"（《淮南子》），这些设官治民的举措是中国行政制度的肇始。黄帝时代的发明从物质文明延伸到精神文明和制度文明，对社会发展起了很大促进作用。

值得重视的是，在姜水、姬水流域发展起来的炎、黄部落各有一支逐

图1-3　黄帝战蚩尤图

渐向东迁徙，进入了中原地区。炎帝部落东迁的路线偏南，顺着渭水东下，再沿着黄河南岸向东发展。黄帝部落迁徙的路线偏北，顺着北洛水南下到今陕西大荔一带，东渡黄河，再沿着中条山、太行山向东北走。炎、黄两个部落进入中原以后，与晋、冀、豫交界地区的九黎部落相遇，发生了军事冲突。先是炎帝部落被九黎部落打败。接着炎、黄两个部落结成军事联盟打败了九黎部落，杀死了他们的首领蚩尤。最后炎、黄两个部落间又发生了军事冲突，炎帝部落失败，离开中原，分散迁向各地，大部分向南迁往江汉一带以至长江以南，也有一部分迁到山东海滨。胜利的黄帝部落则成为中原的盟主。在炎、黄两个部落共同与九黎部落进行战斗时，东夷部落支持了炎、黄部落。炎黄、九黎、东夷诸部落争斗的结果，促进了它们之间互相融合，形成了华夏民族的主体。汉代大史学家司马迁依据《世本》《大戴礼》的记载，将黄帝列为五帝之首，颛顼为黄帝之孙，帝喾为黄帝的曾孙，唐尧为黄帝的玄孙，虞舜为黄帝的九代孙；夏代开国首领禹也是黄帝的后裔。所以说，中华民族是炎黄子孙，这是一个符合历史事实的观念。

　　更值得重视的是，传说时代各族之间既有冲突也有融合，在冲突中走向融合。上古各族的迁徙流动经历了漫长的过程，促使不同氏族、部落之间频繁接触，促进了文化的发展。在炎、黄部落迁徙的沿途，留下了各具特色的文化遗迹，这说明迁徙的氏族部落与原来生活于当地的氏族部落发生了文化交流。同时还可以看到，炎、黄部落向东发展的同时，黄河下游的部落也向西迁移。炎、黄部落把当时先进的农业带给了东方，黄河下游的一些生活习俗也向西传播到中游地区。古史又有记载说，周人始祖后稷是帝喾元妃有邰氏之女姜嫄所生。帝喾是黄帝的后裔，有邰氏是炎帝的后裔，周人既是黄帝子孙，也与炎帝有血缘关系。这一事例可以说明，阪泉之战后，炎、黄的后代并没有割断关系。这种状况也存在于炎、黄与其他部落之间。无论是这些军事冲突中的胜利者还是失败者，都在中国这块土地上继续耕耘，共同创造着古老的中华文明。我们说中国历史是中国各族人民共同创造的，又说炎、黄是中华民族的人文始祖。这两种说法是对同一历史事实从两个视角所作的概括表述，并不互相排斥。

总之，炎黄时代是中国 5000 多年文明的源头。讲中国传统文化，从炎、黄时代讲起，这符合历史的事实。说中华文化源远流长，这一点也不夸大，而是对历史事实的准确概括。

中国传统文化强调人与自然的统一、和谐，这是自古以来"天人合一"观念的一种体现。它与神学的"天人合一"观念不同，不是将自然力量神秘化，要人们顶礼膜拜，而是要人们积极地认识、利用和保护自然。这种观念在炎黄时代就已有了萌芽。炎帝发明农耕是认识自然的综合成就，包括对植物、土壤、气候、天文的粗浅认识。后人称炎帝之时"渐革庖牺之朴，辨文物之用"（《拾遗记》），又说"神农教耕而王，天下师其智也"（《商君书·开塞》）。"文"即文明，"智"即智慧，这是人所特有的，因而人应当讲文明、学知识，摒弃野蛮和愚昧。一个"文"字，一个"智"字，准确地说明了中国传统文化的开端。后来中国文化中强调"人禽之辨""文野之分"，都是这一起源的扩大和延伸。

中国文化的人文精神也发端于炎黄时代。在较早的文献中，我们看到的炎、黄的历史是人的历史。炎帝、黄帝都是有父母子孙的现实社会的人，而不是神。他们的成功得力于人的积极进取。这种相信人的力量，依靠人的努力，为社会为人民谋利益的精神，也是中国传统文化的优良传统。

以上概述中华人文始祖炎、黄二帝的功绩和创业精神，依据的仅是古文献的记载和传说史料，有意避开了考古资料。因为我们有这样一种看法：传说史料的时空观念比较宽泛，不宜将其与具体的考古资料直接等同起来，但我们并不认为传说史料所描述的内容都是杜撰的。其实，我们所肯定的传说史料都有考古资料的印证，不过为了叙述的方便，行文省略了印证这一步工作。在以下几节我们准备运用考古资料来说明炎黄时代与中国文化的开端，但是只使用距今6000年至4000年之间的考古材料。具体来说，主要是黄河上游的马家窑文化和齐家文化，黄河中游的仰韶文化、河南龙山文化和陕西龙山文化，以及黄河下游的大汶口文化和龙山文化，长江中游的大溪文化、屈家岭文化和青龙泉文化，长江下游的崧泽文化和良渚文化的考古资料。（关于考古文化分期，依据石兴邦《中国新石器时代考古文化体系及其有关问题》一文，《亚洲文明》第一集，安徽教育出版社1992年版）

第二节　北粟南稻的农业

农业和畜牧业出现以前，人类在中国大地上繁衍生息已有百万年之久。在那漫长的岁月里，人们依靠采集植物果实、根块和打猎、捕鱼获取食物，过着攫取性经济生活。农业、畜牧业的出现，标志着先民们开始依靠自己的劳动增加天然物产，进入生产性经济生活。

中国生产性经济出现和发展的历史，与世界其他地方相比较，既有一致性，又有自己的特点。这可以从以下几点来说明：

第一，中国与世界其他地方一样，生产性经济出现于新石器时代早期。黄河流域和长江流域是中国原始农业起源最早的地区。黄河流域新石器时代早期文化遗址很多，已发现的山西省怀仁市鹅毛口、河北省武安市磁山、河南省新郑市裴李岗、陕西省渭南市华州区老官台、北京市东胡林村等遗址，都发现有农业生产工具，说明距今 7000 年前黄河流域已经有了原始农业。长江下游浙江余姚市河姆渡遗址的下层有农具和大量稻谷出土，说明距今 7000 年前长江流域的原始农业生产也已达到一定水平。

第二，中国与世界其他地区一样，由于把捕获的动物驯养成家畜进行繁殖便出现了畜牧业，把野生的植物培养成农作物进行种植便出现了农业。但是农业和畜牧业在各民族历史上的地位有所不同，有些民族是首先发展了畜牧业，为了提供牲畜饲料而种植谷物。有些民族是先发明了农业，畜养业是作为副业出现的，始终处于次要地位。中国黄河、长江流域属于后一种情况。农业经济是我国新石器时代生产性经济的主体，这一点对中国社会和文化的发展有着重大影响。

第三，原始农业本身的发展有阶段性。最初是原始的生荒耕作制：人们辟草莽开山林，放火焚烧，以灰烬作为天然肥料，就地种植农作物。新开垦的荒地收成较好，耕种几年之后土壤贫瘠了，收成减少，人们便另外开垦新地。后来人们在生产实践中发现，抛荒的土地经过若干年后重新耕种，又会获得好收成，于是在几块土地上轮流倒换耕种，这就是熟荒耕作制。生荒耕作制相当于文献中所说的"焚林而田"（《淮南子·本经训》）的火耕农业，熟荒耕作制则与耒耜农业相适应。文献记载说：炎帝神农氏"斫木为耜，揉木为耒，耒耨之利，以教天下"（《周易·系辞下》），说明炎黄时代原始农业有了很大的发展。

要具体说明炎黄时代的农业，应当从我国的自然条件说起。自然条件中的土壤、水源、鱼类等是人类生活资料的天然财富，而瀑布、通航的河流、森林、矿藏则是作为人类劳动资料和劳动对象的天然财富。在人类社会发展的低级阶段，由于生产力水平低，还不能够或很少能够利用作为劳动资料和劳动对象的天然财富，那时什么地方作为生活资料的天然财富占优势，什么地方就容易发展起来。我国地处东亚大陆，具有辽阔的沃野和丰富的水源，为农业提供了适宜的自然条件，因而成为世界最古老的农业发源地之一。

中国史前农业文化有不同于西亚、北非、印度的特点，它本身在黄河流域与长江中下游两个中心地区又有不同的特点，形成自成体系而又丰富多彩的中国史前农耕文化。这在谷物种类、家畜品种、农耕工具、聚落形态方面都有明显的表现。

粟和稻是中国史前农耕文化的主要谷物品种。那时中国没有小麦、高粱、玉米。小麦的原产地在西亚，商、周时才传入中国；高粱在魏晋时才传入中国；玉米的原产地在中美洲，传入中国的时间更晚。

秦岭、淮河以北，以黄河流域为中心的北方地区，主要谷物品种是粟（Setaria italica，俗称小米），可称为种粟农业。因为粟是北方种植的主要谷物，以至北方一些地区将谷作为粟的专称。粟是由野生植物狗尾巴草培育而来的，适于在干旱的黄土地带生长。考古发掘中，中国史前时期粟的出土地点已有 27 处（见安志敏《中国的史前农业》，载《考古学报》1988 年第 4 期）。从时间上分析，出土粟的最早遗址，是距今 7000 年以上的河北武安磁山文化遗址。而出土粟的大部分遗址在距今 6000 年至 4000 年之间。从地域上分析，27 处出土粟的遗址中，在秦岭、淮河以南的只有 4 处（台湾 2 处，西藏、云南各 1 处）。秦岭、淮河以北的却有 23 处，这 23 处中分布在长城以北地区的也只有 4 处（辽宁 3 处，黑龙江 1 处），另外 19 处全部分布在华北和西北的黄河流域。黄河中游的仰韶文化遗址中出土地点最多，黄河下游的大汶口文化遗址及黄河上游的马家窑文化遗址和齐家文化遗址中也出土了不少粟。华北仰韶文化、龙山文化（或大汶口文化）出土的若干人骨，经碳十三食谱分析表明，粟类谷物是当时居民的主要食物（见蔡莲珍、仇士华《碳十三测定和古代食谱研究》，载《考古》1984 年第 10 期）。这些发现表明，粟的种植最早起源于我国黄河流域，仰韶文化各氏族部落是粟类谷物种植技术的发明者和推广者。非洲、欧洲在距今 4000 年时才种植粟类作物，亚洲的印度、日本、朝鲜考古中发现有粟，时间也都较晚。

秦岭、淮河以南，以长江中下游为中心的南方地区，主要谷物品种是稻（oryza sativa，俗称大米），包括籼稻和粳稻，可称为种稻农业。稻是南方种植的主要谷物，因此南方一些地区将谷作为稻的专称。稻是由野生稻培

图1-4　河姆渡遗址出土的稻谷

育出来的，适于在温暖湿润、水源充足的南方种植。目前中国史前时期稻的出土地点已有45处之多（见安志敏《中国的史前农业》，《考古学报》1988年第14期）。从时间上分析，出土稻的最早遗址是距今7000年以上的浙江余姚河姆渡遗址。而出土稻的大部分遗址同样在距今6000年至4000年之间。从地域上分析，在秦岭、淮河以北的只有6处（河南3处，山东1处，陕西2处），秦岭、淮河以南的有39处，其中分布在长江中下游以外地区的有12处（广东2处，福建2处，台湾2处，四川1处，云南5处），另外27处全部分布在长江中下游地区。长江下游以良渚文化遗址中出土稻的遗物最多，崧泽文化遗址中也有出土。长江中游以屈家岭文化遗址中出土稻的遗物最多，大溪文化遗址和山背文化遗址中也有出土。这些发现表明，我国稻的种植最早起源于长江流域，东南诸原始部落是稻类谷物种植技术的发明者和推广者。长江中下游是全世界种稻最早的地方。过去外国一些学者一直认为，稻的种植始于印度，再由印度传入中国。实际印度稻的种植比中国晚得多，印度发现稻的遗址最早在印度中部的卢塔尔（Lothal）遗址，距现在3700多年。梵文中关于稻的记载最早也在距今3000年左右，比中国晚几千年。

　　史前农业工具的出土情况也能说明距今5000年前后我国原始农业的繁荣状况。这时使用的主要农具种类包括耕作农具铲、耒和锄，收割农具刀和镰，谷物加工用具磨盘和磨棒。这些农具在距今7000年前的新石器时代早期都已出现，经过长期改进后更加完善。距今5000年前后，无论黄河流域还是长江中下游地区，农业工具种类都有了很大发展，出现了许多前所未有的新农具。在黄河中游地区的仰韶文化以及河南龙山文化、陕西龙山文化、庙底沟二期文化、陶寺文化、青莲岗文化诸遗址中，在黄河下游的大汶

口文化、山东龙山文化诸遗址中，都
有多种农具出土，黄河上游马家窑文
化遗址中也有农具出土。仰韶文化半
坡遗址中出土的收割陶刀，加工工具
石碾，庙底沟遗址中发现使用双齿木
耒的遗迹，都是新石器时代早期遗址
中尚未见过的。在长江中下游屈家岭

图1-5 钱山漾遗址出土的耘田器

文化、马家浜文化，特别是良渚文化遗址中也出土了大量多种农业工具。良
渚文化遗址中出土的农具很有特色，例如钱山漾遗址中出土了三角犁形器
"耘田器"，马桥遗址中的石质、骨质农具非常精致。农具在各类工具中占的
比重增大，反映出农业的发展繁荣。宝鸡北首岭遗址出土石器工具共 14 种
253 件，其中农具占 7 种 128 件，农具的种类和数量都占到全部出土石器的
一半（见景明《神农氏、炎帝》，西北大学出版社 1993 年版）。当时的农业
工具有石、蚌、陶、木多种质料，发现最多的是石质工具。但可以推断木质
农具数量也不少，古人"断木为杵，掘地为臼"（《周易·系辞下》），加工谷
物的杵、臼应当多为木质。但木质农具容易腐烂，难以遗存至今，所以遗址
中发现的木质农具为数极少。

作为中国史前农业附属生产部门的家畜饲养业，到了新石器时代末期，
有很大发展，家畜已经有了猪、狗、鸡、牛、羊。新石器时代早期已经驯养
了猪、狗和鸡。马家浜文化时期开始驯养水牛。仰韶文化时期开始驯养黄牛。
绵羊、山羊的可靠驯养时间最早是在庙底沟二期文化时期。对于史前是否已
驯养马，目前尚难定论。猪和狗一直是中国史前驯养的主要家畜，猪的驯养
数量最多，这是我国史前家畜业的特点。新石器时代早期的北方裴李岗、磁
山遗址，南方的河姆渡、甑皮岩、仙人洞遗址都有驯养猪的遗骸。到新石器
时代晚期，无论是黄河流域的仰韶文化、龙山文化、庙底沟文化、大汶口文
化、齐家文化，还是长江流域的大溪文化、屈家岭文化、崧泽文化、良渚文
化诸文化中无一例外都有驯养猪的遗骸出土。有人统计，在庙底沟的 26 个

早期龙山文化灰坑中出土的猪骨骸，比同一地点 168 个仰韶文化灰坑中出土的还要多，这说明养猪的数量越来越多。甘肃永靖齐魏家 46 座齐家文化墓葬内共有 430 块随葬的猪下颌骨，最多的一墓有 68 块，足见当时的养猪业很发达（见《中国大百科全书·考古学·中国新石器时代的家畜》，中国大百科全书出版社 1986 年版）。"猪为六畜之首"这一事实，说明中国史前家畜饲养是依附于种植农业的，也说明中国史前农耕发展到了相当高的程度，已经能够提供足够的饲料。

定居与农业关系密切。居住相对稳定是进行农业生产的前提，农业发展又促使大规模聚落的形成，所以聚落状况成了反映农业发展状况的重要指标。聚落地点要靠近水源以便于生活，附近要有适于耕种的土地以便于生产，又要交通方便以满足交往需要。已发现的我国新石器时代的聚落都在河岸、湖畔或天然泉水周围，附近是可以种植谷物的黄土地或湿地沃野，而许多遗址又在现代城市或乡村附近，这说明人们是依据生产、生活、交往的需要，有意识地选择聚落地点。聚落类型有沿水阶地聚落和岗丘聚落两类。前者处于水旁的台地上，后者处于周围较低的高地上。聚落规模有一种小—大—小的发展趋势。前仰韶文化聚落普遍较小，1 万至 2 万平方米的为多；仰韶时期出现了大至数百万平方米的大聚落，一般规模在 1 万至 6 万平方米，而龙山文化时期不足 1 万平方米的小聚落增多。与规模变化相应，不同聚落的人口数量也在变化。前仰韶时期以 80 至 200 人的聚落较为常见，仰韶时期一般在 80 至 600 人，最大的聚落估计达到 6 万人，龙山时期的聚落有 1/3 不足 100 人，一般在 80 至 500 人（王妙发《黄河流域的史前聚落》，《历史地理》第 6 辑，上海人民出版社 1988 年版）。这些情况说明，到了新石器时代后期迁徙更加频繁。许多聚落都有居住区、陶窑区、墓葬区的划分。居住区内有房屋、窑穴，房子的布局往往围绕着一个中心，中心是大房子和广场，周围是许多小房子。聚落外围往往环有沟壕或高墙作为防卫设施。

农业是古代文明发生的经济基础，世界古代文明都是建立在农业基础上的。在旧大陆上，西亚、中亚、东亚的几个古文明区和新大陆上中美洲的墨西哥古代文明区都没有例外。但是，中国古代农业几千年连续发展而未曾中断过，则是世界上独一无二的。孔子说"禹稷躬稼而有天下"（《论语·宪问》），又说禹"尽力乎沟洫"（《论语·泰伯》），可见我国很早就很重视农业。应该特别注意的是，奠定了我国近两三千年传统文化模式的西周和秦代，继承发展了炎黄时代的农业。西周时，农业工具的质料基本还无变化，仍以石、木、骨、蚌制作，青铜农具不多。但农具的种类增多了，又出现了钱、镈、铚等农具，但耒、耜仍是主要农具。作物种类除先前已有的粟、稻、黍以外，麦、菽、粱已普遍种植。耕作制度方面则把原始的熟荒耕作制发展为菑、畲、新三田制，即耕作二年后抛荒的轮耕制，还发展了人工灌溉和除草培苗技术，这在《诗经》的《白华》《良耜》等篇中都有反映。战国时期，秦国农业又有突飞猛进的发展。这时的秦国与中原其他各国一样，普遍使用了铁农具，又修筑了都江堰和郑国渠灌溉工程，使农业得到空前发展。正是在发展了炎黄时代确立的农业经济的基础上，出现了西周礼乐文明和大一统的秦代制度文明。西周礼乐文明强调社会各等级之间的和睦相处，秦代制度文明强调国家的统一，这两点成为中国传统文化的两大支柱。而周、秦文化据以产生的农业经济至少应当溯源至炎黄时代，这充分反映出炎黄时代确实是中华文明的开端。

第三节　古陶神玉的世界

史前陶器和玉器的制作是与史前农业相伴发生发展起来的。新石器时代早期原始农业出现的时候，也出现了最早的陶器和玉器。新石器时代晚期，原始农业发展到繁荣期，陶器和玉器也发展到鼎盛期。农耕经济带来了需求，创造了条件，使陶器和玉器发展起来，在艺术上取得了很高成就，从而

图1-6　仰韶文化小口尖底瓶　　　　　　　图1-7　大汶口文化白陶鬶

成为中国造型艺术的先驱。

　　陶器、玉器两者的情况有所不同。就用途来说，虽然两者大致都有生活用品、礼器和生产工具几大类，但陶器中首要的是生活用品，玉器中首要的是礼器。就地域分布来说，虽然两者在我国新石器时代晚期各文化区域都有发现，但黄河中上游仰韶文化的彩陶最为突出，东北红山文化和长江下游良渚文化的玉器最为发达。形成这种差别的重要原因是资源不同，黄河中上游地区有最便于制陶的、取之不尽的黄土，东部和东南沿海地区则是当时使用的玉材的主要产地。新石器时代的所谓玉，指"石之美"（《说文解字》）者，即较一般石料美丽的石料，也就是彩石。至于通常人们所说的和阗（1959年改为"和田"）玉，当时还没有被人认识，所以玉器最初并非出现于和阗玉的产地。我们曾用"北粟南稻"四字表述史前农业分布的地域特点，在一定意义上也可以用"西陶东玉"四字表述史前彩陶、玉器分布的地域特点。

　　我们暂且不在这里研究陶器、玉器的质料和工艺，而是将它作为文化信

息的载体，观察其所反映的新石器时
代晚期的社会生活、原始宗教及原始
审美意识，并说明其在中国古代文化
史上的地位。

　　陶器的造型原则主要是满足实
用需要。仰韶文化小口尖底瓶呈枣核
形，整体瘦长，两端尖细，便于在浅
流中汲水。小口长颈瓶则有着膨大的
腹，细长的颈和很小的孔口，用以储
水，不易溢出又便于携带。龙山文化

图1-8　大汶口文化兽形灰陶鬶

的豆犹如现代的高脚杯，便于把握。这样的造型都是出于实用的需要。更有
一些特殊的陶器造型直接取象于动植物，反映了当时的社会生活。例如仰韶
文化的葫芦瓶造型完全模仿葫芦，大溪文化的刚竹节形陶瓶造型完全模仿
刚竹节。山东潍坊出土的一件大汶口文化白陶鬶，器身如犬身，鋬如上曲的
犬尾，口与长鋬如昂起的犬首，三只袋足直立，整体造型与一只警戒欲扑的
犬非常神似。山东泰安出土的大汶口文化的几件兽形器更加写实，昂首张口，
双耳耸起，四足直立，是神气生动的犬的造型。这些都反映了当时的经济生
活。此外，还可以从造型看出陶器的历史渊源。因为陶器发明以前的生活用
具是果壳、竹藤编物、绳编物，器物底部都是圆形。仰韶、龙山文化的陶器
底部仍保持着圆形底部，或加上三足的圆形底部，有的还特意雕刻上绳纹、
编织纹，这样的造型反映出陶器与更早历史时期器物的历史联系。

　　与造型相比，彩陶的纹饰反映出更丰富的社会生活信息。仰韶文化半
坡类型陶器上的鱼、鸟、鹿、蛙题材占重要地位，庙底沟类型上的蛙、鲵鱼
和堆塑的壁虎生动逼真，马家窑文化有数量众多的种子纹、葵花纹、叶形
纹、树纹和芡实纹陶器。这些文饰给人们展现出仪态万千、生意盎然的大
自然景象。至于大量变形的图案化的纹饰，如仰韶文化庙底沟类型中瑰丽优
美的勾叶纹，马家窑文化马家窑类型中动感极强、激情奔放的漩涡纹以及雷

图1-9　马厂类型的人头型器口彩陶瓶

纹、莲贝纹、圆形内花纹、双勾曲纹等，究竟原型是什么，人们不易取得一致看法。有人认为它们都是由写实的象生纹饰演化来的，有人则不甚同意（见张明川《中国彩陶图谱》，文物出版社1990年版；邓白《源远流长丰富多彩的中国陶瓷》，载《中国美术全集36·工艺美术编·陶瓷》（上），人民美术出版社2015年版）。但无论如何，它们是对自然事物艺术加工的产物，"肇自然之性，成造化之功"（王维《山水诀》），这些纹样都始于模仿自然，而后又注入了人的情感，成为巧夺天工的美术作品。

特别指出的是，某些陶器上发现了人物画，这里列举三件陶器。第一件是马家窑文化马家窑类型的舞蹈纹彩陶盆，出土于青海上孙家寨。盆的内壁绘有三组舞蹈人物，每组有五个垂着短辫的少女，手拉着手，有节奏地跳舞，洋溢着一片欢乐气氛。它的主题突出，形象生动，用笔简练，不仅是彩陶中的珍品，也是我国最早的人物画杰作。第二件是马厂类型的人头型器口彩陶瓶，出土于青海柳湾。壶口造型是一个庄重肃穆的男子头像，配上壶颈的莲贝纹饰和硕大的器腹，腹部偏下的两耳以及半圆形纹饰，正面看去，整体犹如一个强壮的武士，具有强烈的艺术效果。第三件是仰韶文化庙底沟类型的人头器口彩陶瓶，出土于甘肃大地湾。这件彩陶瓶将瓶口至颈部塑成一个秀美的人头像，披着整齐的短发，表情娴静文雅，瘦长的瓶身用黑彩绘成三周弧线三角形连续纹饰，整体看来就像一位穿着美丽衣裳的少女。后两件器物都将绘画与雕塑结合在一起，更富立体感。

陶器和玉器是人为制作的物品，它们在反映客观世界的同时，必然反映人的主观意识。原始宗教作为新石器时代的主要意识形态，必然在陶器、玉器中反映出来。

丰富多彩的彩陶纹饰，并不是随意地描绘种种自然现象，同一地区总有一种纹样在为数众多的彩陶上反复出现，并在发展中演化出多种同类的纹样。"中国彩陶图案中，以动物为母题的图案，如果贯穿于一个文化类型的彩陶的始终而发展的话，那么可以认为这类纹样大多是与图腾艺术有关。"（张明川《中国彩陶图谱》，文物出版社 1990 年版，第 193 页）仰韶文化的彩陶以鱼、鸟为主要花纹。华山以西的泾、渭流域的彩陶纹样以鱼纹为主，华山以东的黄河中游的彩陶以鸟纹为主，在华山周围一带则出现鸟和鱼结合的纹样。鱼类极有可能是泾、渭流域仰韶文化氏族的图腾，鸟类则很可能是华山以东仰韶文化氏族的图腾。当然，以鸟类为图腾的氏族不仅限于黄河中游地区，不过从已知的仰韶彩陶纹样来看，只能说到这个范围。史前图腾制度的存在，在许多文献材料中可以得到证实，它是原始宗教的一种表现，具有促进氏族成员团结的作用，为当时社会所尊崇，出现在当时的陶器上是合乎情理的。

值得特别一提的是河南临汝阎村遗址出土的鹳鱼石斧图彩陶瓮。这件瓮棺属仰韶文化庙底沟类型，绘有一幅罕见的大型动物画，画面由一只圆睁巨眼并叼着一条直挺挺的大鱼的白鹳和一柄装饰讲究的石斧组成，充满神秘的魅力。从时代、地域、文化类型的大背景考察，鹳和鱼显然是两个氏族的图腾，而石斧象征了父系祖先。这幅绘在瓮棺上的画无疑是用来纪念祖先功业的，反映了祖先崇拜意识。古文献中把图腾与祖先联系在一起的迹象很多。

图1-10　河南临汝阎村鹳鱼石斧图彩陶瓮

例如，《诗·小雅·鱼藻》将鱼和周人的祖先联系起来，《诗·大雅·生民》讲到后稷出生后受到鸟的覆翼保护，《淮南子·地形篇》更有后稷死后变成半人半鱼合体的记载。再如，《诗·商颂·玄鸟》讲"天命玄鸟，降而生商"，《史记·秦本纪》讲秦人始祖大业为其母吞玄鸟卵所生。在这些记述中，鸟和鱼都已成为祖先神的象征，将其与考古资料对照，更可以肯定上述瓮棺上的鹳鸟和鱼具有祖先崇拜的意义。

由于玉器中礼器占据首要地位，因而能明显地反映出当时的原始宗教观念。新石器时代的礼类玉器主要有璧、琮、璜等，是举行祭祀仪式的用品。璧是圆形扁平状正中有圆孔的玉器。因圆孔大小不同，又有不同名称，圆孔小者称为璧，大者称为环，更大者称为瑗。有单体的璧，还有双体、三体连接在一起的璧。琮的基本形状是立方体，内圆外方，有如一个中空的圆筒套在方柱中。琮有单节的与多节的两种。单节的高度小于宽度，以至可以成为手镯状。多节的高度大于宽度，以至可以成为方柱状。璜是一种弧形片状玉器，《说文》称其为"半璧"。关于这些礼类玉器的具体用途，古代有"以苍璧礼天"，"以黄琮礼地"，"以玄璜礼北方"（《周礼·春官宗伯·大宗伯》）的说法。这种说法是否完全符合史前的实际，研究者看法不同。例如，有人认为琮不仅用于祭土地神，还有贯通天地的作用（参阅张光直《谈"琮"及其

图1-11　玉璧　　　　　　　　　　图1-12　玉璜

在中国古史上的意义》,《文物与考古论集》, 文物出版社 1986 年版)。无论
如何, 可以肯定, 这些礼类玉器各有其特殊的宗教功能, 它们的大量存在反
映了原始宗教盛行这一事实。

　　玉器不加彩绘, 纹饰是雕刻上去的, 与造型浑然一体。玉器纹饰较彩陶
纹饰更加规范化和图案化, 也更具神秘色彩。已发现的史前玉璧为素面, 琮
和璜则有兽面纹饰。良渚文化中的琮最为典型。以造型论, 江苏常州市武进
区寺墩遗址出土的一件单体琮最为精美; 以纹饰内涵的丰富程度而论, 余
杭反山墓地出土的琮堪称"琮王"。昭明、利群编著的《中国古代玉器》中
对"琮王"的神人兽面图有如下描述: 其最上端为一呈弓形的冠, 冠下为一
呈倒梯形的人脸, 重圈目、蒜鼻、阔嘴, 有刻画平齐的牙齿, 风字形帽檐处
遍施云涡纹, 帽顶饰放射状羽毛纹。上臂平举, 下臂内弯。兽眼位于两肋间。
以浅浮雕搭配直线纹和涡纹勾出兽面的眉脊和鼻。鼻下有血盆大口, 露出四
颗獠牙。人的双腿呈盘曲状置于兽面之下。简单地看, 整个纹样是一个狰
狞的兽面, 额上搭配一个呆板的人面形象。仔细观察, 兽耳同时是人臂, 人
足同时是兽须, 整体既可看作人体形, 又可看作兽头形。这个人兽结合为一
的纹饰又可以看作手持盾牌的战神或手持玉璧的巫师, 成为人神结合的图案。
类似的图案在良渚文化别的玉上也可看到, 只是比较简略。浙江余杭反山和
瑶山出土有几十件倒梯形、三叉形冠饰, 上面雕刻着同类图案。反山墓地出

图1-13　琮王

土的一件玉钺上也雕刻有同类图案。这种图案被考古学家称为"良渚神徽",
是良渚文化各氏族原始宗教的遗物。

　　炎黄时代的陶器和玉器中涌现出大批珍贵的艺术品,开始形成中国造型
艺术的特色,显示出中国艺术传统的发展方向。例如,中国造型艺术注重写
意的传统在彩陶、玉器艺术中已见端倪。许多彩陶和玉器的造型不是照实摹
绘自然现象,而是着重表现人与事物的关系或事物与事物的关系。通过艺术
造型着重表现的不是自然事物本身,而是人的自然观念、想象、情绪和理想。
玉器中的琮璧注入了人的意识,彩陶中的鸟、兽、鱼、草也不例外。最著名
的半坡人面鱼纹,将两条活生生的鱼画在人嘴的左右两边,这是现在生活中
绝难出现的景象,却完全合乎当时人们的观念,说到底也完全合乎当时的社
会生活现实。我们5000年后的人觉得这样的画面奇特有趣,又大体能够理

解。因为注重立意，以意取形，以意设形，以意写形，所以给自然界的动植物以至行云流水都注入人的观念和情绪，自然景象与人们的观念情感融会演化，展现出气象万千、妙趣横生的画面。

再如，中国造型艺术善于表现动态的传统在陶器、玉器中已有生动的体现。就是不熟悉史前器物图案的人也很容易察觉，两河流域陶器的图案多用平直的笔画构成，给人以严整而静止的感觉，中国陶器图案则多以弧线、弧形、圆点构成，给人以错落运动的感觉。马家窑文化半山类型水器上的二方连续旋纹，绘在器腹的上部，平视如飞浪横卷，俯视如波涛连天。庙底沟陶器上的鸟纹有一系列变化，正面鸟纹三足，双翅上扬的图形变化为圆点和弧形三角，侧面鸟纹从张嘴、翘尾的图形变成一个圆点和三条弧线，强化了鸟类飞翔的流畅优美之感，加上构图的连续重复，充分表现出运动的旋律、节奏和韵味，有如一赞三叹的诗，有如唱和应对的歌。就连云纹、雷纹、双勾纹等极抽象的图案，虽然后人对其原型的推测很难一致，但仍不失运动的韵味。动感的构图，以连续不断的运动突破空间和时间的限制，表现出中华民族奔腾不息的进取精神和旺盛的生命力。

彩陶和玉器极富观赏价值，与它们的形式有密切关系。陶工、玉匠们没有美术论著，而一件件器物就成为没有文字的画论，述说着对形式美的理解。他们运用对比的技巧突出主要花纹，使主题形象鲜明而和谐。他们在统一的基调中穿插细微的变化，造成丰富而含蓄的效果。连续性的反复构图造成呼应的效果，加深了人们的印象。相邻图形共用部分纹样的表现手法，使一条曲线、一个圆点具有两种艺术功能，充满奇妙的情趣。他们还运用同一纹样相交错的手法，使构图向中心凑集，给人以内聚律动的感受；运用图中有图、花中加花的重置技巧来加强层次感，使画面掩映迷离，产生富丽丰厚之美。

随着历史的发展，我国史前玉器艺术绵延了七千余年，是世界其他国家和地区未曾有过的。陶器艺术则发展为瓷器艺术，成为中国艺术中盛开不败的花朵。不仅如此，商周兴起的青铜艺术，无论器物种类、造型特点、纹样演变都继承了陶器和玉器艺术。史前史告诉我们，早在中华文化的发端期——炎黄时代，陶器、玉器艺术就是中国传统文化的重要组成部分，它们对了解中华民族文化形成过程和发展道路有着不可替代的价值。

第四节　从刻画符号到文字发明

古代文献说黄帝之史官仓颉"初造书契"（《说文解字·第十五上》），又说上古"好书者众矣，而仓颉独传者，壹也"（《荀子·解蔽》），这说明仓颉是文字发明过程中用力最专一、贡献最突出的人物。此外还有许多人在文字发明过程中作出过贡献。从"神农氏结绳为治"（《说文解字·第十五上》）到黄帝时"初造书契"经历了很长的时期，文字是一个历史时代的产物，而不仅仅是某一个人的发明。

文字是记录语言的符号，具有形、音、义三个要素。它不可能从结绳记事直接产生出来。那么，文字的直接渊源是什么呢？古人曾有文字来源于八卦之说（见《易纬·乾凿度》《通志·六书略·十五》），今人也有此说，但都没有可靠证据。现在已有可靠证据的是，"结绳为治"到"初造书契"之间出现的刻画符号是文字的直接来源之一。刻画符号有一定意义和相对固定的形状，具备了文字的部分因素，但它没有读音，没有与语言联系起来，还不能算作文字，只能算作文字的前驱。已发现的史前刻画符号，有不少是刻在骨器和玉器上的，大多数刻画在陶器上。从黄河流域到东南沿海的广大地域，从仰韶文化到史前末期，都发现有刻画符号的陶器和陶片。它们主要的出土地点如下：

出土地点	所属文化时期
陕西西安半坡 陕西西安姜寨 陕西宝鸡北首岭 陕西合阳莘野 陕西西安五楼	仰韶文化
青海乐都柳湾	马家窑文化
山东莒县陵阳河、大朱村 山东诸城市前寨	大汶口文化
山东济南城子崖 河南阳城	龙山文化
上海崧泽 上海马桥 浙江杭州良渚	良渚文化
台湾高雄凤鼻头 广东海丰 香港南丫岛大湾 香港大屿岛石崖	华南新石器时代文化

　　这个名单并不完全。古文字学家胡厚宣说，他还看到过大汶口文化、龙山文化以及良渚文化的更多刻画符号（见胡厚宣《要寻找炎黄时代的古文字》，《炎黄春秋》，1993 年第 1 期）。

　　仰韶文化（距今 7000—5000 年）和马家窑文化（距今 5300—4050 年）陶器发现的刻画符号最多。仰韶文化的陶器刻画符号，在半坡遗址、姜寨遗址发现最多，北首岭遗址等处也有少量出土。大多数刻画在圆底陶钵口上，沿着黑彩宽带纹，少数在陶钵的底部，或在陶盆的外壁。三处共发现 270 多件标本，计有 50 多种不同符号。最多的是一道竖画，其次是两

图1-14　仓圣鸟迹书碑

道竖画以及 X 形、Z 形、钩形、T 形等形状，也有的像植物形，还有其他多种形式。马家窑文化的刻画符号，在青海乐都柳湾墓地发现最多，标本有好几百件，共有 100 余种不同符号，比较常见的有

图 1-15 仰韶文化的刻画符号（左）和马家窑文化的刻画符号（右）

"十""一""×""O""卍""I"等十多种。这些符号一般为黑色，画在彩陶罐的下腹部。

仰韶文化和马家窑文化的陶器刻画符号都是单个出现，尚未连缀成书面语言，所以很难甚至不可能释读。有的专家对其中一些符号进行过释读，如认为"×"为"五"字，"∧"为"人"字，"↓"为"草"字等（见于省吾《关于古文字研究的若干问题》，《文物》1973 年第 2 期），但这些释读还没有得到普遍认可。有的专家则认为陶器上的刻画符号"绝大多数都是家族、宗族、氏族或其分支的标记和族徽"（张光直《美术、神话与祭祀》，郭净译，辽宁教育出版社 1988 年版）。说刻画符号中有族徽性的标记有一定根据。半坡遗址中出土最多的一类符号，有 72 件标本，基本上出土于面积不过一百多平方米的区域内。H341 中又发现同类标本两个。有五个"Z"形符号集中出于两个探方内。这些符号集中出土于遗址中的同一区域，可能表示它们是具有族徽性的标记。但说绝大多数刻画符号是族徽也有难于解释的地方：在一个遗址或墓地中出现几十种以至上百种刻画符号，要说绝大多数都是族徽一类符号，等于说一个遗址或墓地中至少包括有几十个以至上百个氏族、宗族、家族，事实上这是不可能的。相距遥远的不同遗址的居民不可能是同一

个家族、宗族、氏族，而考古材料中相距数百里之远的不同遗址中却有相同的刻画符号，这样的符号又怎么可能是族徽呢？

我们认为，陶器刻画符号基本是用于记事的。契刻记事在各民族历史上都曾出现过，民族学资料中多有所见。不仅如此，在史前考古中也已得到证实。1976 年中国科学院青海考古队在乐都柳湾史前墓葬中，发现 40 多片骨质记事工具，它们由大小和形状基本一致的骨片制成，宽 0.3 厘米、长 1.8 厘米，在骨片上方或上下双方刻着数量不等（1 至 3 个）的符号。这种记事方法仍然属于用实物记事，但与结绳记事相比已有发展。在陶器普及的条件下，人们自然会把骨片、木片上的符号移刻到陶器上去。另外，半坡、姜寨与北首岭的刻画符号甚至与柳湾的刻画符号也有一定程度的一致性，几个最常见的符号在不同遗址都有发现。这说明有些符号已在较大的地域范围内流行，具有人们共同承认的含义，所以它们已经具备了文字的因素。

大汶口文化晚期（距今 4800—4500 年）陶器上发现的刻画符号与仰韶文化、马家窑文化的刻画符号风格不同，更接近实物的形象（王树明《谈陵阳河与大朱村出土的陶尊"文字"》，《山东史前文化论文集》，齐鲁书社 1986 年版）。根据王树明的介绍，发现的标本共 16 件（15 件出自山东莒县陵阳河和大朱村，一件出自山东诸城前寨），有刻画符号 18 个，共分为 8 种。有两件上各有两个符号，其余各有一个符号。部分符号整体或局部涂成朱红色。它们大部分刻在陶尊颈部外壁，少数刻在近底处外壁。

相关的还有这样一些文物。1. 南京阴阳营文化（距今 6000—5000 年）的一件大口陶尊，只是能够看清的纹样已不完整。2. 现存于美国华盛顿弗利尔美术馆良渚文化（距今 5300—4200 年）的四件玉器，包括一件"玉臂圈"和三件玉璧。三件玉璧上各有一个"作鸟立于山上之形"（李学勤《考古发现与中国文字起源》，《中国文化研究集刊》第 2 辑，复旦大学出版社 1985 年版）的复合符号。3. 国内博物馆收藏的两件大型玉琮。一件是首都博物馆收藏，上边的两个刻画符号之一也"作鸟立山上之形"，研究者认为属良渚文化遗物。另一件是中国历史博物馆收藏的，据传这件玉琮出土于山东，研究者或认为是大汶口文化遗物，或认为是山东龙山文化遗物（见安志敏《关于良渚文化的若干问题——为纪念良渚文化发现五十周年而作》，《考古》1988年第3期）。

对于大汶口晚期的以及类似的陶器、玉器刻画符号的性质，研究者有不同看法。多数人认为它们是文字，并将它们作为比较原始的文字加以考释。例如：将 ⛊ 释为"旦"（于省吾）或"灵"（唐兰）；将 ⛊ 释为"灵"的繁体或"灵山"二字的合文（李学勤）；将 ⛊ 释为"斤"，将 ⛊ 释为"戌"或"戊"（唐兰）；将 ⛊ 释为"封"（李学勤）。另一些人认为它们"属于图画记事的范围"，是"代表个人或氏族的形象化的图形标记"（汪宁生）。看来它们是不是原始的汉字还不能断定。若将陵阳河、大朱村发现的刻画符号与现存于弗利尔美术馆的三件玉璧联系起来考察就更值得怀疑了。因为那上面"作鸟立于山上之形"的复合符号实在太复杂，太近于图画，与古汉字字形距离太大了。这类图形化的刻画符号倒可以说是族的标记或族徽。但它们也是汉字的先驱，在那个文字形成的时代里，它们中大多数可能转化成了文字。商周青铜器上的许多族徽图形转变成了作为姓氏的汉字（见郭沫若《殷彝中图形文字之一解》，《殷周青铜器铭文研究》，科学出版社1961年版），可以作为佐证。

在龙山文化（距今4900—4000年）发现了文字诞生的可靠的证据。河南阳城出土的一件泥质黑陶薄胎平底陶器外底上刻有一个"⛊"字，左右两部分像两只手，中间为一物，与甲骨文、金文的"⛊"字相似，是一个会意字"共"字，表示器物所有者的氏族。最关键的证据是在山东省邹平县丁公村发现的龙山文字。《中国文物报》1993年1月3日报道：山东大学考古实习队于1992年1月整理丁公村龙山文化遗址出土文物时，发现一件龙山文化陶片。这块陶片是一个大平底盆的底部残片，泥质磨光灰陶，长4.6~7.7厘米，宽约3.2厘米，厚0.35厘米。陶片的内面现存文字5行11字，右起第一行有三个字，其余四行每行有两个字。此外，在陶片左上角有一刻画痕迹极浅的符号，有人认为也是一个字。陶片的左下角还有向下刻画的一条短线。综观11个刻字，笔画比较流畅，个个独立成字，整体排列比较规则，刻写也有一定章法，显然已经脱离了刻画符号和文字画的阶段。文字中除一部分为象形字（如右数第一行的第二个字，第二行的第一个字，第三行的两个字），有的可能是会意字。依据大平底盆流行的时代，刻字陶片所在坑位以及坑内出土的 1400 件石、骨、蚌、陶文物分析，可以确定这块刻字陶片属于龙山文化晚期的遗物，距今有 4000 年以上，比殷墟甲骨文的时代要早 800 年。这是炎黄时代已经出现了文字雏形的最切近的实物证据。

文字的出现推动中国社会进入了文明时代。古文献记载中国史前末期进行过两次宗教改革，一次在黄帝之孙颛顼时，另一次在黄帝之五代孙尧时。两次宗教改革的内容都是所谓"绝地天通"（见《国语·楚语下》和《尚书·吕刑》），就是剥夺一般人和被征服部族与神交通的权利，由特殊的社会阶层将神权垄断起来。这特殊的社会阶层就是最初的宗教职业人员巫师，以后成为商、周历史上的巫史集团。在商、周历史上，巫史是借助文字与上帝、祖先沟通的，可以推测颛顼、帝尧时的巫师们也会以已经出现的文字作为垄断神权的手段。

中国古代不同学派对文字发明的评价着眼点不同。道家学派出于"智慧出，有大伪"的见识，说："仓颉作书而天雨粟，鬼夜哭。"（《淮南子·本经训》）意思是说文字发明会使人变得诈伪，而诈伪的人们会利用书文行其奸计，连鬼也恐惧，所以"鬼夜哭"。儒、墨两派则着眼于文化的积累传授，给文字发明以很高评价。他们强调有了文字，先王的道德、治法才能"书于竹帛，镂于金石，琢于槃盂，传遗后世子孙"（《墨子·兼爱下》）。还有人统计，《孟子》全书 260 节，至少有 58 节引古人言行为证。有 10 节提到帝尧，29 节提到帝舜，8 节提到大禹，10 节提到商汤，17 节提到周代先王，12 节提到周代早期诸王（见张光直《美术、神话与祭祀》，郭净译，辽宁教育出版社 1988 年版），作为依据。先王的言与行当然是通过文字才得以流传下来的，所以文字发明功莫大焉。我们认为，尽管古人对文字发明意义的评价不同，但都已察觉到文字发明是一件了不起的大事，这无疑是正确的。人类社会正是"由于文字的发明及其应用于文献记录而过渡到文明时代"。

虽然我们已经无从知道史前末期的巫师们利用文字与神沟通的具体形式，但是我们还是可以推想，由于文字的使用，巫师们的权威必然空前提高。因为氏族社会的全部生产经验和文化知识都是在本族范围内世代积累、流传下来的，在文字产生之前，经验知识的积累、流传受到时间空间的极大限制，有了文字以后，时间空间的限制就相对被打破了。掌握了文字的巫师成为当时最有知识的人，加上宗教的力量，他们必然成为社会上的权威阶层，而这种权威又会与政治力量结合在一起。文权、神权、政权三位一体结合发展，这便是中国进入文明时代的历史特点。这种特点对中国传统文化形成产生了深远影响。而且还有很重要的一点，就是由于文字的发明，中国历代的文明才能以文字为载体世代流传。中国的历史从未中断过，中国的悠久文明连绵不断，这些都和文字的发明有着密切的关系。

第五节　龙——中国文化奋发精神的象征

中国的山有龙岗、龙岭，水有龙江、龙泉，城镇、村庄、园林、寺观以龙命名的更不知有多少。岁时有舞龙的节日和称为龙年的年份，殿堂上有龙的壁、柱、几、案，居室中有龙的镜、匣、钗、钿、衣饰、帷帐。造型艺术创作千姿百态的龙的身影，诗歌、音乐、戏剧发出龙的声音，哲人宣示龙的智慧，宗教制造关于龙的威慑。中国传统文化中，龙是美好和威力的象征，代表兴盛和发达、吉祥和幸运。因此，人们把中国文化称为龙文化，龙成为中国文化奋发向上精神的象征。

炎黄子孙不分民族和信仰，也不论生长在天南海北，都以龙的传人自居并自豪，这是有历史依据的。

龙与中华民族、中国文化同时诞生，考古学已经提供了可靠物证，史前

图 1-16　彩绘蟠龙陶盘　　　　　　　　图 1-17　三星他拉玉龙

考古发现了一批雕绘着龙的形象的文物，包括玉器、陶器和蚌壳摆砌的图案，距今已有 4000 年到 6000 年了。

20 世纪 70 年代末，山西省襄汾县的陶寺村墓地中出土了一件彩蟠龙图形的陶盘（高炜、李健民《1978—1980 年山西襄汾陶寺墓地发掘简报》，《考古》1983 年第 1 期）。这件彩陶盘高 8.8 厘米，口径 37 厘米，底径 15 厘米，有斜的折沿。盘内绘有一条卷曲的龙、蛇身，红黑相间，头上有耳，嘴微张，上下有细齿，舌吐出分叉。陶寺遗址代表黄河中游地区龙山文化的一个文化类型，距今有 4500 年到 3900 年。这件龙纹陶盘出土于陶寺遗址早期墓地，距今有 4000 多年了。

20 世纪 70 年代初，在内蒙古翁牛特旗三星他拉村遗址发现一件大型玉龙（贾鸿恩《内蒙古翁牛特旗三星他拉村发现玉龙》，《文物》1984 年第 6 期）。报道中描述这件玉龙呈墨绿色，龙体卷曲呈"C"字形，高 26 厘米，完整无缺；吻部前伸，向上弯曲；嘴紧闭；鼻端截平，上端边起锐利的棱角，端面近椭圆形，有对称的两个圆洞，为鼻孔；双眼突起呈梭形，前角圆而起梭，眼尾细长上翘；额及颚底有细密的方格状纹，网格突起作规正的小菱形；颈背起长鬃、长 21 厘米、占龙体 1/3 以上；鬃呈扁薄状，通磨出不显著的浅凹槽，边缘收成锐角似刃，弯曲上卷，末端尖锐；龙体横截面略呈椭圆形，直径 2.8—2.9 厘米，龙尾内卷；龙背有对穿的单孔，孔外径 0.95 厘米，内径 0.3 厘米，经试验，以绳系孔悬挂，龙的头尾恰好处于同一水平线上。这件大型玉龙，是由一整块玉料圆雕而成，细部运用浮雕、浅雕手法表现，通体琢磨，光洁圆润。龙体伸曲刚劲有力，长鬃高扬，富有生气。三星他拉遗址属红山文化晚期，这件玉龙的距今年代应不晚于 5000 年。

红山文化发现的龙形玉器以及与龙形相关的玉器不只一件。除三星他拉的大型玉龙外，东山咀遗址还出土了一件双龙首玉璜，长 4.1 厘米，双龙首前伸，长吻，菱角目，一面雕纹饰，另一面光素，横穿一洞孔，也是 5000 年前的遗物（见郭大顺、张克举《辽宁省喀左县东山嘴红山文化建筑群址发掘简报》，《文物》1984 年第 11 期）。此外，红山文化有一种兽形玉器，或称为玉猪龙，已发现 10 余件标本。出土于建平县的一件，白玉质，高 15 厘米，具有兽的形状，肥头大耳，圆睛，眼周有皱纹，吻部前突，也有多道皱纹，口微张，獠牙外露，背蜷曲如环，扁圆厚重，光洁无饰。环孔和背上小孔皆对穿而成。出土于敖汉旗的一件，形状与前者相似，大小只及前者的一半，双鼻孔较显著，最大区别是不像前者那样首尾连成环，而是断开一个缺口。研究者认为，兽形器早于三星他拉的"C"形玉龙，后来演变成"C"形玉龙。敖汉旗的一件兽形器是东山咀兽形器演变为"C"形玉龙的中间环节。

三星他拉玉龙发现后曾引起广泛重视，但真正引起轰动的还是西水坡蚌壳龙图案的出土（见《中华第一龙》，《人民画报》1988 年第 3 期）。1988 年下半年，考古工作者在河南濮阳老城西南角的西水坡发现四组蚌壳摆砌的图案，其中一组被后期的灰坑破坏，已看不出形象，三组形象清晰。第一组出土于 45 号墓，在男性老年墓主人左右两侧，用蚌壳精心摆砌出一龙一虎。龙在东侧，头北尾南，长 1.78 米，昂首曲身作腾飞状；虎在西侧，头北尾

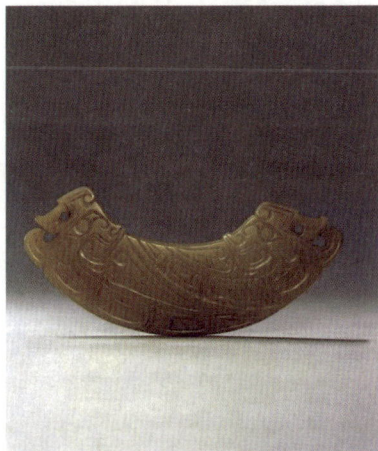

图 1-18　双龙首玉璜

图 1-19　玉猪龙盘

南，长 1.39 米，张口露牙齿，四肢交替作行走状，似下山之猛虎，龙虎皆背向主人。在墓主人足北，还有一蚌壳堆和两根胫骨摆成的勺形图案。第二组位于 45 号墓正南 20 米处，图案内容有龙、虎和鹿（暂名）等。第三组图案位于第二组正南约 20 米处，图案内容为一奔虎和人骑龙。三组蚌图按子午线方向自北而南呈"I"字形摆开。四组图案都出于仰韶文化层，其中除墓葬外还有房屋、窖穴、灰坑、窑址、壕沟等遗迹和大量陶器、玉器、骨器、蚌器等遗物。依据地层和遗物等考察分析，蚌壳图案无疑是仰韶文化先民的创作。对蚌壳和地层作碳素测定得到的数据表明，距今 6000 年以前的西水坡蚌壳龙图案是目前发现的年代最早、形体最大、形象最生动的龙的造型。专家们称誉它为"中华第一龙"。

　　关于龙的起源，人们依据文献展开过许多探讨，意见纷纭。依据史前考古材料进行的研究，也因依据的具体材料和着重点不同，看法不尽相同。

　　依据红山文化玉龙和相关玉器的有关研究认为：猪是龙形象的来源之一（见孙守道《三星他拉红山文化玉龙考》，孙守道、郭大顺《论辽河流域的原始文明与龙的起源》，《文物》1984 年第 6 期）。三星他拉玉龙首部的吻长，鼻突，颈背部有长鬃；巴林右旗等处的墓形玉器吻前突，面颜有多道皱纹，大头宽耳，身躯肥硕，有的标本还有外露的獠牙。这些都明显是猪的特征，表明龙的起源与原始农业的密切关系。猪是史前驯养最早、最普遍的家畜，养猪在当时的社会经济和日常生活中占有重要地位，史前先民将其从日常生活和生产中取来，创造龙的形象，这不是纯粹出于幻想。龙的形象变化多端，但有一个始终不变的部分，就是身如蟒蛇。史前气候温暖湿润，草木丛生，蛇是常见又神秘可怕的动物，先民对蛇由恐惧而崇拜，以它作为龙形象的一部分，表达了祈望避免危害和获得农业丰收的愿望。

依据对濮阳西水坡蚌壳龙图案的研究，西水坡 45 号墓中的"所有迹象都可以用天文学观点来加以解释"（冯时《河南濮阳西水坡 45 号墓的天文学研究》，《文物》1990 年第 3 期）。中国古人把天域分为东、西、南、北四宫，又将每宫的主要星宿想象成一种动物形象，以动物名给星宿命名，分别称为东宫苍龙、西宫白虎、南宫朱雀、北宫玄武，苍龙、白虎、朱雀、玄武合称"四神"。每宫各辖七宿，共二十八宿。此外还有中宫北斗。这个五宫四神二十八宿的天文知识的完整体系首见于《史记·天官书》，它的定型不早于战国中期。更早则应有一个历史的形成过程。公元前 5 世纪曾侯乙墓漆箱上的天文图只绘有北斗和东宫苍龙、西宫白虎之图，表明当时只有三宫和"二神"的观念。45 号墓与曾侯乙墓漆箱上的天文图有着令人惊异的相似。墓主东侧是蚌壳摆砌的龙图案，西侧是虎图案，北侧脚下是两根胫骨和蚌壳组成的北斗勺形图案。这种构图与真实天象完全吻合，说明中国在 6000 年前已有了三宫二神的天文知识，这是后来定形的五宫四神二十八宿天文知识体系的滥觞。在没有历法和计时仪器的史前时期，先民为了掌握季节寒暑变化，只能仰望星移斗转，因而普遍具有天文知识。有了历书和某些仪器以后，天文学反而成为少数人掌握的学问，多数人只会使用历法而不问其来历，以致出现了文人学士也不知其底细的情况。

蚌壳龙图案是东宫青龙的形象，这一假说还可从 45 号墓地的形制得到证实。中国古代的宇宙结构论以盖天说起源最早，它将宇宙描绘成一个半圆形的大罩子，扣在方形的大地上，即"天圆地方"。45号墓的形制正是这种观念的体现。整座墓穴的平面图如一幅人首形，南部是圆弧状，北部是方形，左右还有两个类似人

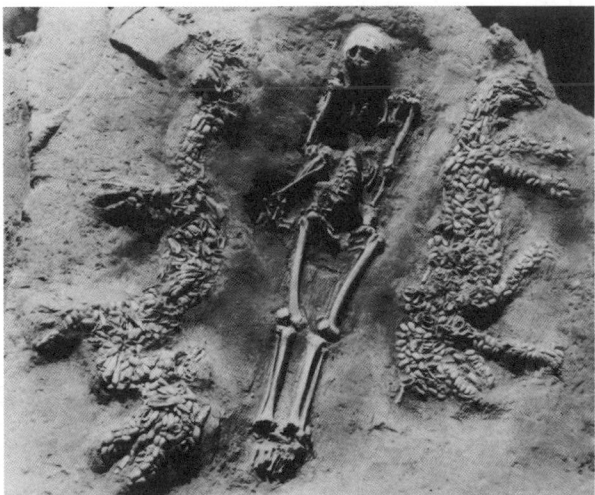

图 1-20　濮阳西水坡 45 号墓的蚌壳龙

耳的部分。与古代中国人以南方配天，北方配地的观念结合起来看，这一墓穴形制正好是"天圆地方"。研究者依据《周髀算经》叙述的盖天说，绘制了一幅盖天图，又依据45号墓穴的真实尺寸进行计算绘制了一幅几何图形。将两图加以比较时发现：45号墓的图形除了墓穴北方的方形以外，其他部分与《周髀算经》的盖天图完全一致。于是推测，45号墓的形制即是一幅完整的原始盖天图。后世有封冢的陵墓也提供了佐证：秦始皇封冢陵内，"上具天文"，布列日月星辰；"下具地理"，江河山川环绕。洛阳北魏元乂墓星象图，杭州晚唐钱宽墓二十八宿北斗图，宣化辽墓二十八宿和黄道十二宫天文图以及其他墓室星图，几乎一致地绘于穹隆中央，而墓穴为方形。说明这冢圆穴方的传统穴形制来源于盖天说的"天圆地方"说，也说明依据宇宙模型修筑墓葬是中国的一贯传统。从西水坡45号墓盖天理论的平面图解到上述立体模型的转变，代表着同一传统的不同阶段。这方面的研究也证实了龙的起源与天象有关。

从文献记叙方面研究龙的起源要困难得多。这是因为涉及史前的文献材料往往时间观念不清，以致互相矛盾；同时，文献记载在流传过程中有诸

三代以上，人人皆知天文。"七月流火"，农夫之辞也；"三星在天"，妇人之语也；"月离于毕"，戍卒之作也；"龙尾伏晨"，儿童之谣也。后世文人学士，有问之而茫然不知者矣。

——顾炎武《日知录》卷三〇

多变化，使情况变得更加复杂。对于考古遗址、遗物可以用自然科学手段测定出相对准确的绝对年代，对于流传下来的文献记载，却不可能用自然科学手段进行检测。但对文献材料仍然应当珍视。文献中说炎帝母"游华阳，有神龙首，感生炎帝，人身牛首"（《史记·五帝本纪》之《集解》），炎帝"神龙牛首"（《天中记》引《帝系谱》），这里所说的龙为牛首。还有说龙为鹿首、熊首的。龙身之形有说起源于蛇的，也有说起源于蚯蚓（也叫地龙）的。龙的种类有应龙（有翼的龙）、蛟龙（有鳞的龙）、虬龙（有角的龙）、螭龙（无角的龙）之分。种种不同记述不应视为绝对互相排斥，只有一种材料为是，其他必然为非，因为这些不同可能反映出历史演变或地区的差别。最初的龙形象应起源于史前先民熟悉的动物，而各地区人们熟悉的动物不止一种，不同地区所加到龙形象上去的动物原型可能不完全相同。拿陶寺遗址出土的陶盘上的龙来说，要把它说成猪首是非常勉强的。另外，创作时使用的材料不同，因而工艺不同，也必然影响作品的风格。比如红山玉龙与西水坡蚌壳龙之间存在巨大差别，出现这一情况的重要原因之一便是材料不同。要用玉材雕刻出蚌壳龙图案那样复杂的造型，在当时很难办到。我们还不应该忘记，考古学是一门年轻的科学，中国考古学的历史从 1922 年仰韶文化发现算起，至今已百年。它已经提供了非常珍贵的实物，当然还有更多有待发现的实物埋藏在地下。已被考古发现证实的传说应当充分肯定，尚未被考古发现证实的传说却不能一概否定。随着更多考古材料的新发现，并结合文献进行逐步深入研究，必会获得非我们今天想象所能及的认识。

无论如何，关于龙的研究已给我们提供了一些确定的知识，无论是对文献还是对考古材料的研究，都可以说明：龙的诞生与原始农业发展有密切关系，它的奇特形象不是仅仅以一种动物为原型，而是取多种史前先民熟悉的动物特征糅合创作出来的艺术形象。龙最初作为氏族部落的标志出现，反映出中华民族祖先对于生物、天文、气象等自然现象的认识，包含着中国文化重视自然的科学精神的萌芽。龙作为史前先民崇拜的对象，又反映出中华民族祖先追求美好理想、驱除现实苦难的努力。随着氏族部落之间的相互融合，龙的形象在糅合中发展得更加丰满，成为"角似鹿、头似驼""掌似虎、耳似牛"（罗愿《尔雅翼·释鱼一·龙》）的奇妙形象，具备了遨游四极、俯瞰八荒，"能幽能明、能细能巨、能短能长，春分而登天，秋分而潜渊"（许慎《说文解字》）的非凡能力，这又反映出中华民族祖先的恢弘气象，以及企望探求自然奥秘的精神。中华民族创造的丰富多彩的文化，以及对人类所作的贡献，都说明炎黄子孙不愧是龙的传人。

思考题：

1. 为什么说炎帝、黄帝是中华民族的人文初祖？
2. 中国史前农业的发展有哪些特点？
3. 试简述中国古代文字的发明过程。
4. 关于龙的起源，目前学术界有哪些说法？

第一章

炎黄时代与

中国文化的开端

第二章

传统文化的灵魂

——中国哲学

第一节　天人之学

天人之学是中国哲学，特别是中国古代哲学所讨论的一个主题。汉代著名的思想家司马迁曾说："究天人之际，通古今之变，成一家之言。"（《汉书·司马迁传》）这里所说的"际"，就是关系。在他看来，只有研究天人之间的关系，阐明"天"的性质，以及人在其中的地位和作用，才能在学术上有所建树，"成一家之言"。

天人关系的中心问题，是把"天"看作有意志的至上神，还是把"天"看作无意志、无目的的大自然。如果把"天"看作有意志的至上神，人们只能对它膜拜、赞美和服从，丝毫不能改变它，以致人们在自然面前显得非常渺小，成为大自然的附庸和奴隶，这必然会把人们引到宗教甚至迷信的道路上去。如果把"天"看作与人类关系密切的自然界，人们应当努力认识自然及其变化法则，顺应自然，保护自然，利用自然为人类服务，从而就有可能改变人在自然界中的被动地位，逐渐成为自然界的主人。上述这两种对"天"的不同态度，既是人类主体意识的产物，同时又反映出人类主体意识的发展水平。

中国古代思想家对"天"的认识，大概始于夏、商时期。从西周起时，"天"的概念就有两种相反的含义。一种是有意志的天神、天命、天道，另一种是自然界的天体，即古文献上说的茫茫的苍天。以《周易》的经文为例，《乾》卦九五爻辞"飞龙在天"、《中孚》卦上九爻辞"翰音登于天"、《明夷》卦上六爻辞"初登于天，后入于地"，这些都是以上天与下地相对，指的是自然的天体、天象。但这一类的记载不多，多数是关于天神、天命的记载，如《大有》卦上九爻辞"自天祐之，吉，无不利"，《大畜》卦上九爻辞"何天之衢，亨"，《姤》卦九五爻辞"以杞包瓜，含章，有陨自天"，这里讲的"天祐""天衢""天陨"都是指皇天上帝。

再如，《尚书》中"天命"一词，比比皆是，仅《周书》部分，其中《泰誓上》有"天命诛之",《大诰》有"天命不易",《酒诰》有"惟天降命",《召诰》有"夏服天命""殷受天命""我受天命",《吕刑》有"敬逆天命"等。这些记载说明，天命观念是夏、商、周三代占统治地位的社会思潮，当时所谓的天人关系，也就是天命决定人事的关系，是据天道以定人事，把天道作为社会秩序、行为规范、人的理想的最终根据。因此，中国不同时代的思想家们，依据不同的历史条件，用不同的思维方式，不断向天神、天命观念挑战，提出以下观点：

第一，重人事、轻天道的观点。西周末年，由于政治黑暗腐败，人们对神权政治发生了疑问，向皇天上帝提出种种问题。这种"疑天"的传统，沿至春秋时期，形成了一股重人事、轻天道的社会思潮。例如，宋国有一次落下了五颗陨石，又有六只鹢鸟退着飞过宋国都城，宋襄公问周内史叔兴，这是怎么一回事，叔兴回答说：这是阴阳变化之事，不是"天"降吉凶的征兆，"吉凶由人"（《左传·僖公十六年》）。又有一次，出现了异常的天象，宋、卫、陈、郑四国都发生了火灾。郑国的官员急急忙忙用宝贵的玉器去禳除火灾，惟独执政大臣子产不答应，他说："天道远，人道迩（迩，即近），非所及也。"（《左传·昭公十八年》）他坚决不用玉器禳灾，却马上布置一系列防备火灾的紧急措施，这样一来，就没有再发生火灾。这是一件重人事、轻天道的典型事例，无论在理论上或实践上都对后世产生了深远的影响。

重人事、轻天道，一方面要否定天道迷信，另一方面还要发挥人的聪明才智，利用天时地利等自然条件，来实现人预定的目的，借以把人的主体意识逐步从神化的自然力量中解放出来。在这方面，春秋晚期的兵家作出了重要的贡献。齐国军事家孙武的《孙子兵法》第一次提出了天时、地利、人和的概念（见《始计》）。他说的"天时"，不是指有意识的天神、天命，而是指阴阳、寒暑、四时等自然现象；"地利"，是指路途的远近、面积的广狭、形势的险易、环境的利害；"人和"，是指得民心、得民力、"民与上同意"。他认为只有具备并善于运用这三个条件，才能取得军事上的胜利。稍晚的《孙膑兵法》也有"上知天之道，下知地之理，内得其民之心，外知敌之情"

（《八阵篇》）等与《孙子兵法》类似的思想。

再如，越王勾践的大夫范蠡在军事上也十分重视天时、地利和人事，并形成了深刻的理论。他认为国家的强弱、安危，军事上的成败、得失都与是否顺从天时、地利、人和有关。他曾对越王勾践说：想要保持国家强盛，就要顺从天时；想要转危为安，就要顺从人事；想要在事业上有所作为，就要顺从地理，这就叫"持盈、定倾、节事"之策（《国语·越语下》）。但勾践不听他的忠言，违反上述法则，结果被吴国打败，蒙受会稽之辱。而后，勾践悔悟过来，听从范蠡的谋略，卧薪尝胆，励精图治，转危为安，由弱变强，终于灭掉吴国。范蠡在军事上、政治上注重天时、地利、人和三者相互配合以夺取胜利的思想，是重人事、轻天道的天人观在军事学上的具体反映。

战国时孟子进一步提出："天时不如地利，地利不如人和。"（《孟子·公孙丑下》）天时、地利、人和三者不可缺一，但人和最重要。《尉缭子》也说："天时不如地利，地利不如人和。"（《战威篇》）在《尉缭子》的其他篇章里，也反复说到人事的重要性。黄、老道家的《十六经》（古佚书）认为："治国固有前道，上知天时，下知地利，中知人事"（《前道》），把知人事作为知天时、知地利的中心一环。这类天人关系上的新观点，说明从西周到战国时期，不少思想家已经初步认识到人类自身的价值，表现出人们主体意识的觉醒。

第二，"天道自然"的观点。吉凶由人不由天，那么，所谓"天"的性质究竟是什么？孔子在创立儒学时，对"天"曾做过研究，《论语》中记载了他与弟子们关于"天"的许多对话。其中有一部分材料记述了孔子对"天"的自然属性的探索。他说："天何言哉？四时行焉，百物生焉，天何言哉？"（《论语·阳货》）这里用了两个"天何言哉"，来强调"天"是没有意志的，它的性质如同四时的流转运行、百物的生生不息一样，所以人们要"不怨天，不尤人"（《论语·宪问》），正面说就是要靠人自身的努力，孔子的这些论断，是"天道自然"的理论萌芽。

最早提出"天道自然"的是道家创始人老子。他认为天的性质是自

图 2-1 老子

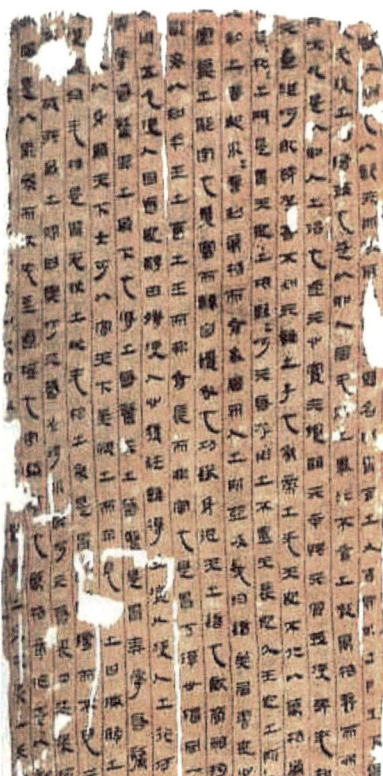

图 2-2 帛书《老子》乙本片断

然，"自然"就是对各种自然现象的理论概括，也成为"道"。他说："人法地，地法天，天法道，道法自然。"(《老子》第二十五章) 这里也讲天、地、人，不同的是，老子把天、地、人看作是统一于"道"的自然物，正如他描写"道"时所说的："有'物'混成，先天地生。寂兮寥兮，独立而不改，周行而不殆。可以为天下母。吾不知其名，字之曰'道'。"(《老子》第二十五章) 这是说，"道"所代表的是自然，它是天、地、人这些自然之物的"混成"和总称。在老子看来，天既然是自然之物，那就没有必要崇拜它；人也是自然之物，人与天是平等的。这种"天道自然"观不仅为"吉凶由人"提供了本体论上的依据，而且把人作为独立的因素从"天"的束缚中分离出来，标志着中华民族从此以一个哲学化的民族形象屹立于世界。

庄子继承了老子的思想倾向，他把天地称为"形之大者"（《庄子·则阳》），是有形的物体中最大的物体，并提出"通天下一气耳"（《庄子·知北游》），"天地之一气"（《庄子·大宗师》），企图把"天"与"气"相联系，所以庄子讲的天几乎都是指自然或自然的境界。他认为人的不自由是由于违反了自然的本性，因此，他主张顺应自然以行事。他以"庖丁解牛"来比喻。庖丁为文惠君解牛，其技术已至炉火纯青的地步。他动刀的节奏合于《桑林》乐章的舞步，和着《经首》乐章的韵律。据庖丁自己说，他"依乎天理"，"因其固然"，所以对牛体的纹理、结构了如指掌，因而能够顺着牛体的纹路去动刀，不致砍到牛骨头上，却在骨节的缝隙间很自然地肢解了牛的躯体。庄子用这个故事说明只有顺应自然来待人处世，才能得心应手，"游刃有余"。所谓"依乎天理""因其固然"，就是对这个道理的哲学概括，也是对老子"天道自然"观的深化和发展。

但庄子强调自然而否认人为，把人的主观努力看作对自然界的一种破坏力量。在他看来，人与自然的关系就如铁块与"大冶"（铁匠）的关系一样。铁匠以铁块铸成什么器物，不铸成什么器物，铁块是没有选择自由的。天地是个大熔炉，造化是个大铁匠，人不过是块铁罢了。人的一生，任凭自然而已，这就是他所说的"不以人助天"（《庄子·大宗师》），"无以人灭天"（《庄子·秋水》），不以人为改变自然，企图通过"天与人不相胜"（《庄子·大宗师》）的途径，实现人向大自然的回归和人与自然的同一。这在实际上是办不到的。庄子自己似乎也意识到了，他在《大宗师》的一段论述很能说明这个问题：子桑遭受饥饿，于是探讨饥饿的原因，"父耶？母耶？天乎？人乎？"他想父母不会希望他贫困，天也不会使他贫困，难道是人吗？把问题都提出来了，但最后的答案却没有从"人"中发现人为的因素，而是归结为人的命运，饥饿是由人的命运造成的。这样，庄子在天人关系上否定了有意识的天，却宣传了无可奈何的"命"。他尽心追求自然（天），到头来无非是不可抗拒的"命"。这种自然的宿命论是庄子"天道自然"观的弱点，后来受到荀子的批评。

第三，"天人相分"的观点。战国末年的荀子在天人关系上总结了先秦各家各派的学说，吸取了他们的长处，摈弃了他们的短处，在中国思想史学中第一次建立了"天人相分"的思想体系。他特别不满意庄子陶醉于自然（天），排斥人为，抹煞人的主观能动性，批评庄子"蔽于天而不知人"（《荀子·解蔽》）。这是很恰当的评语，说出了庄子天道观的内在症结。所以，他讲的"天人相分"，并不是说"天"和"人"截然没有关系，而是要说明人除了具有自然物的一般属性以外，还有不同于"物"的属性。他说："水火有气而无生，草木有生而无知，禽兽有知而无义，人有气、有生、有知，亦且有义，故最为天下贵也。"（《荀子·王制》）他把物质世界分为水火、草木、禽兽和人四大类，人不但有"知"（认识能力），而且有"义"（合宜的行为），在天人关系中，人是矛盾的主要方面。因此，他反复强调事在人为，否认国家的治乱、兴衰是天意所决定，否认人的贫富、祸福是天命所安排。明确指出："治乱非天也"，"强本而节用，则天不能贫；养备而动时，则天不能病；修道而不贰，则天不能祸。"（《荀子·天论》）他认为"天有常道"，"天行有常"，天是没有意志的，它按照自身的法则运行变化。人的重要任务，就在于努力认识它、驾驭它、利用它。他曾以一段经典式的语言，阐述人定胜天的哲理：夸大天的作用而思慕它，不如把天当作一物而控制它；顺从天的意志而歌颂它，不如掌握天的运行法则而利用它；坐等天赐良机，不如主动利用季节变化为生产服务；消极依靠物类的自身繁殖，不如发挥人的智慧来促成它；想象驾驭万物，不如深入了解万物的性质而治理它。总之，他认为"错（通"措"，即置。引申为放弃之意）人而思天"是违反常性的。荀子的这种尽人为而制天道的思想为人定胜天的理想奠定了哲学基础，为人定胜天的实践开辟了广阔的前景。

第四，"天人交相胜"的观点。唐代以前的思想家在论证天人关系的时候，往往局限于天人合一与天道自然、天人相分的争论，唐代的思想家和文学家刘禹锡不受传统思想的束缚，能够从天与人的相互区别和联系两方面来说天人关系，提出了"天人交相胜，还相用"
的新观点。

所谓"天人交相胜"，按照刘禹锡在《天
论》一文中的解释，就是天与人虽然都是物
质存在，是"万物之尤者耳"，是万物中最优
秀的部分，但是天与人各有所长，不能相互取
代。具体说，首先"天之能"与"人之能"不同。
"能"类似物质特性，也就是说，天与人的物质
特性不同。他认为："天，有形之大者也"，"空
者，形之希微者也"，在有形的物体里面，天
是最大的，可是作为物质的存在形态，天又是
最小的，所以"天"就是指无限的物质和有限
的物质相统一的自然界。而人则是"为智最大"，
是"动物之尤"，是最有智慧、最优秀的动物，

图 2-3　刘禹锡

又能在社会生活中创造出一种多于自然界的东西，即"法制"。因此，"天之
能，人固不能也；人之能，天亦有所不能也"，天人各有自己的职能。其次，
"天之道"与"人之道"不同。"道"类似法则、常规。人类社会的法则与自
然界的法则不同。他说："天之道在生植，其用在强弱；人之道在法制，其
用在是非。"这是说，自然法则表现为自然界的各种事物的发生、发展与演
变，这个过程是通过强弱转化或弱肉强食来实现的。至于人类社会则不同于
自然界。人类在生产活动和社会生活中的创造性活动，表现为各种制度的建
立和完善，社会制度的作用是通过法制所规定的是非，作为人类行为的准则。
这些都在于说明人是人，天是天，不要把它们等同起来，更不要把人的意
志强加到自然身上去。人类的是非都是由人自取，与天无关。刘禹锡似乎想
从自然法则与社会职能上区分"天之道"与"人之道"，这是他对荀子"天人
相分"观点的一个发展。

所谓天人"还相用"，就是指天人能够相互作用。刘禹锡认为，人能够

根据自然法则办事，利用自然变化来春耕、夏耘、秋收、冬藏，斩木穿山，冶制金属，"用天之利，立人之纪"，在生产过程中对自然界进行改造，以满足人的生活需要；而自然界的各种变化又会对人类的生产和生活产生有利或不利的影响，人的任务就是尽力掌握自然界的"数"（内外联系）和"势"（发展趋势），"适当其数，乘其势耳"，以减少自然界对人类所造成的危害。

在刘禹锡看来，"天"的神秘性是人加到自然身上的外衣，是人犯了认识上的错误。这从社会条件来看，他把社会生活中的"法制"分为"法大行""法小驰""法大驰"三类。他说，在"法大行"的条件下，赏罚得宜，是非公正，"福兮可以善取，祸兮可以恶召"，人们相信自己的力量，用不着神化"天"，也不至于陷入有神论。如果"法小驰"，法律受到部分破坏，则是非混淆，赏罚未必公正；在这种情况下，人们对自身力量产生了怀疑，也就容易走向天命论。如果"法大驰"，"法制"受到了完全的破坏，则是非颠倒，受奖赏的都是谄媚之徒，而受惩罚的则是刚直之士，奖赏和刑罚都起不到应有的作用。在这样的现实社会中，人们丧失了自信心，对自身的能力发生怀疑，这样就只好把自己的命运寄托于所谓的"天"上，最终走向有神论。所以刘禹锡的结论是："故由人举归乎天，非天预乎人尔！"是人在不能掌握自己的命运时创造了"神"，并不是真有什么"神"能决定人的命运。他关于神是人造的著名论断，明确地提出了神化"天"的社会根源问题，比前代无神论者前进了一步。

从人的认识水平来看，刘禹锡把人们对客观事物的认识水平分为"理明"和"理昧"两种情况。"理明"，就是人们认识和掌握了自然法则，可以利用自然，以"天"为用；相反，"理昧"即人们还没有认识自然法则，对自然毫不理解，在此情况下，人们必然不能相信自己的力量，而把一切归为"天"的意志的支配。他以行船为例，船在潍、淄、伊、洛这类比较小的河流中行驶，快慢由人操纵，开停由人决定。狂风怒号，不能掀起波涛；回流、漩涡，不能形成浪峰。有时行驶迅速而安稳，这是人驾驶的缘故；有时搁浅或翻船，也是人为的缘故。船上的人没有说这是天造成的，这是因为"理明"，人们的认识清楚。那些在江、汉、淮、海中行驶的船，快慢不得而知，开停也不好掌握。小风可以掀起大浪，乌云可以遮蔽航向，因而人们产生了一种错觉：安然渡过，在于天；不幸沉没，也在于天；历经危难而侥幸生存，还在于天。船上的人没有不说这是天造成的。由于人们处于"理昧"状态，还没有认识客观事物的法则。因此，从认识论方面看，"理明"不信天命而重人力，"理昧"则相信天命而忘人力。

总之，刘禹锡的"天人交相胜，还相用"的理论观点，比较全面地探讨了人与自然、社会状况与自然法则的相互关系，探讨了人在认识自然与改造自然中的主导地位，特别是探讨了有神论和无神论的认识论根源，在中国天人之际的哲学问题上作出了很大贡献。

第二节　变易之学（"有对"之学）

变易之学是中国哲学所讨论的另一个重要课题。所以司马迁不但立志要"究天人之际"，还要"通古今之变"。这里所说的"变易之学"就是指全面研究自然与社会是否发展变化，以及如何发展变化的学问。

不变的观点是伴随着天命论而产生的。殷人没有"天命"可以转移的观点，一切依恃一成不变的"天命"。直到商朝崩溃的前夕，纣王还说什么"我生不有命在天"（《尚书·西伯戡黎》），自以为"天命"不会变化，他的政权也不会灭亡。这是历史上关于不变观点的典型事例。

事物（自然和人事）变化的思想大约产生于商、周之际，至春秋战国，形成了较为系统的理论形态，成为后代变易之学（"有对"之学）的重要思想来源。这从当时的几种文献中可以得到说明：

第一，《尚书·周书》。书中保存了商及西周初年的一些重要史料，其

图 2-4 八卦图

中记载了不少关于"天命"可以转移，政权可以更迭的言论。如《多方》《无逸》记载了周公等人的看法。他们认为，"天惟时求民主"，天随时都在寻找适合当君主的人，最初选中了夏人，夏人后代不"保享于民"，唯知虐待百姓，所以天抛弃了夏，命令商"代夏作民主"。商汤至祖甲历代殷王励精图治，克勤克俭，使商朝延续下来。祖甲以后的殷王追求享乐，到了殷纣王时，更是胡作非为，不知悔改。天又让周取代商作民的君主。所以周公要求周的贵族学习夏、商贤明的国王，而记取夏、商昏庸的国王失天失民的教训。又如，《大诰》是周公平叛时所作的告诫。其中说，被征服的殷人利用周"国有疵"，即利用周人统治的缺点，企图推翻"周邦"，并说这是"天降戾于周邦"，如果周人不改正缺点的话，周人的统治权也不会永远为周人所有，周人也会有降为"皂隶"的一天。这些都是周初的政治家们从政治实践所总结出的"天命"可以转移的变易思想。

第二，《周易》。这是一部以八卦（乾、坤、震、巽、坎、离、艮、兑）象征天、地、雷、风、水、火、山、泽等自然现象，推测自然和社会变化的占卜之书。

在《周易》里记载了许多对立范畴，如吉凶、祸福、大小、出入、往来、进退、上下、得丧（失）、生死、内外、泰否、损益等。这些对立范畴说明整个世界充满着矛盾，世界在矛盾中影响着、牵制着、变化着。所谓"小往大来，大往小来"，所谓"无平不陂，无往不复"，小的过去了，大的一定会再来；平地也会变成山坡，当前是从过去演变而来；世界上没有所谓一成不变的永恒事物，任何事物都有它自身的矛盾，都在它自身的矛盾中变化着。对世界作这样的看法，具有这样的观点，可以说是"有对"之学（辩证法）的萌芽了。

那么，《周易》是何时成书的呢？《易传》（即易大传，相传孔子所作）对此有所考订。《易·系辞下》说："《易》之兴也，其当殷之末世，周之盛德耶？当文王与纣之事耶？"这是说，《周易》以及其中关于世界是有对的思想产生在商、周之际，这是没有什么疑问的。

春秋战国时期，对于事物有对和变化的思想，人们的认识愈加深刻，出现了一批带总结性的著作。《孙子兵法》《论语》《老子》《墨子》《易传》等书的问世，把中国哲学中的变易之学推向一个新的高度。

变易之学的主要内容如下：

第一，关于事物运动变化的观点。中国古代思想家是在观察了若干自然现象和社会现象以后才得出这一看法的。也就是说，他们从观察事物运动变化的个性中发现了事物运动变化的共性。例如，作为史官的老子看到不少"社稷无常奉，君臣无常位"（《左传·昭公三十二年》）的社会现象，也看到不少"高岸为谷，深谷为陵"的自然现象，由此认识到世界上没有永恒不变的东西。他说："故飘风不终朝，骤雨不终日。孰为此者，天地。天地尚不能久，而况于人乎？"（《老子》第二十三章）这里从风雨的变化说起，说到整个天地的变化；由天地的变化，推论到人事的变化，借以说明以天地为代表的自然界和人事为代表的人类社会都在不停地运动变化着。孔子也是从四时的代谢，万物的生息中看到了世界就像江河一样在流动着，他的弟子记下了"子在川上曰：'逝者如斯夫！不舍昼夜'"（《论语·子罕》）这样富于哲理性的话。

上述事物运动变化的观点在《易传》中得到进一步发挥。《易传·系辞》说：日月星辰，四时寒暑，古今上下，思想观念都在运动变化，礼仪刑法也是如此。世界上没有不变的东西，这就是"穷则变，变则通，通则久"（《周易·系辞下》）。事物达到极限，就要发生变化，变化就能发展，发展就会创新，并指出无穷的发展是充满生机的、日新月异的。所以《易传》的作者用"生生""日新"（《周易·系辞上》）来概括事物运动变化的过程。

事物是运动变化的，这是从古代到近代多数思想家们比较一致的看法，但在运动与静止的关系上却出现了分歧。主要是因为存在着两种片面的动静观。魏晋玄学家夸大静止的作用，认为"凡有起于虚，动起于静，故万物虽并动作，卒复归于虚静，是物之极笃也"（王弼《老子注》十六章）。这是说，本体是永恒静止的，静止是绝对的，运动起源于静止，运动着的万物最终都要回归到虚静的"本体"上去。道教的动静观基本与此说雷同。而中国佛教则夸大运动的作用，他们提出"动时正静，静时正动"（法藏《华严经义海百门》）的命题，否认运动与静止的界限，把世界上的一切事物和现象都看作处于变动不居和生灭无常之中。直到宋明时期的思想家才提出比较全面的动静观。如宋代思想家周敦颐提出了动静相互贯通的学说，张载则把动静形象地比喻为门户的一启一闭，从日常生活经验中阐述动静的对立统一关系，提出"静亦有动"，又说"静是动中之静"，肯定静止的相对性；"动而不穷"，肯定运动的绝对性。明清之际思想家王夫之也反对"无动而静"或有动无静的观点，主张"静即含动，动不舍静"（《思问录》外篇），"动静互涵，以为万变之宗"。又说"静是动中之静"（《周易外传·震》），把运动与静止看作事物运动变化的两种存在状态。这些都是中国哲学动静观的优秀成果。

这里需要指出的是，在物质与运动的关系上也存在着不同看法。道家、道教、佛教中的许多学者割裂了物质与运动的联系，认为运动可以离开物质而存在。这种观点，从汉代起就一直受到元气论者的反复辨正。他们用"太虚不能无气，气不能不聚而为万物，万物不能不散而为太虚"（张载《正蒙·太和篇》），来说明事物是运动变化的，构成事物的物质性的"气"也是运动变化的，指出世界上没有无物质的运动，也没有无运动的物质。这些观点是研究运动变化时应注意的问题。

第二，关于"有对"是事物运动变化的源泉的观点。这是变易之学的核心和最精彩的部分。最早提出事物有对观点的可能是《周易》，它通过事物有对，即对立面的相互作用来说明事物运动变化的原因。不过，这种思想是以卜筮的形式表现的。真正从哲学意义上讲事物有对的，是《老子》《孙子兵法》《易传》等书。

老子比较系统地揭示出事物对立面的相互依存，提出美丑、难易、长短、高下、有无、损益、刚柔、强弱、祸福、智愚、巧拙、大小、生死、胜败、攻守、进退、轻重、荣辱、动静等对立的范畴。一方不存在，对方也就不存在，这就是"有无相生，难易相成，长短相形，高下相倾，音声相和，前后相随"（《老子》第二章）。这里讲的"相生""相成""相形""相倾""相和""相随"都是指对立面相互依存、相互作用的情形，由此才有事物的转化和发展。

《孙子兵法》发展了老子的"有对"思想。老子"有对"思想的弱点在于把转化看作无条件的，因而人们对事物发展的前景无法预测。同样的"弱生于强"这个相互转化的命题，《孙子兵法》比老子更深刻的地方在于它指出了转化的条件。没有一定的条件，弱还是弱，弱不能胜强，而在所有的条件中，人是最重要的条件，因此，它极其重视指挥者主观能动性的发挥和被指挥的士兵的纪律与勇敢。据《史记》记载，孙子到吴国，以兵法进见吴王阖闾。吴王问他如何带兵，他就近以宫女列队操练，以做示范。他把宫女分为两队，并以吴王的两个爱姬为队长。当他两次"三令五申"击鼓指挥时，宫女们竟然大笑。他下令斩队长。吴王大惊，希望勿斩。孙子说："将在军，君命有所不受。"遂斩队长。另换两人为队长。当他再次指挥操练时，队中人人的动作"皆中规矩绳墨"。孙子对吴王说，这样的军队可以赴汤蹈火。吴王拜他为大将，指挥吴军西破楚国，扬威齐、晋（见《史记·孙子吴起列传》）。

《易传》则进一步指出，"有对"之所以能使事物相互作用，推动事物的转化与发展，就是因为对立面的性质相反，是相反势力的"相推""相摩"所造成的必然结果。《易传》的作者认为，阴阳、刚柔、动静的相推相摩，引发了自然界和人类社会的天地、日月、四时、昼夜、寒暑、男女、吉凶、祸福、存亡、生死等对立现象的相推相摩。事物变化的动力不在外部，而在内部两种对立力量的相推相摩。这是后来"动非自外"思想的萌芽。

如果说中国先秦时期是"有对"之学发展的高峰，那么随着科学技术的发展，宋、明时期则又是另一高峰。宋、明思想家不仅继承和阐发了以前的"有对"之学，而且吸取并改造了佛学的辩证思维。因此，宋、明理学家对"有对"之学作出了新的理论贡献。

"有对"作为哲学范畴，是北宋王安石、南宋朱熹提出来的，是他们对历史上各种对立范畴所作出的新概括。特别是朱熹明确地说："天地万物之理，无独必有对。"世界上的一切事物都有对立面。在一个事物内部也有对，"然就一言之，一中又自有对。且如眼前一物，便有背有面。有上有下，有内有外"；一个对立面内部还有对，"然独中又自有对"。（《朱子语类》卷九五）朱熹把他的这些接近辩证法本质的看法与邵雍的"一分为二"（《皇极经世·观物外篇》）、张载的"一物两体"（《正蒙·参两篇》）相结合，进一步提出"有对"就是"一分为二"，认为"一分为二，节节如此，以至于无穷"。他把"一分为二"看作事物运动变化的普遍规律。

宋、明思想家探求事物运转变化的内因，也取得了新的研究成果。例如，张载等人利用当时的自然科学知识，提出"动非自外""动必有机"（《正蒙·参两篇》）。据张载的解释，所谓"机"，就是指运动的内因，它是由"两端"（对立面）发展的不平衡性以及由此而产生的相互感应所构成的。

在张载看来，前人所说的对立范畴的性质相反，实际上就是"两端"发展的不平衡性，他称之为"不齐"。他认为不但异类"大分不齐"，同类也是"极有不齐"，即使一物之内也是"无一同者"（《张子语录·中》），如"人一身中两手为相似，然而有左右。一手之中五指而复有长短，直至于毛发之类亦无有一相似"，正是这种"大分不齐""极有不齐""无有一相似"，才使得"两端"发生相吸而又相斥的感应关系，才有人类的繁衍、社会的进步和自然界的变化。这个观点后来在明末大思想家方以智的著作中得到更深入的说明。

第三，关于对立双方必有一方占主导地位的观点。早在两千多年前，中国思想家就从现实生活中认识到这个真理。他们把对立双方的性质进行抽象，概括出柔弱（阴）和刚强（阳）的两面，大致形成了以下看法：

以老子为代表的一派强调柔弱的作用，认为柔弱是对立双方的主要方面，它决定了整个事物的性质及其转化趋势，提出了一套以贵柔、守雌为特点的辩证思想。

老子通过农业生产实践，看到植物的幼苗虽然柔弱，但它能从柔弱中壮大；相反，当它壮大了，反而接近死亡。他认为对待生活的态度，最好是经常处在柔弱的地位，这样就不会转为坚强，即可避免走向死亡的结局。因此，他主张"曲则全，枉则直，洼则盈，敝则新，少则得，多则惑"（《老子》第二十二章）。这是说，委曲反能保全，屈枉反能伸直，卑下反能充盈，陈旧反能新奇，少取反能多得。为此，他要求人们学习水的品质，水看起来是柔弱的，但它可以冲决一切比它坚强的东西。由于水性随势而不争，"故天下莫能与之争"。这就是老子的"柔弱胜刚强"思想的基本内容。

以《易传》为代表的一派与老子相反，它强调刚强的作用，认为"天行健，君子以自强不息"（《易·乾卦·象传》），提出了一套以自强不息为特点的辩证思想。

《易传》着重研究如何使刚强的一方长久处于主导地位而不被柔弱取代的问题。就刚强的一方来说，《易传》认为，刚强一方虽然处于主导地位，但在其运动过程中也要适度，超过一定限度将会走向自己的反面。所以《易传》吸取了老子的部分思想，主张以刚强为主，柔弱为辅，必要时甚至可使刚强居于柔弱，损刚益柔，以贵下贱，通过委曲求全的办法，最终达到刚强——"其道大光"（《易·益卦·象传》）的目的。

就柔弱的一方来说，《易传》认为，如果柔弱居于刚强之上而处于主导地位，就会导致不吉利的后果。《易传》把柔弱比喻为地，比喻为牝（雌）马，比喻为阴性之物，这些物类只有附属于阳刚之性或为了表现阳刚之性，才能发挥其应有的作用。《易·明夷卦·象传》举例说，殷纣王时代，天下一片黑暗。当时周文王被因于羑里，蒙受大难，但是文王内存阳刚之德，外用柔顺之道，终于渡过了这个难关。昏君当道，贤臣遭殃，箕子被殷纣王贬为奴隶，

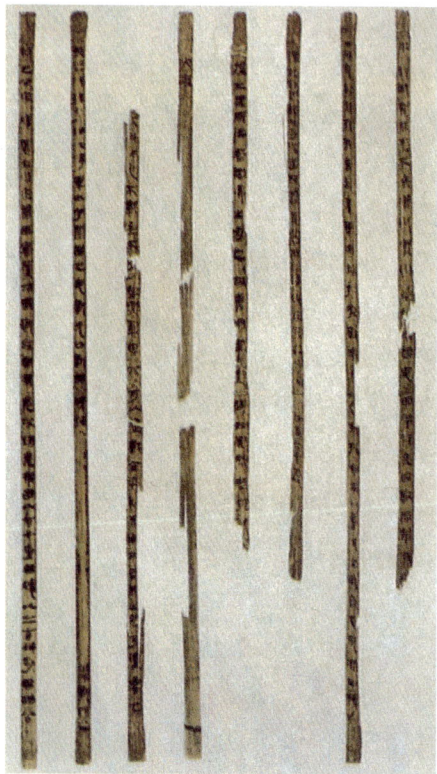

图 2-5 《孙子兵法》残简

又因于牢狱，为了避免伤害，他佯狂以隐晦自己的贤明，内心虽然痛苦万分，却保存了自己的刚正不阿的意志和坚强不屈的贞操。这就说明在特定的条件下，只有以柔顺的方式坚持正道，才能化险为夷。明末清初思想家黄宗羲写的《明夷待访录》一书，就是用《易传》的这个思想作书名的。

《老子》和《易传》的这两种不同形态的辩证思想，是人们观察现实、处理现实问题的两种不同的认识论途径，都反映了客观辩证法的不同侧面。由于《易传》用刚强为主、柔弱为辅的观点来论证尊卑、贵贱、上下的地位，更加接近于当时的社会现实，因而受到历代儒家的推崇。特别是西汉的董仲舒利用《易传》的这个思想来论证封建的"三纲"，宣传"君为阳，臣为阴；父为阳，子为阴；夫为阳，妻为阴"（《春秋繁露·基义》），以及"阳尊阴卑"（《春秋繁露·阳尊阴卑》），在思想界长期处于统治地位，从而也就掩盖了《易传》力图避免矛盾主要方面与次要方面相互转化的消极因素。至于老子的"柔弱胜刚强"，虽含有否认人为的一面，但对其中合乎客观辩证法的一面，过去似乎研究不够，其中的奥义真蕴还须进一步发掘。

变易之学的主要特点是注重运用，而非纯哲学的理论。一是用在思想方法上，反对片面性，主张全面性。如孔子所说的"叩其两端"（《论语·子罕》），就是这个意思。再如其他一些思想家提出的关于安与危、乐与忧、微与渐、情与理、知与行等方面的辩证方法论，成为变易之学的主要内容。另一个是运用于社会实际生活领域，即运用在政治、军事、经济、文化的各个方面。于是，在历史的长期演变中，逐渐形成这样的看法，要使事业成功，必须学习和运用中国的变易之学，甚至外国的学者和军事家对此也有认识和体会。现在世界上有些国家的学者和军事家孜孜不倦地研究《孙子兵法》十三篇，也就是具体地学习中国古代的"有对"之学。

《孙子兵法》是"有对"之学运用于军事和人事的范本，其中对客观条件与主观条件的论述，对政治与经济相互关系的论述，对分析与综合相统一的论述，对知己知彼、扬己之长、攻彼之短的论述等，使这部著作成为中国古代"有对"之学的百科全书，其理论活力至今不衰。

第三节　会通之学

在中国古代哲学发展演变的历史中，出现过无数哲学派别，其观点之繁富、辩论之激烈，令人叹为观止；涌现过无数哲学巨匠，其个性之突出、神识之俊朗，令人目不暇接。而中国古代哲学自身发展的连续性与逻辑性，犹如奔腾不息的大河，源源不断。可以说，中国古代哲学的演变史，是中国人智慧和理性的结晶。

中国古代哲学之所以如泉之水源源不竭，显示出强盛的生命力，主要是由于中国古代哲学形成了一条独特的自我创新之路，它始终以一种开放的姿态，吸取各家各派的长处，并能够在会通的基础上，消化吸收各家理论成果。道家庄子在《天下篇》中曾经说过，诸子百家的观点，都不过是"道术将为天下裂"之后，各家都"多得一察以自好"而形成的主张。因此各种观

图2-6 庄子

点，都是宇宙真理的某些方面的表现。虽然各家各派立论的侧重不同，方式有别，但都是对于真理的探索，都有助于人们认识自然和社会。中国古代哲学因而强调各种观点的会通。融会与贯通，这是中国古代哲学发展的一个鲜明特征。

会通之学的一个基本表现，就是它善于相互辩论又相互吸收，既能看到其他学派的短处，又能看到其他学派的长处，既能坚持自己的理论原则，又能克服自己理论上的缺点。

春秋战国时期，没有一个论点是不可讨论的，没有不受辩论的权威。道家主张"天而不人"，向大自然回归，否定人的主观欲望与知识；儒家荀子批评这种主张是"蔽于天而不知人"。儒家主张人是宇宙的价值中心，仁义道德是天地万物的普遍法则；道家批评这种观点是狂妄无知。庄子就曾举例说，毛嫱、西施是人见人爱的美女，但鸟类见了却会高飞而去，鱼类见了会沉潜水底，可见人的审美标准就不能为鸟类、鱼类所认同；又如人喜欢居住在华美的房屋里，而泥鳅却要生活在污泥里，猿猴喜欢栖身于树林，可见人的居住标准也不能为动物所认同；如此类推，又怎么能够论证仁义道德是宇宙的普遍法则？"自我观之，仁义之端，是非之途，樊然淆乱，吾恶能知其辩"（《庄子·齐物论》）。但儒家在批评道家"蔽于天而不知人"的同时，也看到了道家在天道探索中所取得的理论成果，意识到在知人时不可不知天，因而也从理论上努力为儒家的心性之学提出独特的天道依据，对自然天道作了一系列创造性的探索（详见本章第一节）。而道家在批评儒家过分夸大了人的重要性的同时，也意识到儒家人学的长处，在战国中晚期，道家的后学，所谓秦汉之际道家，就试图调和道家自然天道观与儒家道德教化的矛盾，吸取儒家关于人的认识学说的成果。如《吕氏春秋》，就体现出融会儒、道思想的特色。

不但学派之间相互辩论又相互吸取，每一学派内部也有类似情形。庄子在《庄子·天下篇》中列举各种学派，其中道家有四，除了对老子之道没有异辞以外，庄子对宋钘、尹文派，彭蒙、慎到派，乃至庄子自身都既有肯定，又有批评。如他说彭蒙、慎到一派，公正平易，无私无欲，顺从事物的变化，没有主观成见和个人好恶，能够在纷繁的现实中保持内心的清净。但这一派对天道和人心认识不全面，因为他们还主张区分事物的是非。而庄子本人基本不承认有什么是非的区别，并认为自己对天道有较深的体认；但同时也承认在具体处理人生问题时，还是有"未之尽者"，尚有做得不够的地方。又如荀子在其《非十二子》中批评的对象，就有儒家在当时影响最大的子思、孟子学派。他认为子思、孟子一派儒者的学说，虽然其言大略取法于先王，但并不懂得先王的准则。他们志大才疏，见闻广杂，推究往古而臆造出仁、义、礼、智、信所谓五行之说，神秘而不可晓，晦涩而不能理解。当然，现在看来，荀子的这些批评未必完全恰当。但是这个事例说明，同是儒家学派，因其学说的侧重点不同，他们之间也有辩论和批评。

学说理论上，各个学派之间的相互辩论又相互吸收贯穿于中国古代哲学发展的始终。佛学传入中国并中国化，其中推动佛教义理发展的一个重要因素就是佛教内部的辩论。佛教寺院为传播教义，经常向僧俗讲解某些佛教经典。在讲解经典时，由担任讲师的佛教高僧介绍经典的主要观点，解释经文，疏通思路，允许听众提出问题，并规定讲师"答不返难"，只能一一回答，不能向听众提出反问。此外，佛教界还经常举行无遮大会，允许不同宗派、不同观点的人就大会主持所提出的论题进行讨论。这些促进了中国佛教中各个不同派别的发展。宋明理学也不回避各种论点的相互交锋。如宋代理学家程颢和程颐就对张载所提出的气与理的关系进行批评，认为张载把太虚和气视为世界的本原，是用有形的可感的东西代替了无形的不可感的本质。

在中国古代哲学的发展历程中，玄学与佛学，以及佛学与理学之间的相互辩论与相互吸取，从来没有间断。佛教坚信它所描述的精神境界及其体认方式要比儒家高明。南朝时期有个和尚慧琳作《白黑论》，就指出佛教讲的是人生宇宙之外的真理，极尽鬼神的变化，而儒家讲的不过是人世间的道理。但佛教也承认儒家道德哲学的某些合理因素，如儒家的心性说，极其重视"人心"（即人的主观意识）这一认识主体。中国佛教就吸取了这一理论成果，把它改造为佛性论，建立了中国佛教不同于印度原有佛教的理论体系，形成了天台宗、华严宗、禅宗等中国佛教宗派。所谓人心皆有佛性，和儒学人人皆可成为尧舜就有相似之处。

会通之学的另一个重要表现是：中国古代哲学善于融会、吸收各门具体学科的思想成果，并使之上升到理论高度，反过来影响各门具体学科的发展。

以儒家基本理论命题的形成和发展来说，无论是儒学的天道观，还是儒学的道德观，都与自然科学的发展保持着紧密联系。早期儒家之所以能够提出人最为天下贵，人的理性能力和道德能力是天地万物的价值标准，一个重要的背景就是当时自然科学知识的积累。如天文学方面，春秋后期，就出现了一种取回归年长度为 365.25 日，并用十九年七闰为闰周的四分历，它标志着历法已经摆脱了对观象授时的依赖而进入了比较成熟的时期。战国时期，各诸侯国分别使用黄帝、颛顼、夏、殷、周、鲁六种历法，都是四分历，只是所规定的历法起算年份（历元）和每年开始的月份（岁首）有所不同。这也就是说，人们可以根据已经掌握的天文知识来预测未来的历法，不致发生很大的误差。孟子所谓"千岁之日至可坐而致也"，就是这种情况的反映。在医学方面，人们经过长期的摸索，已经了解了许多草木的药用和价值，对人体经脉也有较为系统的了解，总结出不少药方和养生原理。其他如《考工记》的化学知识、《墨经》所反映的数学和物理学知识，都是相当丰富的。在人的能力日益加强的现实情况中，儒家提炼出：人有认识和宣传真理的能力。这一哲学命题，就是依据这些自然科学知识所作出的哲学理论概括。而这一哲学概括，又使人们加深了对于自身在社会中的地位及其肩负的使命

图 2-7　李善兰

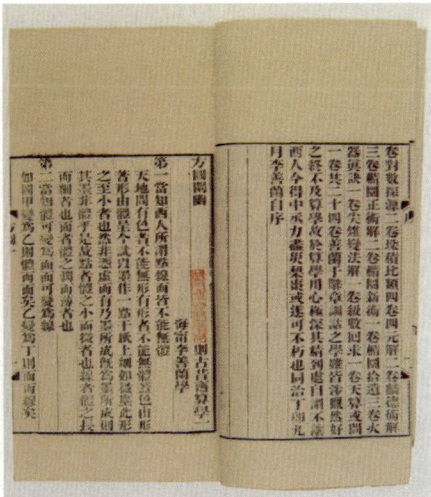

图 2-8　《几何原本》中译本（清）

的认识。不过，儒学对如何改造社会，提不出行之有效的方案，他们将希望寄托于"圣王贤相"的身上，与此相应，儒学更强调人对于社会应尽的义务，而关于人应当享受的权利则被漠视了。这是"德治"和"人治"的必然结果。

不但儒学体现了与其他各门具体学科相互融会贯通的特色，道家思想和佛教也体现出这种特色。（详见本书第四章）

会通之学的第三个重要表现是：中国古代哲学善于融会外来文化。本书第四章已有论述，关于古代的情况这里从略。

中国哲学善于融会外来文化的情况在中国近代哲学中表现得尤其明显。例如，近代思想家李善兰（1811—1882）在 19 世纪翻译介绍了欧几里得《几何原本》（后九卷），此前明末徐光启曾译有该书前六卷，由他补足全书，从而向中国思想界完整地介绍了一种新的演绎推理的思想方式。后来戊戌变法领导者康有为（1858—1927）的早年著作《实理公法》，就是采用这种几何学的演绎方法来进行推论的。李善兰还译有罗密士（Loomis）《代微积拾级》，侯失勒（J.Herschel）《谈天》，胡威立（Whewell）《重学》和奈

端（Newton，今译牛顿）《数理》（今译《自然哲学的数学原理》）等，这些对于中国近代哲学和自然科学的发展都有很大的促进作用。

中国近代启蒙思想家严复（1853—1921）于 1895 年着手翻译英国生物学家赫胥黎的《天演论》（该书原名为《进化论与伦理学》，严复译述时只取前面"进化论"——"天演论"命书名，于1896 年出版）。此书在中国近代思想界影响深远。康有为、梁启超、谭嗣同论证变法维新的必要性，后来孙中山（1866—1925）论述推翻清朝统治，建立民国的民主革命主张，主要的思想武

图 2-9　严复

器之一即进化论。值得注意的是，当进化论被运用于中国近代现实社会时，并不是严格的生物学意义上的进化论，而是经过了选择和改造，且与中国古代的变易思想结合起来，从而显示出所谓的"会通"精神。"会通"的通俗解释就是咀嚼、消化各种文化和思潮，吸收对我有用的东西。自古至今，中国人很善于做"会通"工作。

中国近代许多著名人物，如魏源、洪秀全、洪仁玕、章太炎等，都是这种"会通"精神的代表。他们满怀兴趣地了解西方宗教、历史、政制、思想和学术，以便将其某一方面具体地运用于中国的现实环境。毛泽东将中国近代先进人物称为向西方寻找真理的人物，这是非常贴切的。不仅如此，中国近代和现代在学术上有成就的学者们，都不是固步自封、自以为是的，他们大都学贯中西，熔中西学问于一炉。

总之，中国哲学中的"天人之学""变易之学"（"有对"之学）和"会通之学"，构成其主要部分及其特色。这些直接或间接地反映于中国传统文

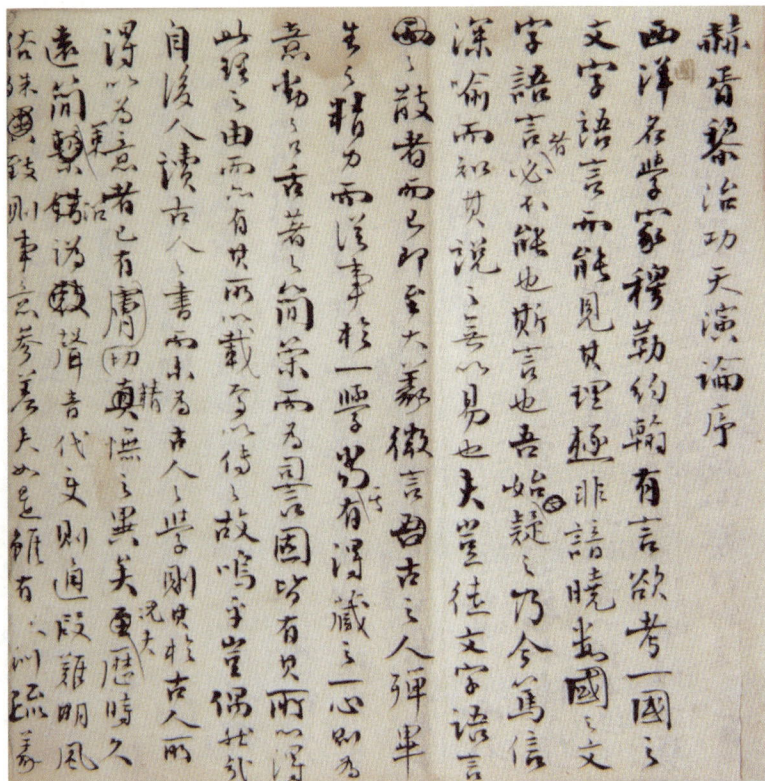

图 2-10 《天演论》序言（局部）

化的各个组成部分之中。不了解中国哲学，就不能理解中国传统文化；同样，如果不懂得传统文化的全貌，缺少关于传统文化的具体知识，那也难以理解中国哲学的特色和价值。

思考题：

1. 试简述中国古代思想家对天人关系的认识。
2. 试简述中国古代变易之学的主要内容与特点。
3. 试论中国古代会通之学的内容与意义。

第二章

传统文化的灵魂

——中国哲学

第三章

伦理道德与人文文化

第三章

伦理道德与

人文文化

第一节　传统美德

　　我国素以文明古国、礼仪之邦著称，有丰富的历史遗产，其中包括不同历史时期关于伦理道德学说的理论，以及种种道德规范。这些对中国传统文化有深刻的影响，而且成为史学和文学的主要内容。

　　首先应提到孔子。他生活于春秋末期，精通商代和周代的历史文献。他虽然自称"好古"，但并非食古不化，而是善于将商、周的文化遗产加以消化吸收，提出新的理论观点。孔子是中国文化史上第一个提出系统的伦理道德理论的思想家和教育家。

　　孔子重视研究社会的人际关系。这和他所处的时代有密切关系。春秋末期的社会变动引起人和人之间，如君臣、诸侯卿大夫、父子等方面的剧烈变化，从而出现了"礼坏乐崩"的局面。周礼的破坏使人们失去精神和行为的依托，于是提出了一个亟待解决的社会问题：用什么准则来指导人们的思想和行动，才能使社会处于稳定的状态？当时思想家们都在这个重大问题上发表了自己的见解。儒家学派开创者孔子很明确地回答：这个准则为"仁"。我们从《左传》和《国语·周语》中可以看到，孔子以前和孔子同时代的许多人都讲"仁"。但是没有一个人像孔子讲得那样系统，那样有理

图 3-1　孔子

论性，那样简明扼要，易于被人们接受。

什么是"仁"？孔子的简洁回答是：仁即做人的道理。具体地说，也就是一个有道德修养、有学问的"君子"应当遵守的准则。正如《国语·周语下》所说："言仁必及人。"讨论"仁"必然涉及如何做人，如何正确地处理家庭关系以及社会上君臣和朋友关系等。

孔子教育他的学生时，讲了不少有哲理性的话。他的学生把这些话加以整理，成为《论语》一书。可以说，这是中国文化史上影响最大、流传最广的一本书。在《论语》中，孔子多处为"仁"规定界说，尽管界说的文字有所不同，但是基本精神却是相同的。孔子讲"仁"，不是以祖先崇拜为出发点，而是平实地讲做人的道理；也不是以维护某一方面牺牲另一方面为出发点，而是力求照顾到人际双方的利益。例如，他的学生问：老师您经常讲"仁"，究竟什么是"仁"呢? 孔子回答说："仁者爱人。"所谓"爱人"，一方面是"己所不欲，勿施于人"（《论语·颜渊》），另一方面则是"己欲立而立人，己欲达而达人"（《论语·雍也》）。这两方面结合起来称之为"忠恕之道"，被视为"仁"的主要内容。为调节君臣、父子等人际关系，孔子要求双方按照忠恕的原则，相互尊重。比如，父亲要儿子对他孝，他就应当以慈爱来对待儿子。儿子不愿父亲对他不慈，他就要以孝来侍奉父亲。同样，君要臣子对他忠心，就必须像个君王的样子，具有君王的品德。如果君不像个君，臣不像个臣，父不像父，子不像子，那么家庭和社会的稳定就难以维持。

很明显，从这些例子里可以看到，孔子所说的君要像个君的样子等，都是从伦理道德方面说的。也就是说，君要遵守道德规范，才能真正成为君。其他依此类推。因此，孔子所说的"仁"乃是道德的总称。《论语·阳货》有这样的记载："子张问仁于孔子。孔子曰：'能行五者于天下为仁矣。'请问之，曰：'恭、宽、信、敏、惠。恭则不侮，宽则得众，信则人任焉，敏则有功，惠则足以使人。'"这里孔子提出了五种道德规范："恭"——自重，"宽"——宽厚，"信"——信用，"敏"——勤恳，"惠"——关心他人。这五种道德规范的总和就称为"仁"。孔子讲道德规范并不限于这五种，有时他又说到其他几种道德规范："温"——谦和，"良"——善良，"恭"——自重，"俭"——俭朴，"让"——谦让（见《论语·学而》）。这些道德规范的总和也称为"仁"。

中国道德学说提出了多种道德规范，这和孔子的提倡有密切的关系。这些道德规范讲了两千多年，今天还要继续讲。在今天，尽管情况已经和孔子时代大不相同，但是我们仍然要提倡自尊自重；只有自重，才能得到别人的尊重。但是有人硬是不讲自重，私欲膨胀，以致走上犯罪的道路。今天仍然要讲俭朴，不论经济怎样发展，每个人都应当珍惜生产资料和生活资料，不能形成奢侈浪费的社会风气。俭朴的品德在任何时候都丢弃不得。当然，我们今天讲道德规范，应当增添符合时代要求的新内容，不能把孔子讲的全部搬来，但是也不能全部抛弃。保留并发扬其精华，清理并抛弃其糟粕，还是一项重要的任务。

孔子把做人的道德品格摆在重要的地位，认为一个人处理事情不能违背道义的原则。他这样说："富与贵，是人之所欲也，不以其道得之，不处也；贫与贱，是人之所恶也，不以其道得之，不去也。君子去仁，恶乎成名？君子无终食之间违仁，造次必于是，颠沛必于是。"他认为，对人来说，在任何情况下都不能忘记道义，尤其是颠沛流离之际更不可以弃道义于不顾。追求富贵是人之共性，但是这必须有限制，此限制就是道义。符合道义的富贵可以取，不合道义的富贵决不可取。人为道义而活，非为富贵而生，这样才具有人生价值。正是从这个意义上孔子才说："君子喻于义，小人喻于利"。（《论语·里仁》）

按照孔子的本意，义利统一是可取的，只有利而无义，君子不为。其实他并不反对国家之富和百姓之富。他到卫国，说："庶矣哉！"——人口众多呵。为他驾车的冉有问：人丁兴旺，下一步该如何办呢？孔子回答："富之。"——使老百姓富裕起来。冉有再问：百姓富裕了，又该做些什么呢？孔子回答："教之。"——教育他们，使他们有文化知识。（见《论语·子路》）

从以上分析可以看出，孔子提出的"仁"实际是各种美德的总称，亦即人的价值标准。此价值标准，他有时又称之为"道"。他说过这样的话："人能弘道，非道弘人。"（《论语·卫灵公》）阐明人是主体，人有认识和弘扬真理的能力。唯其如此，人才把追求"道"作为自身存在的目的，而"道"并不是轻易就能被人认识的，只有孜孜不倦地学习和探索，才有可能发现和体验真理。从这个意义上说，"道"比人的生命更加宝贵。人的生命是有限的，而"道"却是永恒的。因此孔子叹息说："朝闻道，夕死可矣。"（《论语·里仁》）人发现或体验了真理，才称得上是仁人。仁人超越了人的本能，是具有高尚理想和深厚道德修养的人。这样的人，当他的理想与生命发生冲突，二者不能兼顾的时候，他会毫不犹豫地牺牲个人的生命，去殉他的道义原则。对此，孔子讲出这样富于哲理性的话来："志士仁人，无求生以害仁，有杀身以成仁。"（《论语·卫灵公》）在漫长的历史演变中，这样的生死观逐渐熔铸成中华民族志士仁人的共同信念，是民族得以不断前进和发展的精神动力。

我国的道德教育，孔子有开创之功。后来许多思想家、教育家都认识到，要促进文明，必须提高人民的道德和智慧。近代著名教育家蔡元培曾经说过："德育实为完全人格之本。若无德，则虽体魄智力发达，适足助其为恶，无益也。"（《蔡元培教育文选》人民教育出版社 1980 年版）我们中华民族有自己的传统美德，如民族气节、尊师敬老、救济孤残、移风易俗等。继承传统美德是一项重要的精神文明建设工程。

中华民族之所以不同于古希腊人、印度人和世界其他民族，这和她几千年来形成的心理素质有很大关系。在"共同的心理素质"中，有个民族气节的问题。中华民族几千年来在人类历史上多次复兴，产生了很多民族英雄，都与民族气节有关。我们所说的民族气节，就是维护中华民族的尊严与独立的正气和操守。特别是孟子所提倡的"浩然之气"，对后世许多民族英雄坚守气节起到了激励的作用。南宋时，民族英雄文天祥在狱中始终不屈，所写《正气歌》一开头就说："天地有正气，杂然赋流形。下则为河岳，上则为日星。于人曰浩然，沛乎塞苍冥。"他认为有了这种浩然之气，就会把生死置之度外，"人生自古谁无死，留取丹心照汗青"（《过零丁洋》）。岳飞英勇抗金、郑成功光复台湾等都表现了我们中华民族的英雄气概和高风亮节。

敬老、养老也是我们民族的美德。周代的"养老之礼"，就考虑到年长者体弱气衰，要注意他们的营养。当老年人失去劳动能力以后，理应受到社会的照顾和尊敬。老年人的人生阅历丰富，后辈应向他们请教，并将他们的有益教导记录下来，以便教育后代。这种敬老、养老的美德，在古代有许多论述。

我国是一个多民族的国家，移风易俗可以促进各族人民的文化交流，相互学习，取长补短，这对于整个中华民族的文明进步大有好处。早在战国时期，赵武灵王就提倡"胡服骑射"，让大家穿少数民族的短服，学习骑马射箭。在此以前，中原各国用的是车战（以马驾车作战），穿的是宽袍大袖，战斗时行动不便。赵武灵王看到少数民族身穿短衣、骑马射箭，往往以少胜多，就坚决提倡，结果加强了国防力量。当时，各国看到"胡服骑射"在赵国行之有效，也都纷纷采用。这种改革不仅使中国的战术有了革新，而且加强了民族之间的融合。尤其可贵的是，赵武灵王在进行胡服骑射的移风易俗改革中，提出了"势与俗化，而礼与变具"（《战国策·赵武灵王胡服骑射》）的进步观点，认为风俗习惯、礼仪制度应适应时代需要而改革。在中华民族文化史上，不仅汉族向少数民族学习，少数民族也向汉族学习。如藏族历史上的杰出人物松赞干布，主动与唐和亲，学习汉族文化，制定法律制度，创造文字，进行了一系列移风易俗的工作，不仅振兴了吐蕃，而且加强了汉藏两族的友好关系。

我国不但注重道德教育，而且历代有识之士都怀有对未来的美好理想。例如，《礼记·礼运篇》是战国末年、秦汉之际儒家学者的著作，提出了"大同"理想。"选贤与能，讲信修睦，故人不独亲其亲，不独子其子，使老有所终，壮有所用，幼有所长，矜寡孤独废疾者，皆有所养。"在这个世界里，有才能的人被推举出来执掌政事，人们相互信任，团结合作。人们的思想境界突破了家庭小圈子，不仅慈爱自己的亲人，而且能推广开去，热爱所有人。在"大同"世界里，老人享其天年，壮年发挥所长，少年受到良好教育，鳏寡孤独和残疾人得到社会的关怀和照料。

《礼记·礼运篇》又说，在这个世界里，资源应得到充分利用，人们都乐意为社会繁荣而贡献力量。这里没有盗贼，没有暴徒，没有战争。总之，"大同"是儒家的理想世界。尽管这个理想带有空想的色彩，古代哲人也找不到通向"大同"的路，但是它毕竟表现了古代人对当时剥削社会的抗议，和对美好世界的向往。

儒家有"大同"理想，不能说它主张逃避现实社会而追求一个乌有之乡。由于儒家重视道德伦理，所以它强调人对社会应尽的义务，重视实际。作为中国传统观念文化的另一个构成部分的道家思想虽否定道德、法制和知识，但与其说它是出世的，倒不如说它是以"出世"为手段而达到"入世"的目的。佛教传入中国，对中国文化产生了很大的影响，但它被中国化了，成为中国特有的佛学，减少了出世的成分。因此中国传统文化中并没有真正的"出世"哲学。在古代，对知识分子影响很大的信条，就是孟子所说的"穷则独善其身，达则兼善天下"（《孟子·尽心上》），认为一个正直的人即使不能治国平天下，以实现自己的理想，也不能放松个人的道德修养，仍然要承担对于家庭和社会的责任与义务。因此有的学者说，中国传统文化是伦理道德型的文化，这不是没有道理的。伦理道德精神渗透于中国史学、文学等文化之中。

第二节　中国史学的特色

我国有连绵不断的历史，而历史的文字记载从进入文明社会以后，迄今从未中断过。在汗牛充栋的史书中渗透着如何做人和如何治国的道德教化。因而中国的史书，从某种意义上说，也是道德和人文精神方面的著作。

传说在五千年前的黄帝时期，就设立了专门的史官。这些史官创作了许多关于部族图腾和祖先功德的神话。在商代被称为巫史的职官，他们的主要职责，就是记载国家大事，观测天象，为君主的祭祀和战争提供指导。当时还出现了典与册的历史典籍。西周时，史官分工更加细密，有大史、小史、内史、外史、侍史、御史、女史之称。他们有的掌管国家的典章，有的负责起草政治命令，有的负责保存各侯国的政治文件。《周书·召诰》中记载有召公对于周人的教导，其中说：古代曾经有一个夏国，十分强大，但现在已经衰落下去；又有一个殷国，一度取得过辉煌的成就，也已衰落。我们周民族，应该深刻地思考他们由强盛到衰落的原因，以便吸取历史的教训。同书《立政》篇，周公要求周人的子孙都要以文王和武王为榜样，学习他们的人品，继承他们的事业。中国古代这种以历史为鉴戒，教人做人和治国的思想意识，成为中国史书中人文精神的重要标志。

道德教化的历史意识，促使中国古代史学兴旺发达。春秋末期，相传孔子把鲁国史官所作的《春秋》删削成有独立思想体系的历史著作，这标志中国古代史学的正式开端。在以后的演变发展中，它经历了三个阶段。

战国至两汉是中国古代史学的定型期。战国时期，史学著作日益繁富，有《左传》《公羊》《穀梁》等传注《春秋》的作品，也有《晏子春秋》《吕氏春秋》等富有个性特色的集政治与史学为一体的作品，还有《世本》等对历史的统系、氏姓的流变、器物发明的先后、居住环境的变换等进行综合记述的作品。战国末期的《吕氏春秋》一书还采取了将历史哲学和历史事件融为一体的著作方式。在上述基础上，西汉时期大史学家、思想家司马迁创造了史学的纪传体例，创作了不朽的史学著作《史记》。东汉时期，班固把司马迁的纪传体例进行了一些调整，以纪、表、志、传的体例撰写《汉书》。《史记》和《汉书》标志着中国史学的成型。

魏晋南北朝至明末，是中国古代史学发展的黄金时期。史学成为宣传中国传统文化人文精神的独立学术门类。国家开始组织学者力量，官修史书。北齐天保二年（551），魏收奉诏设局纂修《魏书》，继承了东汉明帝官修《东观汉纪》的做法。其后，唐至宋、元、明，每一个朝代都要召集学者纂

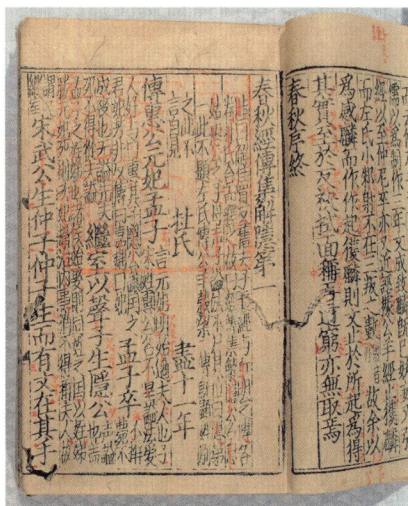

图 3-2 《春秋》书影

写前一朝代的历史。这一时期，史学著作门类更多，有通史、断代史、专门史、人物传记。如专门史中有典章制度史：唐代杜佑的《通典》、宋代郑樵的《通志》、元代马端临的《文献通考》等就是这方面的不朽著作；有地理史：北朝郦道元的《水经注》、唐代李吉甫的《元和郡县图志》、宋代乐史的《太平寰宇记》、王存的《元封九域志》和元代《大元一统志》等；有学术文化史：唐代智昇的《开元释教录》、宋代朱熹的《伊洛渊源录》等。随之史学体例也更加完备，除正史纪传体不断为人们使用以外，编年体也有了很大发展。宋代司马光的《资治通鉴》就是我国第一部较为完善的编年体通史著作。李焘的《续资治通鉴长编》、李心传的《建炎以来系年要录》、徐梦莘的《三朝北盟会编》都是《资治通鉴》以后的产物。南宋袁枢将《资治通鉴》的内容重新排比史事，创立了以事为纲的纪事本末体，写成《通鉴纪事本末》一书。这一时期，史学评论也日趋发达，唐代刘知几的《史通》，就是我国第一部史学评论的巨著，它不但总结了我国唐以前史学发展的情况，还开创了我国古代史学理论和史学评论的新形式。

明末清初至鸦片战争前期是我国古代史学的总结和嬗变时期。这一时期，史学家和思想家们对于现实政治的批评以及对于理学传统的反思使古代史学关于历史演变的认识有所深化，并在其中包含有民主思想的萌芽。清朝初年大思想家、学者王夫之的《读通鉴论》《宋论》，还有顾炎武、黄宗羲等人的著作就是这方面的代表。例如顾炎武的《日知录》黄宗羲等的《宋元学案》和《明儒学案》，都对中国史学和学术作出了巨大的贡献。

18 世纪中国清朝乾隆、嘉庆年间，以王鸣盛的《十七史商榷》、钱大昕的《廿二史考异》、赵翼的《廿二史札记》为代表的乾嘉史学出现，通过训诂、校勘、注释、辑佚、辨伪形成了"无征不信"的求实学风，对我国古代文化典籍进行了深入的整理。除此，还要提到关于史学著述的体例，清代中叶章学诚的《文史通义》，是我国又一部史学评论的专著，它对怎样撰写有鲜明个性特色的史学著作作了一系列新的探索，并从理论上加以说明，这对中国史学的发展也有重大的影响。

从某种意义上说，中国古代史学是中国古代文化和学术的百科全书。它探索人与自然的关系、人与社会的关系、人与家庭和国家的关系，包含有文化学术的各个方面。它所反映的中国传统文化的人文道德精神是非常突出的。

中国古代史学所描写的人类社会生活的内容非常丰富。自帝王将相到一般平民，举凡社会生活的重要方面都包括在内。以孔子删削的《春秋》一书为例，它记载了从鲁隐公元年（前722）到鲁哀公十四年（前481）共242年的鲁国历史，全文总共只有1.8万字，却写出了春秋时期重大的政治与军事活动，如征伐、会盟、朝聘、祭祀，还记载了婚丧、城筑、宫室、狩猎、土田等内容。

历史是人创造的，历史的舞台上离不开人物的活动。中国史学特别善于描述历史人物的特点和个性。司马迁的《史记》描述了帝王、贵族、官僚、士大夫、商人、游侠，以至社会下层的种种人物。这些人物个个栩栩如生，以其鲜明的个性为人们所传诵。

《史记》赞扬那些与自然界恶劣环境和社会丑恶势力作斗争的历史人物。它记载了从黄帝以来人民对于山水的治理、土地的改良、农作物的种植、器械的发明等，也记载了许多反抗黑暗政治和社会不平的英雄人物，歌颂了人类的正义和高尚情操。比如《史记》写大禹治水，三过家门而不入；写郑国修筑郑国渠，如何了解水势并采取相应的方案；写汉武帝对于黄河的治理。又如写了周文王、武王对于商纣统治的反抗，写了燕太子丹派刺客荆轲行刺秦始皇，荆轲"风萧萧兮易水寒，壮士一去兮不复还"的勇于自我牺牲的英雄气概，写了陈胜、吴广揭竿而起反抗暴秦的统治，等等。

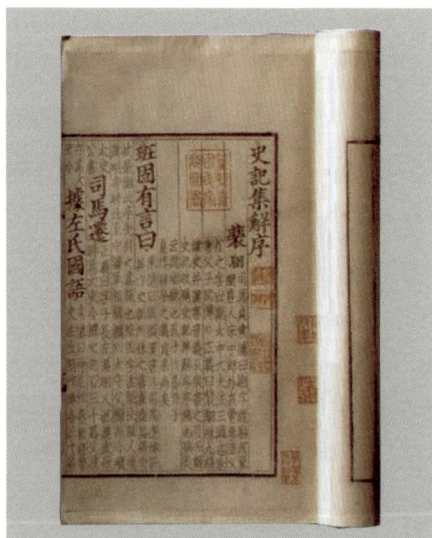

图 3-3 《史记》书影

图 3-4 司马迁

　　《史记》还探讨了政治道德。司马迁认为，政治必须遵循其内在原则，以教化为主，刑罚为辅。而搞好政治的关键是君主要以身作则，以德化民。他通过秦皇、汉武的比较，提示了人君之道；又通过循吏与酷吏的比较，提示了人臣之道。司马迁非常重视不同政治态度的人物的自我道德修养。他赞扬那些有自知之明，能为民造福，并勇于自我牺牲的政治家。他认为周公和萧何是既具有良好道德品格，又有政治才干的大政治家。对于下层社会的游侠，司马迁加以颂扬，认为这些人物"其言必信，其行必果，已诺必诚，不爱其躯，赴士之厄困。既已存亡死生矣，而不矜其能，羞伐其德"（《史记·游侠列传》）。他们重友谊，讲信义，助人为乐，舍己为人，说到做到，济人困危，刚强正直，伸张正义，不自夸，不图报。这些人虽然身份低贱，多是乡曲布衣、闾里匹夫，但他们的行动却有益于社会，值得肯定。如汉初的朱家、郭解是当时很有影响的侠客。在《史记·赵世家》中，司马迁还描写了程婴、公孙杵臼保护赵氏孤儿的故事，宣传主仆之间、朋友之间的忠义之道。

司马光的编年体通史《资治通鉴》一书也有对道德人文精神的探求。他认为，大量的历史事实证明，仁义礼智信的道德精神和理性精神是人类得以生存和发展的关键。他说，人在世上，待人处世必须有德有才。所谓才，即人的才能，而德则是人的品格，"正直中和之谓德"。道德必须和才能结合，他说："才者，德之资也；德者，才之帅也。……是故才德全尽谓之圣人，才德兼亡谓之愚人，德胜才谓之君子，才胜德谓之小人。"（《资治通鉴》卷一）在他看来，君主要善于用人，任用德才兼备的人担任辅弼，才能使政治清明。如果君主自己无德无才，而任用的人又是一批无德无才的小人，那么政治必然混乱。司马光十分强调政治的道德。他认为"信义"是立国的根本，如果失信于民，失信于人，即使取得了一时的成功，国运也不能持久。他强调说："夫信者，人君之大宝也。国保于民，民保于信；非信无以

图 3-5 司马光

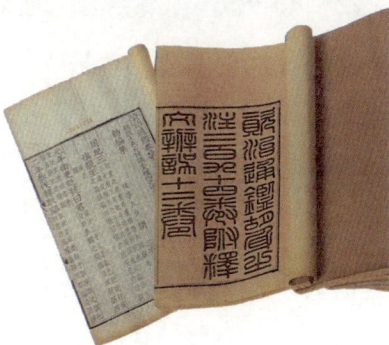

图 3-6 《资治通鉴》书影

使民，非民无以守国。是故古之王者不欺四海，霸者不欺四邻，善为国者不欺其民，善为家者不欺其亲。不善者反之。"（《资治通鉴》卷二）

可见，中国古代史学在描述历史人物的活动时所提出的价值标准在于，看他们对国家和社会作出了什么贡献，以及个人的立身处世是否符合道义的原则。这些就是浸透于中国史学中的人文道德精神的表现。

中国古代史学还认为，史学应该探求历史演变规律，为此，史家们下了

许多苦功，作出了很大贡献。

从历史横的方面看，中国古代史学力求从整体上去认识历史。例如，司马迁的《史记》中有《平准书》与《货殖列传》，以专门篇章记载社会经济活动的内容。在《货殖列传》中分析社会经济发展状况，指出农业、矿业、手工业、商业都是人类生活的不可缺少的生产和经济活动，它们有其自身演变的规律。至于经济与政治的关系，司马迁在《货殖列传》中记述了因经济发展而引起政治变动的史实，肯定"仓廪实而知礼节，衣食足而知荣辱"，认为人的精神面貌与经济状况有着至为密切的关系。

从历史的纵深来看，中国史学注意到典章制度和思想文化、政治生活的复杂关系。这样，中国的一些优秀的史书近似于社会生活的百科全书。司马迁作《史记》，其礼、乐、律、历、天官、封禅、河渠、平准八书就记叙了汉武帝以前的历代典章制度。班固写《汉书》，改书为志，成律历、礼乐、刑法、食货、郊祀、天文、五行、地理、沟洫、艺文十志，记叙的制度更加全面。唐代还出现了专门的制度史专著，如刘知几的儿子刘秩所作的《政典》和杜佑的《通典》等。典章制度史的专著在宋、元、明、清时代盛行不衰。用宋代郑樵的话来说，他所作的《通志》这类典章制度通史能"总天下之大学术，而条其纲目"，使"百代之宪章，学者之能事，尽于此矣"（《通志·序》）。研究典章制度史的目的，就是要找出每一种典章的来龙去脉，以便看到它们的利弊得失。

人类社会离不开自然，自然提供给社会存在和运转的物质资料，同时也给社会带来了灾祸，因而中国史学没有停留在关于社会的记述方面，也比较详尽地记载了自然的变化及其与社会人事的密切关系。例如，孔子的《春秋》记载了242年间的重要天象和地理变化。日食、月食、地震、山崩、星变、水灾、旱灾、虫灾都在《春秋》一书中有所反映。天文和地理始终是中国古代史学的重要记叙对象。以天文来说，正史二十四史中有十七史本来就有书或志，其中涉及天象的天文、律历、五行三志的情况是：

《史记》：历书、天官书。

《汉书》：律历志、天文志、五行志。

《后汉书》：律历志、天文志、五行志。

《晋书》：天文志、律历志、五行志。

《宋书》：律历志、天文志、符瑞志、五行志。

《南齐书》：天文志、祥瑞志、五行志。

《魏书》：天象志、律历志、灵征志。

《隋书》：律历志、天文志、五行志。

《旧唐书》：历志、天文志、五行志。

《新唐书》：历志、天文志、五行志。

《旧五代史》：天文志、历志、五行志。

《新五代史》：司天考。

《宋史》：天文志、五行志、律历志。

《辽史》：历象志。

《金史》：天文志、历志、五行志。

《元史》：天文志、五行志、历志。

《明史》：天文志、五行志、历志。

此外，尚有许多典章制度史的专著，描写了历代天文变化的情况。这些记载比较系统地记录了日月星辰的变化，从而有助于后来的读者对于一定历史时代的政治生活，特别是农业生产和天象变化关系的理解。当然，这中间也含一些关于自然变化的迷信解释和牵强附会。

至于地理学方面的内容，在先秦时期，无论自然地理还是历史地理，都有专门的记载。萧何是刘邦打天下的重要谋臣，他在部队攻入潼关占领咸阳时尽收天下图书，因而了解到地理的概况。西汉时期，地理的人文色彩日益浓厚，《史记》的《平准书》《河渠书》《货殖列传》曾大量记叙地区性的经济、赋税、物产、风俗、水利等内容。《汉书》专门设立了《地理志》，记载"州国、郡县、山川、夷险、时俗之异，经星之分，风气所生，区域之广，户

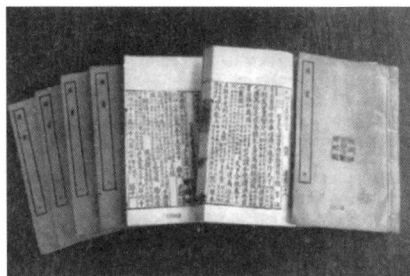

图 3-7 《汉书》书影

口之数"(《隋书·经籍志二》)。《汉书·地理志》开创了全国性区域志的体例和规模。魏晋南北朝时期，地理的记叙更加丰富，有地区志、山水志、风俗志、寺观志、物产志。晋代挚虞的《畿服经》，据说还把晋代行政区划统一起来，"分野、封略、事业、国邑、山陵、水泉、乡、亭、城、道里、土田、民物风俗、先贤旧好"(《隋书·经籍志二》) 等类，都有记载，为后来地理史专著的纂著，提供了比《汉书·地理志》更加完备的体例。从隋朝到明末，不但有全国性区域志，而且有地方志，纂写疆域志与地方志成为各级史官和学者的重要职责。而留存至今的全国一统志以及地方志，数量很大。对这些书籍去粗取精、去伪存真仍然是我们的一项研究任务。

中国古代史学力求探讨天（天象）、地（地理）和人（社会政治生活）的关系，有些比较准确地找到了其中的某些联结点，但是也有不少任意地夸大了这些联结点，成为所谓天人感应一类的神学和迷信的说法。这在古代就受到一些史家的批评。

这里需要特别提到，明清之际，有些思想家和学问家通过对哲学与历史的研究，逐渐认识到自然环境与人类社会生活的某些辩证关系。他们认为，应该将自然历史与人类历史加以区别。自然历史有其独立的变化规律，并不是每一种天文或地理现象都与人类社会有必然的联系。用王夫之的话来说，就是"天之道，人不可以之为道"(《续春秋左氏传博议》)，认为人们不能把自然界的运动变化规律完全与人对应起来。这些思想家和学问家还认为，应该看到自然历史被人类改造的一面。人类既要从自然界取得社会生存的物质资料，同时又对自然进行改造。人类在改造自然过程中不断丰富发展着对自然的认识。

综上所述，可以概括地看到中国古代史学的优良传统。这些都是中国优秀传统文化中的重要组成部分。至于中国古代史学中的封建糟粕，不拟在此论述。为帮助读者了解中国古代史学的文化价值，这里再简略介绍中国史学的体例和方法。

中国古代史学非常重视史学家的品德修养和技能训练，认为这是史学研究和史学著述的必要条件。清代史家章学诚《文史通义》一书在对以往史家论述的基础上专门提出"史德"。他说："德者何？谓著书者之心术也，夫秽史者所以自秽，谤书者所以自谤，素行为人所羞，文辞何足取重！魏收之矫诬，沈约之阴恶，读其书者先不信其人，其患未至于甚也。所患夫心术者，谓其有君子之心，而所养未底于粹也。"（《文史通义·史

图 3-8　章学诚

德》）他认为史学家的学问和道德修养，必定影响他的史学研究。如果一个人品行不端，心术不正，自然会对历史事实进行歪曲，或者只认识到历史的某一个片面。还有一种人，他们有一定的道德修养，他们研究历史，有时正确有时不正确，对他们来说，更加需要提高研究水平。

"史德"有丰富的内涵，而中国古代史学极为推重史学家的忠、信品德，认为史家不论遇到何种强暴，也不能对历史事实进行歪曲。晋国史官董狐的"直笔"精神，受到历代史学家的赞赏。

中国古代史学家认为，无论从事历史研究还是撰述史著，史学家只有具备了高尚的道德品格和史学的基本技能，才有可能写出历史的真相，为社会提供有益的历史经验教训。

这里，我们还要对中国古代史学的体例作一简括的介绍。中国古代史学

著作有多种体例，其中最有影响的是纪传体和编年体。《史记》是纪传体的开创之作，而《资治通鉴》则是编年体的代表作。司马迁撰述《史记》的方法是：

1. 确定史实。司马迁裁取史实的一个重要标准，就是看它们是否反映了历史的真相，看它们是否涉及人类生活的重要方面。他曾利用各种资料，并对其中记叙有分歧的部分进行厘定，甚至进行实地调查，以便取得正确的资料。

2. 制订体例。《史记》以本纪、书、表、世家、列传作为编纂体例。本纪以年为纲，简略交代历史演变的线索。书、表则记载军事、政治、经济、外交、天文、地域等各种情况。世家和列传记载历史上有一定影响的历史集团和历史人物。

3. 具体叙事方法。《史记》详今略古，笔端带有作者强烈的感情，善于用典型的事件刻画人物的性格特征。至于沟通纪、传、表、书各部门史实，使纪、传、表、书组合成一个有机整体，司马迁用得最成功的是所谓的互见法。如汉高祖打天下，依靠他的谋匠良将，而在《汉高祖本纪》中，限于篇幅，司马迁不能对所有的谋臣与将领都叙说清楚，因而他制作《高祖功臣侯表》，又在《萧相国世家》和韩信、陈平等人的纪传中有所补充。利用史实的这种互见法，司马迁既沟通了纪传体各部分之间的关系，又表达了他的某些观点。如《萧相国世家》记叙萧何功绩，只写收秦律令图书、荐举韩信、镇抚关中、举曹参自代等四件大事。至于受高祖遗命辅佐惠帝，此事在萧何一生中不占主要地位，仅从萧何临死，惠帝亲自去表示慰问一事而点出即可，没有多费笔墨。

司马光编撰《资治通鉴》的方法是：

1. 确定史实。司马光裁取史实的标准是："专取关国家盛衰，系生民休戚，善可为法，恶可为戒者。"（《资治通鉴·进书表》）所谓关国家盛衰，主要是历代王朝政治清浊的史实；所谓系生民休戚，主要是食货、刑罚、仪礼、职官、军事等重要历史事实。围绕这一标准，司马光和他的助手们对历代正史和其他典籍的有关资料加以汇集、裁定。对于不同的记载，他还提出了"折衷以归一是""参考同异""择可信者而从之"的考订方法。

2. 确定体例。司马光和他的助手们首先拟定了编纂凡例。据南宋王应麟《玉海》卷四七《资治通鉴条》及《宋史·艺文志》的记载，司马光曾作有《通鉴前例》一卷，定出了全书用语、格式等方面的凡例三十六条。然后参照北宋历法家刘羲叟的《长历》，辨定原有史籍所载史事的朔闰、甲子，以年系君，以君系朝代，而在列国对峙时只取一国一帝的年号。然后分年记载所裁择的史实，作出长编。最后进行统一增删。

3. 具体叙事方法。司马光《资治通鉴》主要反映出如下几点：对于某些重要历史事件，务必使其因果彰明，始末贯通。对于一个历史时期和朝代，《资治通鉴》往往能抽出一两件时间跨度大而又极重要的事件为纲要，着重叙述，而又兼顾其他。至于那些不宜单立条目，而又不值得一提的次要史实，《资治通鉴》则采用附叙法。

纪传和编年作为古代史学的两种主要的体例，各有所长，也各有所短。章学诚在《文史通义》一书中批评纪传体"类例易求而大势难贯"，说按纪传表志的体例去描述历史，使后人有个楷模，容易遵行，但写出来的历史却不一定能够把历史各项重要内容的来龙去脉叙述清楚。而编年体则"能径而不能曲"，能够把历史事实按年代先后排列下来，又未必能够叙述反映历史丰富多彩的具体情况。因为凡是人和事有年代可纪的，即使不很重要，也需要写在史书之中，而没有年代可纪的事和人，虽然对历史发展有很大影响，也不一定能够充分反映出来。至于到底应该以哪一种体例为主，不同的史家有不同的主张。章学诚在《文史通义·史篇别录例议》中说："以编年之法治纪传则有余，以纪传之例治编年，则类例不能无所缺矣。儒林列传女篇，文苑隐逸之类，纪传之所必具，而编年不必皆有其人。"认为纪传中可以容纳编年方法，但编年体却不能包括纪传的方法，尤其是编年不能交待历史演变中各种类型人的活动情况。历史既是事件的组成，又是人群的活动舞台，必须是传人而又记事。因此，最好的体例应该充分继承和发展编年与纪传的长处。编年的长处在于叙说事件的来龙去脉比较清晰，而纪传的长处则在于描述事件的横向联系更加得力。因此，只有纵横结合，纪传与纪事兼顾，才是比较理想的史书体例。

至于具体历史研究的方法，中国古代史学特别强调知人论世，主张写史著应设身处地去思考，了解历史发展的真实情形，以便对每一历史事件、每一历史人物作出合乎情理的判断。同时，知人论世，又要有一条必须遵守的标准，这就是说，对于各种文献史料，更应该有一种科学的考据意识，无征不信，通过内考证和外考证等多种方法，辨别史料的真伪，使史学研究立足于坚实可信的史料基础之上。

古代史学还探索了对于历史经验的借鉴问题。人们研究历史，是为了给自身提供启示。离开了为人类服务的目的，也就不需要有史学。王夫之曾说："所贵乎史者，述往以为来者师也。为史者记载徒繁，而经世之大略不著，后人欲得其得失之枢机以效法之无由也，则恶用史为？"（《读通鉴论》卷六）但是人们借鉴历史经验，应该从实际出发，不能生搬硬套古人的办法。"就事论法，因其时而酌其宜，即一代而各有张弛，均一事而互有伸诎，宁为无定之言，不敢执一以贼道"（《读通鉴论》卷末），反对历史研究中的主观片面性，说的道理很深刻。但要真正做到，并不是一件容易的事情。

第三节　古典文学的人文精神与艺术魅力

我国有丰富的文学作品，她们艺术地表现了社会生活和人类感情，成为中国传统文化中的重要组成部分。

中国古典文学作品中的道德人文精神，是一个非常广泛的问题，这里限于篇幅不能全面加以分析，只以诗歌和戏剧为例来论述。敬希读者举一反三，由此而及其他。古诗探讨诗心、诗眼、诗情和诗才，这些正是道德人文精神的反映。

什么是"诗心"？

宋代赵汝回在其《云泉诗》中说："人之于诗，其心术之邪正，志趣之高下，气习之厚薄，随其所作，无不呈露。"宋代的陈著在其《本堂集》中也说过："人之为诗，非苟然也。……鲍、谢、李、杜，各自有体，非固好异，亦惟其人而已。"把这些关于诗人的论断概括起来，就是诗出自诗心。

诗人接触自然界和社会中诸多现象，一定有使他激动的，他才会为此写诗。再问，他为什么会激动呢？诗人的生活经历，学识修养，胸怀气度，总之，诗人的整个灵魂都在起作用。举例说，唐代诗人李绅有一首农诗，前三句是：

春种一粒粟，秋收万颗子。四海无闲田……

到此为止，他只写出了往复不已、人人皆知的自然现象和真实的社会情况。面对这种景象，有人会称颂升平盛世，有人会讴歌岁稔年丰，但李绅的收句却是：

农夫犹饿死！

只此一句，诗心出矣。诗人提出了一个发人深思的问题："春种一粒粟，秋收万颗子"，说明自然的赐予是丰厚的，"四海无闲田"，说明农民是勤劳的，为什么他们还是被活活地饿死了呢？诗人虽没有正面作答，但暴敛苛征这一凶残的刽子手，已经无可遁形了。

陆游的七律《露坐》，写他夜间在河边散步见到商人为争早市，农民车水灌田而彻夜不眠的景象，发出"齐民一饱勤如许，坐食官仓每惕然"的感叹。实际上，当时诗人壮志难伸，被南宋的主和派排挤回乡，拿几个退休金，

图 3-9　杜甫

图 3-10　杜甫草堂

也远非得已，还为此感到内疚。这让我们看到了一颗爱人肃己的诗心。

大诗人杜甫在《茅屋为秋风所破歌》中，描绘了全家在流亡中，屋破又遭连夜雨的狼狈处境，他如果在篇末呼出"安得广厦三五间，庇我家小尽欢颜"，读者对诗人的心情也是可以理解的。但诗人所表述的心愿却是"安得广厦千万间，大庇天下寒士俱欢颜"，而且"吾庐独破受冻死亦足"。不但推己及人，而且有人无己。诗心是爱民之心，这也是孔子"仁"说的艺术化。

杜甫不仅仁民，而且爱物。他在安史之乱中，颠沛流离、穷厄困苦，连儿子都饿死了，但对病马、颓树都寄情放歌，一洒同情之泪。在《瘦马行》中，他这样形容因病被军队遗弃的瘦马："皮干剥落杂泥滓，毛暗萧条连雪霜。……见人惨澹若哀诉，失主错莫无晶光。天寒远放雁为伴，日暮不收乌啄疮。"对于这匹遭遇悲惨的病马，他自己虽然爱莫能助，还希望有人能收养它。

杜甫不仅对动物仁惠至此，就连他门前的大树被狂风拔倒也发出衷心的感叹：

虎倒龙颠委榛棘，泪痕血点垂胸臆。

他还如失去知音般地哀诵道：

我有新诗何处吟，草堂自此无颜色。

唐代诗人孟浩然脍炙人口的五绝：

春眠不觉晓，处处闻啼鸟。夜来风雨声，花落知多少？

前三句不过写了春困、春鸟、春风、春雨等一般景物，到末句惜花之诗心才倾泻而出。

说到惜花、爱花，也使我们想到陆游。陆游最爱梅花，一生写了许多首题咏梅花的诗。其中一首七绝是：

一花两花春信回，南枝北枝风日催。烂熳却愁零落近，丁宁且莫十分开。

一般的爱花人都希望早日枝头烂熳，繁花似锦。诗人毕竟别具肺肠，却叮咛梅花且莫快开、盛开，以防接近凋谢。这既是为花本身打算，也为自己能和所爱延长相聚的时日打算。他是真诚无私的，也是情深意笃的。

诗心不仅是一颗与自然界、社会中万事万物息息相通、忧乐与共的仁民爱物之心，还是一颗滚烫、炽热的心。爱国诗人陆游当其爱国热忱发为悲歌时，真如地坼山崩，熔岩喷射。你听他《悲歌行》中的这样的句子：

……即今埋骨丈五坟，骨会作尘心不朽，胡不为长星万丈扫幽州？胡不为昔人图复九世仇？

别以为陆游在故作壮语，他临终的《示儿》诗，无一语涉及身家后事，却嘱以："王师北定中原日，家祭无忘告乃翁。"诗人图恢复的心志的确不会随生命的终结、尸骨的殒灭而结束。它光耀千秋，永远鞭策着子孙万代对国家民族的责任心。这就是儒家"浩然之气"的艺术结晶。

陆游对待爱情的态度，也和他的爱国心一样执著。他对被母亲强行拆散而殉情早逝的妻子唐琬，刻骨铭心地思恋着。直至他八十高龄，自知"此身行作稽山土"，不久于人世了，还"犹吊遗踪一泫然"。诗人的心，不但是炽热的，而且是至死不渝的。

我们再谈"诗眼"。

这里所说的诗眼，并非指古典诗论中所说的作为诗句中起画龙点睛作用的字眼，而是指诗人独具的慧眼。

宋代诗论家严羽在《沧浪诗话》中说过："诗有别材，非关书也；诗有别趣，非关理也。"书本是指作者以逻辑思维探索事物内部联系所得知识的载体。诗人也和学者、科学家一样，需要一双从现象透视本质的眼睛，而且这双眼睛还应当准确地掌握该事物的一切特征和细节。此外，诗人的眼睛还需要有选择过滤的作用。只有与他的美学理想有共鸣点，能被他的情感熔铸成意象的，才被诗人摄入诗的视野之内。故此，诗的所谓别材，其内容无论属于说理、叙事、抒情、甚至议论，都与一般作品有所不同。

梁代古典诗论家钟嵘在《诗品·序》中曾提到一些专门适合作诗歌题材的例子：

> 至于楚臣去境，汉妾辞宫，或骨横朔野，或魂逐飞蓬……凡斯种种，感荡心灵，非陈诗何以展其义？非长歌何以骋其情？

从这段引文中可以看出，适合作诗的题材是屈原被流放，王昭君和亲异域的时刻，他们悲愤抑郁，心情激荡，故必得借诗歌方能表达其思想感情。这也就是说，诗材首先是最能抒情的题材。

当然，诗歌同样可用于说理和叙事，甚至议论，不过与科学和一般文学作品有所不同罢了。清代诗论家叶燮在《原诗》中说过："可言之理，人人能言之，又安在诗人之言之？可征之事，人人能述之，又安在诗人之述之？"那么诗人又怎样表达普通人难言之理呢？我们举一首唐人章碣写的七绝《焚书坑》做例子。原诗是：

竹帛烟销帝业虚，关河空锁祖龙居。坑灰未冷山东乱，刘项元来不读书。

这首诗是讽刺秦始皇焚书坑儒的。秦始皇最讨厌儒生们引经据典评论其为政得失，于是来了个自以为是釜底抽薪的良策——焚书坑儒。没想到坑灰未冷，关东诸侯、布衣豪雄就纷纷起义了。其中给秦王朝以致命打击的刘邦、项羽，原来都是根本不读书的人。短短的 14 个字，说明了一个哲理，即王朝的短命，既不在读书人，更不在书本本身，如果政策不得人心，长治久安是不可能的。

从以上诗例可以知道，诗材的特殊性不在题材的特殊性，我们用文章的形式，不也把焚书坑儒无补于始皇帝业的道理照述了一遍吗？诗材的特点，除了它本身可挖掘的内容质量外，还在于它可供单纯的逻辑思维。它不遵循从前提到结论的普通推理方式，而是让许多意象——竹帛烟销、关河形胜、秦宫破败、坑灰未冷、群雄竞起、刘项粗豪等，跳跃涌现，并且从结尾——秦皇帝业早已成虚开始，倒溯出这个沉重的历史教训。诗人的目光是深邃的。

诗歌也能采用叙事的题材。但在叙事诗中，事件的组织是服从于情感组织的。拿白居易的《长恨歌》来看，安禄山的造反，唐玄宗的逃离，马嵬坡的兵变等的前因后果，给故事、弹唱，够说几个小时，但《长恨歌》只用"渔阳鼙鼓动地来"一句，交代了安禄山打进长安；用"六军不发无奈何"一句，交代了马嵬兵变；用"宛转蛾眉马前死"一句，交代了杨贵妃的下场，诗人的浓墨重彩都泼向唐明皇失去所爱后的情感感受：

蜀江水碧蜀山青，圣主朝朝暮暮情；行宫见月伤心色，夜雨闻铃肠断声。……夕殿萤飞思悄然，孤灯挑尽未成眠；迟迟钟鼓初长夜，耿耿星河欲曙天。鸳鸯瓦冷霜华重，翡翠衾寒谁与共？悠悠生死别经年，魂魄不曾来入梦。……

总之，这首诗与其说是叙马嵬兵变之事，毋宁说是抒明皇失其所爱之情。无情不叙，也是诗材的一个特点。

诗材不仅可用于说理、抒情、叙事，同样也可以用于议论。陆游有一首《追感往事》的诗是：

诸公可叹善谋身，误国当时岂一秦。不望夷吾出江左，新亭对泣亦无人！

元代诗人张鸣善写过一首曲子小令《水仙子》，题为《讥时》，曲文是：

铺眉苫眼早三公，裸袖揎拳享万钟，胡言乱语成时用。大纲来都是烘。说英雄谁是英雄？五眼鸡岐山鸣凤，两头蛇南阳卧龙，三脚猫渭水飞熊。

这两首都是议论时事的。上面的一首是诗人追忆南宋小朝廷缔造伊始，大臣们出于身家之谋，只图苟安一时，所以说误国者不只秦桧一人。当时不但没希望找到一个像管仲那样的治世能臣，连像东晋的士大夫在新亭聚会时痛哭半壁江山沦陷的人也没有。尽是些"直把杭州作汴州"的醉生梦死之徒！诗人在这里不仅回忆南渡之初的旧事，更在指斥当时的主和派当权者。下面的那首元曲小令，也同样是讥刺现实的。现实的情况是：那些装模作样、盛气凌人、欺世盗名的人早就高官厚禄了。就拿历史上早有定论的英雄来说，哪一个是真英雄呢？被称为岐山鸣凤的周文王，不过是一只好斗的公鸡；诸葛亮算什么南阳卧龙，是条剧毒的两头蛇罢了；号称渭水飞熊的姜子牙，只算得上一只败事有余的三脚猫。

上面的两首诗（曲是广义诗的一种体裁），都是指斥现实的，不同的是上面一首是直斥，下面一首是反讽，讽刺贤愚倒置、黑白混淆的现实。表达的形式尽管不同，但诗人都是以愤嫉如狂的情绪喷射而出的。

综上所述，不论用之于抒情、叙事，还是说理、议论，凡是能被诗人的一颗仁民、爱物、忧世、嫉时的红心所喷出的炽热点燃的题材，都是诗材。只是这得要诗人如炬的慧眼去摄取罢了。

其次再谈"诗情"。

前面已经说过，诗人摄取的是引起感情强烈共鸣的诗材，然后通过诗人的感情熔炉，熔铸成诗的意象，再按照诗人感情的韵律加以组织提炼，成为引起广大读者感情共鸣的诗作。可见，诗是从始到终离不开感情作用的。西晋的陆机在《文赋》中把诗歌审美的本质特征概括为"诗缘情而绮靡"；刘勰在《文心雕龙·情采》篇中也提出"情者，文之经，辞者，理之纬，经正而后纬成"。这些都强调了感情在诗歌创作中的主导作用。

现在的问题是，人是感情的动物，正常人都有感情，诗人的感情又有什么特点呢？诗人感情的特点可以概括为：它是强烈的，真诚的，有典型性的，个性化的。

诗情是强烈、真诚的。感情是由经历、修养、信念等逐渐积累而成，平时它处于一种静态的、潜在的情势，等遇到引起它共鸣的外界事物，便以喜、怒、哀、乐、爱、恶、欲等情绪方式倾泻出来。19世纪俄国文艺理论家别林斯基说过："感情是诗人天性的最主要的动力之一，没有感情，就没有诗人。"（《古典文艺理论译丛》卷十一，人民文学出版社1966年版）

客观事物与诗人情感的关系，一方面是物激发了情，也决定情的性质。这正如刘勰在《文心雕龙·物色》中说的，"物有其容，情以物迁，辞以情发"；另一方面，是诗人把主观的情绪寄于题材，使其着上自己的情绪色彩。前者如李清照《声声慢》所写的："满地黄花堆积，憔悴损，如今有谁堪摘？守着窗儿，独自怎生得黑！梧桐更兼细雨，到黄昏，点点滴滴。"这种情况的确会让任何人都像女诗人一样，发出"这次第，怎一个愁字了得！"的感叹；

后者如杜甫在离乱中写的《春望》五律中，有一联为："感时花溅泪，恨别鸟惊心。"作者把感时的心情移于花，鲜花上的露珠，就成了伤时的眼泪；移于鸟，鸟语啁啾，竟成了弓响箭鸣的杀伐之声而令人胆战心惊了。另外，陆游有一首咏梅词《卜算子》，也是移情的典范之作。原词是：

> 驿外断桥边，寂寞开无主。已是黄昏独自愁，更著风和雨。无意苦争春，一任群芳妒。零落成泥碾作尘，只有香如故。

即使是在驿外断桥边，于暮色苍茫、风雨交加中，冲寒开放的梅花，它自己有什么寂寞哀愁之感呢？这处境和心境，都是诗人自己所有而外化给梅花的。至于最后对梅花高标逸韵的赞赏，更是诗人自己在主和派的排挤摧残下决不折节相从的誓言。

从以上诗例中我们可以知道，诗人感情的力量，可以使对象变质、变形。它使令人悦目美妙的花色鸟声，变得溅泪惊心；它使梅花变得含忧抱恨，具有高风亮节的人格。这正如清代诗论家吴乔在《答万季野诗问》中谈诗歌形象时所说的："文喻之炊而为饭，诗喻之酿而为酒；饭不变米形，酒形质尽变。"(《清诗话》）

能使事物形质尽变的诗情，特点之一是它的强烈性。像我们谈诗心时引过陆游的《悲歌行》中所喷射的爱国主义热情，高薄云天，气贯长虹。另有一首激荡着炽热爱情的民歌，题目叫《分离》，歌词是：

> 要分离，除非天做了地！要分离，除非东做了西！要分离，除非官做了吏！你要分时分不得我，我要离时离不得你，就死在黄泉，也做不得分离鬼！

当然，有的诗里流露出的感情，并不是一种愤嫉如狂、撕肝裂肺的愤怒或哀愁，而是如行云流水般脉脉的感伤。像宋代词人辛弃疾词《丑奴儿》下阕中说的："而今识尽愁滋味，欲说还休，欲说还休。却道天凉好个秋。"也像李清照思念远行的丈夫时，在《凤凰台上忆吹箫》词中表现的：“生怕离怀别苦，多少事、欲说还休。新来瘦，非干病酒，不是悲秋。”这些感情，或者是深沉的，或者是执著的。轻浮飘忽的感情，不是诗情。

诗情有典型性。它既是与广大人民息息相通的具有共性的感情，又是新鲜的、有特点的个性化的感情。在谈诗心时，我们举出过在诗中流露出的仁民、爱物、嫉时、忧世的感情都是诗情。有时，诗句中直接表现的不是诗人自己的感情，而是诗中人物的感情。但从诗人对这种情感的态度中，间接体现出诗人的感情。如北宋词人柳永的一首词《定风波》，描绘一个市民妇女思念离家的丈夫。词中有这样的句子：

……恨薄情一去，音书无个。早知恁么，悔当初，不把雕鞍锁。向鸡窗，只与蛮笺象管，拘束教吟课。镇相随，莫抛躲。针线闲拈伴伊坐，和我，免使年少，光阴虚过。

当时这首词就受到以晏殊为首的士大夫们的鄙薄。因为按封建正统的要求，妇女应该鼓励丈夫出去建功立业，博个封妻荫子。怎么能像这位女主人公，后悔当初没藏下丈夫出游的鞍马，只给他纸笔，让他在书窗下做些吟风弄月的功课；自己则整天坐在他身边，做些针线闲活，尽情享受少年夫妻相依偎的甜蜜生活。晏殊认为词中女主人感情格调太低，说明作者自己的感情格调不高。其实，有些拟怨妇、征夫、乐工、妓女声口的诗作，只能当作剧诗，不能把叙述人和作者等同起来。诗人这样细致入微地描画一个生活天地狭窄，只能把人生的乐趣寄托在与丈夫聚首上的市民妇女的苦闷，说明对她是同情、理解的，这才是诗情的所在。

典型化是要求以个性表现共性的，因而诗人典型化的感情，应该是新鲜、具有个性特点的。例如，一般地说，与亲人、朋友离别，大都充满了离愁别绪，但苏东坡怀念弟弟时，却十分洒脱地说：

人有悲欢离合，月有阴晴圆缺，此事古难全。但愿人长久，千里共婵娟。

同样，李白最欣赏的朋友，是和自己一样旷达，不用眼泪而用歌声为他送行的汪伦。他在《赠汪伦》七绝中写道：

李白乘舟将欲行，忽闻岸上踏歌声。桃花潭水深千尺，不及汪伦送我情。

一般的文人墨客，即使同情女艺人，也不过怜其红颜薄命。白居易对琵琶女的同情，却是由于对方虽然是"曲罢曾教善才服""名属教坊第一部"这样的身怀绝技的琵琶国手，却既得不到艺术上的知音，又得不到家庭的温暖。因而他从"同是天涯沦落人，相逢何必曾相识"的角度，一洒湿透青衫的同情之泪。这种情感新鲜而富于个性。

诗情还是真诚的。孙联奎在《诗品臆说》中说过："惟有真性，故有真情；有真情，故有真诗。"杜甫的诗写得那样感人，也在于诚实。他在《自京赴奉先县咏怀》一诗中曾谈及自己的抱负说："许身一何愚，窃比稷与契。"尽管终其一生，他并没有像稷和契一样受到帝舜的重用而施展建功立业的抱负，但从他一生的诗作中，我们可以断言他"穷年忧黎元，叹息肠内热"的情感是真诚的。同样，李白的"五花马，千金裘，呼儿将出换美酒……"也不是故为慷慨之词。正如孙联奎说的："惟有豪放之气，乃有豪放之诗，若无其胸襟气概，而故为豪放，其有不涉放肆者鲜矣。"（《诗品臆说》）"文化大革命"中，某诗作中有要"一脚把地球踢翻"的话，这种故作"壮语"，即属于放肆野蛮。另外，古代那些奉命应制之作，很少有值得一读的，因其都是些歌功颂德的违心话。

现在再谈诗才。

上面我们谈到，诗人必须是具有热心、慧眼、真情的人。但并非具备这样条件的人都是诗人，诗人还必须有写诗的才能。我们上面谈的，诗人以感情为燃料，将现象熔铸为意象的那个熔炉是想象活动。可见，诗才的内容，首先是丰富的想象力。

刘勰在《文心雕龙·神思》中，把想象称作"神思"。他说诗人进入写作过程必须"窥意象而运斤"，即把心中的意象变成艺术形象。诗中虽然也有由炽热的感情熔岩喷射而出的，不用形象的直诉语言，如我们谈诗眼时引证过的陆游《追感往事》一诗，但大多数诗作是运用了形象的。宋代词人贺铸有一首牌名《青玉案》的词，其中名句为：

试问闲愁都几许？一川烟草，满城风絮，梅子黄时雨。

在这里词人没有用数词、量词等概念化的词回答"几许"的问题，而是一连用了三个形象，不但极言其多，而且形容其弥漫无际，连绵不断。这真令人惊羡诗人想象的丰富。

诗才除了丰富的想象力以外，还包括运用诗语的才能。

诗歌要求以最精粹的语言、最简练的笔墨表现最丰富的内容。唐代诗人刘禹锡说过："片言可以明百意，坐驰可以役万景。"因为写诗、欣赏诗都一样地需要创造性的想象。诗人的"片言"要求启动读者的想象，以进行对诗作的艺术补充，来达到明"百意"的目的，而非诗人唠唠叨叨地向读者说明"百意"。所以诗人驾驭诗语的功力，正如欧阳修在《六一诗话》中说的："状难写之景，如在目前；含不尽之意，见于言外……"诗论家将这个要求概括为"语贵含蓄"。我们举唐代张祜的《赠内人》一首七绝作为例证：

禁门宫树月痕过，媚眼惟看宿鹭窠。斜拔玉钗灯影畔，剔开红焰救飞蛾。

在宫内宜春苑习歌练舞的宫女称"内人"。当月影照过宫禁的大树时，"内人"用一双动情的目光盯着树上的鹭窠看。回到房内后，她拔下头上的玉钗，放飞了被灯油黏住的飞蛾。初看起来"内人"的动作是不连贯的。一会儿在房外借着月光看鹭窠，一会儿又回到房间剔焰放蛾，许多意象是跳跃的，中间多是空白。实际上这中间有一条连贯、细密的心理活动的线，要读者自己调动艺术想象力进行补充。试想"内人"盯着鹭窠看时，她内心在想什么？她在想，有一对鹭鸟正在香巢中交颈甜睡呢；它们明早从甜梦中醒来，就比翼双飞，越过高高的宫墙，翱翔于蓝天白云之中，多令人艳羡啊。想到这里，不由得动情起来，连目光也充满情欲，成为媚眼了。接着她看到月光下，自己形只影单，明白自己无法越出宫墙半步，于是郁闷地回到房中，刚好一只飞蛾被黏在灯油之中，像自己一样在忍受煎熬，奄奄待毙。她的同情之心油然而生，便施救放它飞去了。

上面这首诗中的人物行动是断续的，不连贯的。但行动线间的虚线中，却充塞着那么细致、绵密的心理活动，像一条暗河在字面下汩汩地流淌。古典诗论将之称为炼意。

还有些大手笔，在一句诗中就充满着弦外之音，言外之意，这就是古典诗论中所谓的"炼句"。在杜甫的五绝《江上》中有一句是："勋业频看镜。"诗人说，一想到建功立业的问题，他就一遍遍地往镜子里看。看什么？当然是看看自己的容颜是否老了，建功立业还有没有希望。看了以后，如果发现自己英姿焕发，就可获得一个令他鼓舞的正面答案，也就不必再看了。无奈，镜子里的影像是颓鬓衰颜，诗人如果接受这个令人灰心丧气的负面答案，他也就不必再看了。可是"窃比稷与契"的诗人，建功立业的愿望太强烈了，他还不死心，于是再照一遍。寥寥五个字，把诗人从担心到灰心，到不死心的心理活动全表现出来了，并从中透露出诗人的情操、处境和志向。叶梦得在其诗话中，还曾赞赏过杜甫的"细雨鱼儿出，微风燕子斜"一联，曰：

此十字殆无一字虚设。细雨著水面为沤，鱼常上浮而唼，若大雨则伏而不出。燕体轻弱，风猛则不能胜，惟微风乃受以为势，故又有"轻燕受风斜"之句。

上面这个例子说明诗人炼句的准确。诗人不仅锤炼诗句，还注重炼字。

诗论家曾指出，杜甫《咏怀古迹》组诗中咏昭君村的诗，开头一句为"群山万壑赴荆门"，一个"赴"字，就给予凝重的山以动态。其《旅夜书怀》五律中，颈联的诗句为："星垂平野阔，月涌大江流。"其中"垂""涌"两个字非常精湛。由于夜空明净清澈，人的视野远达地平线，因而极目所见，是平于穹宇的星星，好像这些星是从头顶的天幕上垂落下来的；只有看到江水中的月影，在波涛汹涌中起伏滚动，才让人意识到如练的澄江原来是流动的。"垂""涌"两个字，使诗中的意象跳动起来，显得格外生动、鲜明。

培养想象力和表达力是诗人的要求，是诗内的功夫。陆游教儿子学诗之道时说："汝果欲学诗，功夫在诗外。"这也就是说，诗人除锻炼诗才之外，还要养其诗心，明其诗眼，厚其诗情，在作诗上面下功夫。

前面谈了古典诗歌的人文精神，现在再简要地讲讲中国戏曲。

世界上有三种古老的戏剧文化，即古希腊悲剧、喜剧，印度梵剧和中国戏曲。一般认为，中国戏曲到 13 世纪初的南宋才形成完整的形态，但它的孕育期却非常长。据史料记载，西汉初就有了角抵戏；南北朝又有了参军戏；唐代有关于《踏摇娘》《兰陵王》等小演唱的记载。但是，直到用扑打、对白、歌舞、演唱等艺术因素综合地表演比较完整的故事情节时（以南宋的温州杂剧为代表），才标志着戏曲艺术的正式诞生。

戏曲形成以后，各时期都有流行范围广、艺术上更臻精致、受到更多观众喜爱的代表剧种，如元代的北杂剧、明代的南戏。大约从 16 世纪 60 年代开始，南戏的一支昆山腔，经过民间艺术家在音乐方面的创新和文人们在剧本上的精心制作，得到广泛的流传，成为直到 18 世纪 60 年代清中叶以前二百余年间占主导地位的剧种——昆曲。当然，各时期与其主导剧种并存的是大量的民间剧种。那些民间剧大都只在小范围内流行。但从 18 世纪初到 19 世纪中叶，即清康熙末叶至道光末叶，民间地方戏却兴盛起来了，很多剧种还陆续到北京演出。从 1790 年开始，安徽省的四个地方剧团——四喜、三庆、和春、春台相继在北京演出。此后的十余年间，他们又同来自湖北的汉剧艺人合作，并接受昆曲、秦腔的曲调、表演方法以及一些民间曲调的成分，逐渐形成了相当完整的艺术风格和表演体系，这就是近二百多年来取代昆曲成为中国戏曲主流，并在国际上代表中国戏剧文化传统的剧种——京剧。

中国戏曲最具特色的是戏曲语言。戏曲语言特殊在哪里？一般的戏曲语言虽然要求具有诗意，但在格律上不一定要求是诗体。戏曲语言包括唱曲和说白。说白虽大多数是散文（传奇和昆剧中不少说白是骈体文或中韵文），但也有节奏的要求，曲词不仅要求有诗意，在格律上也是诗体。故而曲词是诗的一种体裁，犹之于乐府诗、近体诗、词、散曲、自由诗、民歌等都是诗歌的一种体裁一样。但是戏曲唱词又和一般的诗体不同，它不仅是叙事、抒情的诗，还是歌唱的诗，配舞的诗，与说白相辅相成的诗。因而戏曲作者除了需要掌握戏剧语言的一般规律以外，还要了解戏曲语言的特殊要求。

我国古代曲论家从我国长期的艺术实践中概括出有关戏曲语言的三个问题：本色问题、文采问题和当行问题。王季思在《关于戏曲语言问题》一文中说："这三个问题基本上跟我们今天说的现实性问题，艺术性问题，舞台性问题相当。"（《王季恩全集》，河北教育出版社 2005 年版）下面我们对这三个问题分别做些具体介绍。

本色的语言就是简明易懂的语言。这是为了适应观众而提出的要求。可见，本色就是"当行"的要求之一。就因为明、清时代写传奇戏的作者在这里出笔病最多，所以曲论家才将之独立出来加以强调。

曲虽是诗的一种体裁，但它和一般只供读诵的诗体不同。诗如果意在言表，不耐咀嚼，就非好诗，诗的语言是贵含蓄的。曲词则不然。正如李渔说的："曲文之词采，与诗文之词采非但不同，且要判然相反。何也？诗文之词采贵，典雅而贱粗俗，宜蕴藉而忌分明；词曲不然，话则本之街谈巷议，事则取其直说明言。凡读传奇而有令人费解，或初阅不见其佳，深思而后得其意之所在者，便非绝妙好词……"（李渔《闲情偶寄》卷一《词曲部上》）李渔的评价是出自实践标准的。因为如果唱词非得"深思而后得其意之所在者"，等观众想透了一句，演员又把五六句唱过去了。戏曲语言的意蕴应立即印入观众的头脑中去。而且戏曲语言还有其社会性。就如清代曲论家徐大椿说的："盖此乃述古人之言语，使愚夫愚妇共见共闻，非文人学士自吟自咏之作也。"称普通观众为"愚夫愚妇"，当然是他士大夫阶层局限性的表现，但不可否认，就是时至今日，观众也不都是知识分子；即使知识分子中，也是术业有专攻，并非都属文人学士，咬文嚼字只能起间隔作用。

多年前，北京京剧二团程派著名演员李世济到香港演出，评论界对之多有肯定。但也有人提出，她唱的唱词不如其师程砚秋先生的典雅。我们知道，京剧名演员梅兰芳、程砚秋等人的戏，许多出自老文人齐如山、罗瘿公等之手，其剧作是以典雅著称的。不过，就在同一剧作中，语言的艺术质量也是良莠不齐的。我们就引一下程派名剧《碧玉簪》中的两段唱词作对比吧。第一段是女主人公张秀贞上场的四句唱词：

晓莺啼月画楼前，

绣被余温尚恋眠。

春睡才回人意倦，

梳妆待下水晶帘。

第二段是张秀贞在新婚之夜受到新郎的冷落时的唱词：

莫不是听谗言将我错怪？

莫不是心隐痛有口难开？

莫不是另藏娇无心理睬？

倒叫我费心思难以详猜。

这两段唱词哪一段好呢？喜欢典雅的，当然会称赞第一段。其实第一段不如第二段。因为第一段根本不像代言体的唱词，倒像是戏外人吟诵的少女春困诗，也就像清代黄宗羲说的："锦糊灯笼，玉镶刀口，非不好看，讨一毫明快，不知落在何处矣。"（黄宗羲《胡子藏院本序》）倒是第二段言之有物，让观众一听就懂。

综上所述，对戏曲语言的本色要求，接近于鲁迅对白描语言的"有真意，去粉饰，勿做作，勿卖弄"的要求。徐大椿在《乐府传声》中也指出："但直必有至味，伸必有实情，显必有深意。"可见本色的语言并不止于俚俗和一味的粗直，它有个前提条件，即要有真意实情和至味。

有人把戏曲语言的文采要求，误解为必得掉文袋，堆砌词藻，因而与本色的语言要求对立起来。明代曲论家王骥德在其《曲论》的"曲禁"中就列有"太文语、太晦语、经史语、学究语、书生语、堆积学问"等禁条。有人认为，在这么多禁条的禁锢和那么多对戏曲语言的要求下，如何写得出成功的戏曲著作来呢？典型是最富于说明力的。就拿王实甫的《西厢记》来说吧，它的语言是非常富于文采的，但它非但不失之雕琢晦涩，却更为富于性格化和动作性，也具有独特的风格色彩。下面我们引几支唱曲，以窥一斑。

在第一本第二折中，一心想追求崔莺莺的张生，尾随红娘到了方丈室外，冒冒失失地来了个自我介绍，被红娘抢白了一顿后，他唱的套曲中有这样两支曲子：

[二煞] 院宇深，枕簟凉，一灯孤影摇书幌。纵然酬得今生志，着甚支吾此夜长？睡不着如翻掌，少可有一万声长吁短叹，五千遍倒枕槌床。

[尾] 娇羞花解语，温柔玉有香。我和乍相逢记不真娇模样，我则索手抵着牙儿慢慢的想。

还有四本一折开头，张生受到了一次捉弄以后又得到莺莺约会的书简，他晚上在西厢等待时，唱了以下几支曲子：

[天下乐] 我则索倚定门儿手托腮，好着我难猜；来也那不来？夫人行料应难离侧。望得人眼欲穿，想得人心越窄。多管是冤家不自在。

[白] 诺早晚不来，莫不又是谎么？

〔哪吒令〕他若是肯来，早身离贵宅；他若是到来，便春生敝斋；他若是不来，似石沉大海。数着他脚步儿行，倚定窗棂儿待，寄语多才。

〔鹊踏枝〕恁的般恶抢白，并不曾记心怀；拨得个意转心回，夜去明来。空调眼色经今半载，这其间委实难捱。

……

上面引的几支曲子，不但字字如话，非常本色，而且准确、鲜明、生动地传达出张生对莺莺一见钟情、刻骨相思以及眼巴巴盼望情人到来的急不可耐的心情，从中流露出作者对这个痴情书呆子的善意调侃，语言可以说是本色、文采统一的典范作品。

当行是指适合舞台演出的需要。本来凡是不适合舞台演出的语言，诸如不性格化，缺乏动作性，没有诗意等，违反戏剧语言普遍要求的都应该列为不当行的。但这里谈的仅限于戏曲语言的特殊矛盾，上面提到的普遍要求不再置论了，同时把戏曲语言的明快、富于生活气息等的本色要求又独立出去了，那么，传统戏曲关于当行的要求还包括什么内容呢？简括地说，它是关于适合唱曲和说白的易唱、好懂、美听的要求。例如要求唱词既符合曲调，又念准字音、字调，要求节奏上音组不打乱等，戏曲把这个要求概括为"字正腔圆"。

有的戏曲作者认为不怕考虑当行问题。他说反正不管我怎么写，演员都能照着唱。如果仅以能唱为满足，作者的确可以信笔写来，即使写上一串毫无意义的音节，演员也能唱出来。乐谱上的1、2、3有什么意义呢？徐大椿在《乐府传声》中就说过："字之配入工尺，高低本无一定……天下有不入调之曲，而无不可唱之曲。曲之不入调者，字句不准，阴阳不分，平仄失调是也。无不可唱者，迁低就高，迁高就低，平声仄读，仄声平读，凡不合调不成调之曲，皆可被之管弦矣。"现代歌曲的曲词大都只注重乐调而不管字调；只注重乐调旋律，而不管词语节奏。例如，在一支歌中把"这力量——是——铁"唱成"这力——量是铁"，这就是所谓以音组打乱了意组，而且把去声字的"力"唱成阴平，把上声字的"铁"唱成阴平。这种唱法对于单纯听歌的人问题不大，但戏曲观众是要全面欣赏唱、做、念、打的，还要关注故事发展、人物命运，怎样让他再在听念上分心呢？所以徐大椿接着上面的引语说："然必字字读真，而能不失宫调，谐和丝竹，方为合度之曲耳。"

总之，中国文学是传统文化的瑰宝，我们应当具有这方面的基础知识，而且把她作为我们生活的一部分。她会给我们智慧、情趣和美的享受。

思考题：

1. 为什么说中国传统文化是伦理道德型文化?
2. 中国史学中的道德人文精神表现在哪些方面?
3. 请以诗歌和戏曲为例，简要分析中国古典文学作品中的道德人文精神。

第四章

中国古代宗教的主体
——佛教与道教

第一节　佛教传入与中外文化的融合

中国古代宗教所包括的内容比较广泛，既有远古时期的鬼神崇拜、图腾崇拜、祖先崇拜和自然崇拜，又有秦汉以来自产的和外来的佛教、道教、景教（也称"也里可温教"，古代基督教的一个教派）、摩尼教、祆教（亦称"拜火教"）、伊斯兰教等，还有在少数民族中流传的萨满教、本教、东巴教等，以及宋、元、明、清时期在民间流传的明教、魔教、白莲教、罗教、黄天教、弘阳教、圆顿教、八卦教、清水教等。中国古代宗教一共有多少种，史书中没有精确统计，据粗略推算有百种以上，其中流传时间最长、地域最广、最具有思想文化意义的古代宗教就是佛教与道教。

佛教，在中国史书上曾有"释教""佛陀""浮屠""浮图"等多种译名。它创始于印度，以"四大"（地、水、火、风）为空，以人生为苦，以追求精神解脱为最高目标，即求得所谓看破红尘式的"觉悟"。佛教是西汉末年经中亚从印度传入的。西汉哀帝元寿元年（前2），大月氏王使伊存曾向博士弟子秦景宪（一说景卢）口授《浮屠经》（即佛经，见《三国志》裴注引《魏略·西戎传》），这是关于佛教传入中国的比较可靠的记载。相传东汉永平七年（64），明帝夜梦金人（即佛），于是派遣郎中蔡愔等人到天竺寻访佛法；至永平十年（67）邀请天竺僧人摄摩腾、竺法兰，他们用白马驮着佛经来到洛阳。随后汉廷就在洛阳城西雍门外修建白马寺，并请他们在寺中译出《四十二章经》等，这是中国正式建寺院、造佛像、译佛经的开始。又相传汉明帝曾允许阳城侯刘峻出家，又允许洛阳妇女阿潘等出家（见《僧史略》卷上），这是中国正式有僧尼的开始。东汉明帝求法说的基本情节是可信的，但有些情节是后人虚构的。此外，在中国新疆地区，当时所谓三十六国的西域一带，佛教也在1世纪前后从印度传入，先有于阗王为佛教修建赞摩大寺，接着，龟兹、疏勒、莎车、高昌等地也相继传入了印度的佛教，并建造"伽蓝"（佛教寺院）。同时，天竺风格的石窟和犍陀罗式造像以及壁画等佛教建筑和艺术也在龟兹、于阗一带发展起来。上述史实说明，佛教确已在两汉之际传入中国内地和西部边疆地区，从此开始了以中外佛教文化交流为中心的中外文化融合。

中外佛教文化交流有以下特点：

第一，历时最久。这不仅表现在时间的跨度大，从两汉之际经魏晋南北朝、隋唐五代，直到宋、元、明、清，近两千年的时间里都有中外佛教文化的交流活动，而且许多参与这一活动的僧侣都有三五年、十几年，甚至长达二三十年的求法、传法经历。佛教传入中国不久，就在中国佛教界涌现出一股出国求法、传法的热潮。他们不是为了淘金，也不是为了猎奇，而是为了寻求佛经梵本，或解答佛法中的疑难，或实现崇佛的理想。这一时期，中外佛教学者往来，主要通过冰天雪地的帕米尔高原、大小雪山和沙漠地带以及茫茫的海域，途中所遇到的艰难险阻是一般人难以想象的。例如，到天竺（印度）求取经律并取得巨大成绩的东晋僧人法显，他于东晋安帝隆安三年（399）从长安出发，前往印度求学，历时 6 年才到达印度中部，又在那里逗留了 6 年，归程经狮子国（今斯里兰卡，旧称锡兰）等地才回到祖国，前后历时 14 年，游历所经三十余国。他在去印度的途中，曾沿着以死人枯骨为标志的沙碛地带走了 17 天，又曾在荒漠上走了一个月零五天，在翻越小雪山时，他的一位同行者冻死了。

法显于义熙七年（411）从狮子国回国时，搭乘载客二百余人的大商船泛海东行，途遇大风，在海上漂流了 90 天，到了南海的爪哇岛，在此住了五个月。义熙八年（412），他再次搭乘大商船，预计 50 天航达广州，不料航行一个多月，又遇暴风雨，船上的人认为载和尚不吉利，意欲把法显遗弃在海岛边，幸亏与法显同船的施主仗义反对，得免于难。在这前后 14 年的历程中，与法显同行的，有的半途折回，有的夭死途中，只有他孑然一人，冒着九死一生的危险完成了前所未有的求学任务，首次把律藏传入中国。与此同时，他还撰成《佛国记》一卷，详述西行求法的经历。这是中国古代以亲身经历介绍印度和斯里兰卡等国情况的第一部旅行记。它对后来去印度求

法的人，起了很大的指导作用。在他的
记载里，还保存了有关西域各国的许多
珍贵的古代史地资料。因此，近代有英、
法文等译本，常为东方学家和考古学家
所称引。

唐代的玄奘于贞观三年（629）从长
安出发，经过千辛万苦到达印度，在著
名的那烂陀寺学习了5年，在印度各地
游学4年，往返路程走了8年，于贞观
十九年（645）回到长安，先后在弘福
寺、慈恩寺从事译著。除带回大批经律
论以外，他还把17年间的所见所闻口述
出来，由其弟子辩机写成《大唐西域记》，
介绍了中亚、阿富汗、印度、巴基斯坦、
缅甸等100多个国家和地区的地理、历
史、宗教、文化、交通、风土人情及大
量的神话传说和故事，是一部研究史学、
佛学、佛教遗迹等的重要文献。晚近以
来，印度那烂陀寺的废墟、王舍城的旧
址、鹿野苑古刹、阿旃陀石窟得以展露
和再现其光辉，《大唐西域记》一书的相

图 4-1　玄奘

关记载在这方面有着不可磨灭的功绩。该书有英、法、日文译本。比玄奘稍
晚去印度求学的义净，在那烂陀寺学习了11年，慧日在印度等地游学13年。

扬州大明寺的鉴真和尚，为了把律宗传播到日本，力排众议，发出"为
是法事也，何惜生命"的誓言，率领弟子们先后六次东渡，前五次都因种种
困难受阻。其间，陪同随行的日本学问僧荣睿和鉴真的弟子祥彦先后为此捐
躯，他自己也双目失明，但他赴日弘法的夙愿不变，终于在66岁时东渡成

图 4-2　长安大雁塔　　　　　　　　图 4-3　日本唐招提寺内的鉴真塑像

　　功，前后历时 12 年。至于朝鲜、日本等国来华学习的学问僧，其学习时间一般都在 10 年左右。这种长时间的、艰苦卓绝甚至是舍生忘死的求法、传法活动，保证了中外佛教文化交流的质量。他们超人的毅力和"忘形殉道，委命弘法"（《高僧传》卷十四）的精神，成为中外佛教文化交流的支柱。

　　第二，影响最深。中外佛教文化交流，既是一次大规模的文化输入活动，也是一次大规模的文化输出活动，这对中国以及东亚、东南亚、南亚次大陆乃至波斯等地的文化影响是难以估量的。就文化输入而言，中国佛教学者能够不带偏见地输入佛教文化。印度佛教产生以后，由于派系的纷争，经过不断分化与重新组合，建立了大乘、小乘（亚洲东南部一些国家的南传上座部佛教不承认"小乘"的称呼。此处我们所说的"大乘"和"小乘"主要是沿用历史的固定说法，没有任何褒贬的意思）的许多佛教宗派以及有关大乘、小乘的极其浩瀚的经、律、论著述。中国佛教学者在介绍印度佛教文化时基本上未受个人好恶和主观成见的干扰，力求做到准确、系统与全面。虽说在南北朝时期，由于南北两方对外交通路线的不同以及文化素质的差异，形成了所谓"南义北禅"的佛学风格，即南方佛学倾向于理论思辨，北方佛学倾向于修习苦行。前者是魏晋玄学风气的延伸，后者则是北方文化传统的继续。然而就是在当时，南北佛学也有互相影响的一面，偏重宗教哲学或偏重修行，其间的界限也不是绝对的。在北方，著名的禅师往往熟悉某一种佛教经典，并作为自己的理论依据。在南方，研究《三论》（即《中

图 4-4 鉴真《东征绘传》

论》《百论》《十二门论》）的义学学者也并不排斥禅法。隋代统一中国以后，这种南北不同的佛教风格也就归于泯灭。这样，中国佛教学者在南北朝时建立的"成实""涅槃""毗昙""地论""摄论""俱舍"等各个学派，以及在隋、唐、宋、元时期建立的"净土""三论""天台""唯识""华严""律宗""密宗""禅宗""沩仰""临济""曹洞""格鲁"等各个宗派，几乎包括了印度佛教的一切教说。即使像唐代玄奘那样笃信大乘有宗《瑜珈师地论》的学者到了印度以后，也是广学《中论》《百论》（以上为大乘空宗经典）、《成实论》《俱舍论》《十二因缘》（以上为小乘佛教经典）、《唯识抉择》《瑜珈师地论》《因明》（以上为大乘有宗经典）等各家各派的学说，并消融了当时印度大乘佛教中"瑜珈"（有宗）与"中观"（空宗）两家的分歧，著《会宗论》三千颂，说明佛教各家各派在基本点上的一致性，受到印度高僧大德

图 4-5　莫高窟彩塑

们的赞许。可见，中国佛教学者把印度佛教整体地而不是部分地移植到中国，并进一步加以发展。因此，13 世纪初，印度佛教衰竭以后，其中许多教派和经典仍可在中国找到它的源头。这是中国佛教学者客观、实事求是地输入和整理印度佛教文化的成果，也是对东方文明和世界文明所作的巨大贡献。

中国在输入印度佛教文化的同时，也输入了印度的其他文化产品，如印度语文、佛教艺术、医学、天文、数学、哲学等。关于中印语文的互译，早在两汉之际即已开始。魏晋南北朝时比较著名的作品有慧睿的《十四音训叙》，该书把佛经中梵、汉音义逐一标出，使人阅读起来"昭然明了"（《高僧传》卷七）。昙无最写的《大乘义章》，被印度僧人菩提流支译为梵文，寄传西域（《续高僧传》卷二十三），这是第一部汉译梵的佛教著作。特别值得一提的是唐代的玄奘，他不仅把大量的梵本佛经译为汉文，而且把中国的《老子》和在中国流传的《大乘起信论》译为梵文，传往印度。这些都是中印语言学史上的盛事。

印度佛教造像和开凿石窟的风气也为中国僧俗所借鉴。以开凿石窟为例，前秦僧人乐僔和法良先后在敦煌鸣沙山开凿石窟造石佛像，成为敦煌莫高窟造像的开始，也是中国大规模造石窟佛像的开始。此后，北魏开凿的有云冈、龙门等石窟。隋代除继续开凿敦煌、云冈、龙门等石窟外，还在幽州大房山的白带山（今石经山）开凿房山石经，以崖壁为石室，磨光四壁，镌刻石经，又取方石另刻，藏在石室里面。这些都是佛教艺术中的瑰宝。贞观十九

图 4-6　莫高窟外景

年（645），唐代的雕绘工匠宋法智随王玄策等到摩揭陀国图写圣迹和佛像归来，长安僧俗竞相摹写仿制，并被运用到贞观以后长安新建的寺塔中。印度天文学家瞿昙悉达等人曾在唐司天监任职，唐玄宗开元六年（718），他奉命把印度的《九执历》译为汉文，成为《开元大衍历》的一个组成部分。所以，受印度文化影响的，不仅有佛学家，而且有建筑学家、天文历算家、医学家。至于受印度哲学影响的思想家，这里要特别提到唐太宗时任太常丞的吕才。贞观年间，玄奘在长安译出印度的因明学以后，门下诸弟子奉为秘宝，竞作注疏。吕才从他的朋友、译经师栖玄那里看到因明论，加以研究，于唐高宗永徽六年（655），写出《因明注解立破义图》，对因明三支提出新的解释，遂引起同僧侣们的一场争论。在争论中，他曾把印度哲学胜论的"极微"说和《易传》哲学结合起来，借以说明"一"（元气）与"多"（万物）的关系。他认为《易传》的"太极生两仪，两仪生四象，四象生八卦，八卦定吉凶"与胜论的"极微"说"言异词同"。胜论是印度六派哲学中的一派，该派的学说是以古代原子论、元素论、逻辑学等构成的二元论体系，在自然观与逻辑学方面的大部分观点是无神论的，其所谓"极微"，是指物质元素。吕才用"极微"说明《易传》"气"的物质属性，用"元资一气，终成万物"说明世界的发生与发展。这种吸收印度哲学中优秀成果的尝试，为发展中国传统文化开辟了一条新路。

就文化输出而言，印度佛教传入中国以后，经过中国僧人的消化、吸收与改造，又很快传播到东亚和东南亚各国，对这些国家的文化发展产生了重大的影响。中国实际上起着佛教再传基地的作用。越南、朝鲜半岛、日本的佛教都是由中国传入的；柬埔寨、缅甸、印度尼西亚、泰国等国的佛教，由于受中国佛教的影响而更趋兴旺。

中国和越南壤地相接，交通便利。早在2世纪末，中国的著名学者牟融就在交趾（今越南河内地区）撰成《理惑论》，宣传佛教。3世纪又有几位僧人或经中国，或从中国到越南弘法，所以，越南佛教从古以来通行的都是汉文佛典。7世纪中期是中国佛教传入越南的高潮时期。据《大唐西域求法高僧传》记载，唐代僧人明远等多人到越南传法，并偕同越南僧人转往印度等地求法。也就在这一时期的前后，越南佛教的禅宗前派、禅宗后派、雪窦明觉派、竹林临济派和莲宗都因袭中国佛教的传承相继建立。其中禅宗后派，就是由唐代僧人无言通禅师到越南开创的。他的这一系统在越南递相传授，绵延不断。中国禅宗"机锋"式的体认方法，在这一禅派中极为盛行。直到现代，越南的禅学大多是无言通这一流派。

中国与朝鲜半岛的佛教交流，始于4世纪，即朝鲜半岛的三国（亦称三韩：高句丽、新罗、百济）时代。前秦建元八年（372），苻坚派使者及僧人顺道送佛像及经论至高句丽。两年后，前秦僧人阿道又至高句丽。次年（375），高句丽兴建肖门寺及伊弗兰寺供顺道和阿道居住，是为朝鲜佛教之始（见《三国史记·高句丽本纪》）。另外在朝鲜西南部的百济和东南部的新罗地区，也相继传入佛教。到唐代，中国佛教的主要宗派在朝鲜都有了传承，其中有来中国学习唯识宗教义的新罗僧人大贤等人，回国后开创了新罗慈恩宗；有来中国学习华严要旨的新罗僧人义湘，回国后创建浮石寺，被尊为海东华严初祖；有来中国学习密法的新罗僧人明朗等人，回国后创建金光寺，成为海东神印宗（密宗）的初祖；还有来中国学习北宗禅（神秀一系）的新罗僧人法朗，回国后成为新罗禅宗九山的奠基人。总之，朝鲜的佛教宗派多数都是从中国引进的。

中国佛教大约在6世纪时传入日本。据《扶桑略记》卷三记载，日本最早的僧尼都是中国人，最早的草堂（佛教寺院）也是中国人修建的。那时，佛教已由中国传入朝鲜半岛，也陆续由中国直接或间接通过朝鲜半岛进一步传入日本，开始了日本佛教的最初阶段。

隋唐时期，中国佛教大规模传入日本。在唐代，日本共19次派出遣唐使，每次都有四五百名留学生与学问僧随行。随着来隋唐留学的僧人次第返日，以及中国僧人赴日弘法，日本的各个宗派逐渐建立。首先建立的是日本三论宗，这是由高丽籍的僧人慧灌、中国籍的日本僧人智藏、日本僧人道慈在日本共同创建的，被称为三论宗的"三代传"，其中道慈还模仿长安西明寺，在日本奈良建造大安寺，这是日本古代最宏伟的寺院。此后，日本的学问僧道昭等人、新罗僧人审祥、中国僧人鉴真分别在日本创建了法相宗、华严宗和律宗。日本天平宝字元年（757），日皇赐宝供鉴真建筑伽蓝之用，鉴真指导弟子们用工两年，于天平宝字三年（759）建成唐招提寺，这就是现在日本律宗的传法基地。以上是日本奈良时期由隋唐传入的四个主要宗派。日本平安时期，日本学问僧空海和最澄从中国学成回国后，分别创建了日本真言宗（密宗）和天台宗。日本佛教史上有名的"入唐八家"，就是指最澄和他的法裔圆仁、圆珍等属于天台宗的三家，以及空海和他的法裔常晓、圆行、慧运、宗睿等属于真言宗的五家。日本奈良、平安时期全国佛教文化的新兴运动，都同中国佛教宗派有着直接或间接的联系，而且这种联系一直延续到清代晚期。

伴随着中国佛教文化的传入，越南、朝鲜、日本等国还学习了中国的语言学、文学、艺术、医学、数学、经学、史学以及许多工艺制造方面的学问，对本国相关学科发展起了促进的作用。可以这样说，中外佛教文化交流是中外文化交流的"通道"和"窗口"，它们起的文化纽带作用，应该引起足够的重视和进一步的深入研究。

第三，化得最好。佛教传入中国以后，即与中国传统文化逐渐融合，成为中国文化的一个重要组成部分。由于佛教在中国化方面走在其他入传宗教的前列，因此佛教在中国思想文化界的影响也就比较久远。

佛教的中国化，一方面是指佛教与中国传统文化的融合，另一方面是指佛教内部各宗派之间的融合。佛教与中国传统文化的融合，从两汉之际即已开始，到隋唐时臻于成熟，经历了七八百年的时间。按其中国化程度的深浅不同大致可分为"格义""玄化"与"儒化"这样几个阶段。两汉之际至三国、两晋，佛教始传，为了沟通中外文化在语言、概念上的障碍，当时的佛教学者多采用"格义"的方法翻译佛经和介绍佛教教义。所谓格义，由前秦僧人竺法雅所首创，就是用中国传统思想中的名词、概念，去比附和解释经义，使人易于理解。这种方法虽曾推动了佛教的传播，但多牵强附会，往往背离佛经的原义。所以到南北朝时，佛教学者们就力求从形式上的"化"，深入到内容上的"化"。南北朝，玄学盛行，佛学也就逐渐与玄学合流，史称"佛玄"时期。佛教中流行的"般若"学说，实际上都同玄学观点有关，与玄学中的不同派别相应，佛教也形成或"崇有"或"贵无"的"六家七宗"。随着玄学的没落，佛学也不得不改变自己的存在方式。隋唐时期，在新儒学思潮的推动下，佛教各宗派相继形成，从此实现并完成了佛学中国化，即儒学化的过程。

佛学的儒学化，不是过去的那种依附式的"化"，而是从形式到内容上与儒学融会贯通，是佛儒的一体化。具体说，在理论观点上，中国佛教最大的特点是用儒家的心性说改造了印度佛教的佛性说，把佛从外在的偶像，变成了人的内心信仰，特别是禅宗提出了"佛向性中作，莫向身外求"（《坛经》）的著名思想，强调身外无佛，我就是佛，把自己看作与佛平等的人。

禅宗的这些话，印度大乘有宗的人不敢说，大乘空宗的人也不敢说。印度大乘谈空的各派，也不敢公然说佛无，法（指佛教经典）无。在他们看来，如果宣传佛、法皆无，依赖于佛、法而存在的僧将同归于无，这对佛教的发展极为不利。而禅宗则以"佛向性中作"的思想，破坏了佛教三宝中的佛、法二宝，又巧妙地保护了僧宝（自我）的存在。所以，以禅宗为代表的中国佛教同印度佛教相比，是突出了个体意识，把对佛的信仰移植到人们的心性之中，借以说明人的本质就是自我的发现和个性的发展。这种重视人的主体思想，正反映了儒家学说的精髓，因为儒学的思想实质是"人学"。因此，中国佛教与印度佛教的根本区别就在于是重视人还是重视佛，从佛向人的转移，这就是佛教中国化成熟的标志。

禅宗的理论是"佛向性中作"，方法是"顿悟顿修"。在禅宗看来，既然知道"一切万法尽在自身（心）中"，就应当"从余自身顿现真如本姓（性）"，人们不能"识心见性"，只是因为认识"糊涂"，如果接受禅宗的基本思想，犹如风吹云散，立即"见性成佛"。这与印度佛教所主张的"十地"（经过十个阶梯）成佛也是不同的，而与儒家"默而识之"（《论语·述而》）的内省体验方法却十分接近。

在价值观点上，中国传统的意识形态带有浓厚的政治色彩，各家各派都在使用不同的方式与王道政治紧密联系，特别是儒学更以"经世"为用。印度佛教则不同，它以超出三界、六道生死轮回的世界（简称"出世间"）为解脱的标志。所以佛教传入中国以后，中国佛教就逐渐被注入儒家的价值观点，不断地从出世间求解脱向不离世间求解脱的方向发展。例如，三论宗的创始人吉藏发挥道安关于"不依国主，则法事难立"的思想，明确提出，如果不履行"君臣父子忠孝之道"，就是"失第一义谛（佛教真理），失第一义谛则不得涅槃"。这里把践行儒家的纲常名教，看作获得解脱的必要条件。华严宗的宗密曾撰《盂兰盆经疏》二卷，宣传释迦牟尼及其弟子目连出家都是为了尽孝道，崇奉《盂兰盆经》为佛教的孝经。禅宗则进一步拆除了世间与出世间在修行方面的藩篱，认为若要修行在家亦可，不一定要住进寺院；宣传在日常生活中就能实现成佛的理想，把《佛遗教经》上佛关于不应参预世事的遗训忘得一干二净。

在艺术观点上，中国佛教造像、画佛、造塔，最初都是从印度传入的。在魏晋南北朝时期虽受古印度犍陀罗与笈多造像的影响，但也有自己的风格，如龙门石窟中的早期塑像，大有秀骨傲然的六朝名士风采。至隋唐，中国佛教艺术已经完成了民族化的过程，在许多塑像中往往表现出一派俨然的儒者气象，如龙门奉先寺的卢舍那佛就是这方面的一个典范。这尊大佛身着中国式的圆口衲衣，面庞典雅丰腴，目光安详而深邃，神态端庄中含慈善，把儒家所向往的文质统一、美善统一的美学思想表现得极为充分。与当时社会上积极创业、励精图治的要求相适应，在佛教的许多壁画中也表现了奋发向上、刚健有力的审美情趣，特别是在净土变相中所绘的佛、菩萨、诸天、力士等，几乎都是健美的化身，这是《易经》所崇尚的阳刚之美在新形式下的再现。此外，泥塑佛像、藏传佛教中的刺绣与板画佛像以及酥油花等都是纯中国的产品。正如《五灯会元》所说，中国佛教艺术"善塑性，不善佛性"，这种"善塑性"的艺术观点与禅宗"佛向性中作"的理论是吻合的。

佛教内部各宗派之间的融合，也是佛教中国化的一部分，因为这体现了中国传统文化中的"会通"精神。这种精神在佛教中称为"判教"，其总的趋势是佛教各宗派与禅宗的融合。在教理上，提倡"教禅一致""净禅一致"。所谓"教禅一致"，"教"是指天台宗和华严宗，"禅"即禅宗。如华严宗的宗密以"判教"的方式，把禅宗所述关于佛教道理、根源的文字句偈集录成书，编为《禅源诸诠集》（已佚），并作《都序》四卷（今存），认为"顿悟资于渐修"，顿悟要依靠渐修的积累，"师说符于佛意"，各师所说符合佛经本意，宣传一部大藏经论只有三种教，禅门言教亦只有三宗；而这三教三宗（指天台、华严和禅宗）是相应一致的，是所谓的"一味法"。由于教禅的融合，唐宋时期华严禅广为流传。所谓"净禅一致"，"净"即净土宗，"禅"即禅宗。禅宗的不立文字，不重经论，直指人心与净土宗的称名念佛，"举一心为宗"极为合拍，所以在宋代许多净土宗的僧人都主张净禅双修，从而涌现出一批"念佛禅"，与"华严禅"并行于世。在方法上，各宗派都崇尚禅宗的简单易行、人人可学的方便法门。这种方便法门在印度本土曾受到抨击，被斥之为"怯弱怯劣，无有大心，非是丈夫志干之道"（《大正新修大藏经》）。而在中国却为天台、华严、净土、律宗等所仿效，一反印度佛教传统，体现出典型的中国禅的性

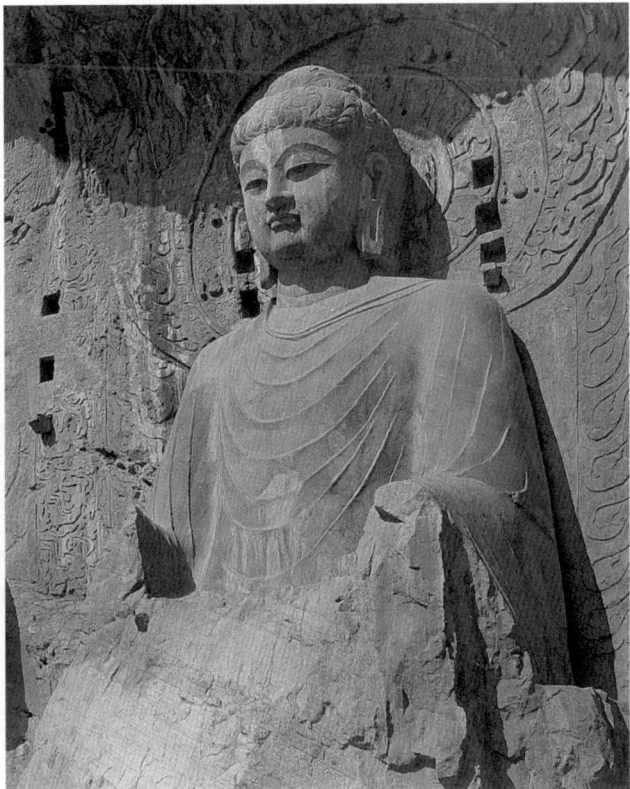

图 4-7　龙门石窟　卢舍那佛石像

格。这样，唐宋以来僧侣多被称为禅僧，禅宗与佛教几乎成为同义语。这种儒学化的禅宗深得文人学士和一般平民的信仰，故能绵延相续，直至近代仍很盛行。

中外佛教文化交流的事实表明，一方面，外来文化必须适合中国文化的基本精神，否则，它不可能在中国立足；另一方面，消化吸收外来文化，对中国传统文化来说，并不是一件可怕的事，可以成为去芜存精、长足发展的动力。

第二节　道教的兴起与多种文化的融合

道教是以"道"为最高信仰的中国古代特有的宗教，产生于东汉中叶。该教把老子和《道德经》加以神化，尊老子为教祖，奉若神明；以《道德经》为主要经典，并作宗教性的解释。其教义主张人经过一定修炼可以使精神、肉体两者长生永存，成为神仙。东汉张陵创立的"五斗米道"和张角创立的"太平道"，是早期道教的两个重要派别。东汉成书的《老子想尔注》始有"道教"之名。

道教是在中国古代宗教信仰的基础上，吸取方仙道、黄老道以及经学、墨家等宗教或学派的某些观点和方法逐渐形成的。道教从产生时起就表现出宗教"杂家"的面貌。

关于道教与经学的文化渊源关系，清末的夏曾佑在《中国古代史》一书中曾经提出这一问题。他说："西汉的方士并入儒林，东汉再由儒林分为方术，于是天文、风角、河洛、五星之说，乃特立于六艺之外，而自成一家。"对此，杨向奎在《中国古代社会与古代思想研究》中有更为精辟的论述。据他的分析，经学对道教形成的影响贯穿于两汉的始终，而不是如夏曾佑所说到东汉时经学就与方术分离了；经学各派对道教的形成都有影响，而不是限于一派一家。就今文经学来说，号称西汉大儒的董仲舒在《春秋繁露》中以阴阳五行说附会经义，并开始说神弄怪，创造求雨止雨仪式，设坛祈祷作法，实为儒生宣传方术的先河。东汉今文经学家中的许多人也都精通方术，如张楷既治《严氏春秋》，又"性好道术，能作五里雾"（《后汉书·张楷传》），就是能做腾云驾雾的神仙，而且有门徒数百人。再如，何休注释《孝经》《论语》也引进了"风角"之类的方术。至于古文经学家刘歆也长于术数方伎，桓谭说他能做"土龙"之类的方术求雨（见《新论》），曹植说"刘子骏（注：刘歆，字子骏）信方士虚言，谓神仙可学"（《新辑本桓谭新论》引）。这些都为道教的形成做了思想上和舆论上的准备。两汉之际，经学中的谶纬之学盛行。谶纬之学中的图记、谶语以及其他的一些宗教预言和宗教说教也为早期道教所吸取。如《易纬·乾凿度》有老子之希夷（希夷，意为空虚寂静，语出《老子》十四章）；《春秋纬·元命苞》有长生久视；《诗纬·含神雾》和《孝经纬·援神契》说太华山上有仙室，少室山上有灵药；《河图记命符》说有能加减人寿命的鬼神；《河图·括地象》记有三神山、昆仑山等灵境。而魏伯阳的《参同契》更取纬书作书名，难怪研究易学的虞翻要给它作注。纬书中的图箓，亦为道书所因袭。《后汉书·方术传》所载的方术之士，很多都是从儒生转化而来。道教是吸取了谶纬之学的思想，谶纬书中提倡禅让和"革命"的传统，也被他们接受过来，所以后来主张推翻皇权的不是经师而是道教徒。"苍天已死，黄天当立"的口号，正好是五行相生说的张本。说明这时儒生与方士已经合流，而谶纬之学便成为道教产生的直接文化渊源之一。

道教与墨家的文化渊源很深，最早的道教经典《太平经》中就有墨家的思想内容，葛洪的《神仙传》更是把墨子神化为地仙。所以近代章太炎在《黄巾道士缘起说》中指出，道教远法巫师，近出墨翟，吸取了墨家尊天信鬼的思想。由于章太炎的说法不甚完备，王明写了《从墨子到〈太平经〉的思想演变》一文，对此进行补充说明。王明认为，道教不仅吸取了墨家"天志""明鬼"的宗教思想，也吸取了墨家主张劳动、互助、兼爱、交利等代表小生产者利益的社会思想。把《墨子》与《太平经》加以比较，就会发现这种思想上的继承关系是极其明显的。

《太平经》卷三五《分别贫富法》要求"人各衣食其力"；卷六七《十罪十治诀》说："天生人，幸使其人人自有筋力，可以自衣食者。"这些言论都是强调人们应该靠自己的劳动来维持生活。它与墨子所反对的"不与其劳获其实"（《墨子·天志下》），所主张的"赖其力者生"（《墨子·非乐上》）的精神一脉相通。原始道教经典的作者要反映小生产者的思想，因而很容易接受代表小生产者利益的墨家的言论。

依靠劳动，自食其力，这是小生产者的特色。但是小生产者尤其是手工业小生产者，由于经济地位不稳定，感到单靠自己是不够的，他们还要求互助互利。《墨子》把小生产者的互助互利要求发展为"兼相爱，交相利"（《墨子·兼爱中》）的美好理想。墨子认为天之意"欲人之有力相营，有道相教，有财相分"（《墨子·天志中》）。《太平经》也说，"诸神相爱，有知相教，有奇文异策相与见，空缺相荐相保"（《太平经》卷一一〇）。墨子反对"腐朽余财，不以相分"（《墨子·尚同上》）。《太平经》也说"积财亿万，不肯救穷周急，使人饥寒而死，罪不除也"（《太平经》卷六七）。不过，墨子提倡余财相分，只是简单地说天意如此，或者说这是士君子为贤之道。而《太平经》作者的分析则比较深刻，其理由是："所以然者，此财物乃天地中和所有，以共养人也。"（《太平经》卷六七）这里又借用《礼记·中庸》"中和"的术语，企图说明财产应归天下所公有，不能允许少数人偏得而私，反映了小生产者的平均要求。

总之，道教的思想文化渊源是多方面的，它是秦汉前后不同宗教和不同学派的结合体，对此须作全面的考察。

道教的文化结构是多门类的，其中包括道教思想、道教建筑、道教美术、道教文学、道教音乐等。

道教建筑，汉代称"治"，两晋称"治"或称"庐""靖"（又作"静"）；南北朝时，南朝称"馆"，北朝称"观"（个别称"寺"），唐称"观"或"宫"，个别民间主祭俗神的建筑称"庙"。

道教建筑的风格随着道教礼仪的制度化和规范化而逐渐定型。道教初创时一般都以深山茅舍或洞穴为修道场所，建筑简陋。汉、晋时的"治"多属于这一类型。南北朝以后，道教兴盛，各地广设宫观，其建筑具有相当规模。这时的道教建筑多由神殿、膳堂、宿舍、园林四部分组成，其总体布局基本上采取中国传统的院落式建筑，即以木构架为主要结构，以"间"为单位构成单座建筑，再以单座建筑组成庭院，进而以庭院为单元组成各种形式建筑群。神殿处在建筑群的主要轴线上，是建筑群的主体，侧面为膳堂、宿舍，园林多在僻静处，四者分区明确，配置适宜，联系方便，给人以庄严肃穆、

图 4-8　北京白云观

清新雅娴之感。此外，它还将壁画、雕塑、书画、联额、题辞、诗文、碑刻等多种艺术形式与建筑物综合统一，巧妙安排，具有较高的文化水准和多彩的艺术形象。

　　道教建筑的设计思想主要体现阴阳五行说，以及道教所追求的吉祥如意、长生不老、羽化成仙等观念。如在藻饰上，描绘日、月、星、云、山、水、岩石等，寓意光明普照、坚固永生、山海年长；扇、鱼、蝙蝠、鹿、水仙等乃分别是善、裕、福、禄、寿的象征；而松柏、灵芝、龟、鹤、竹、龙、凤等象征长生、不老、君子、辟邪、祥瑞等。此外，"八仙过海""八仙庆寿"等神话故事也常作为道教建筑的装饰题材。

　　道教宫观建筑以唐代最盛，全国达 1687 处（《唐六典·祠部》）。宋代

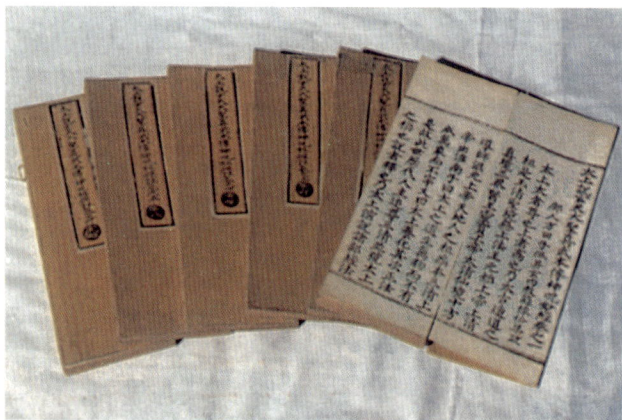

图 4-9　明版《正统道藏》和《万历续道藏》（部分）北京白云观藏

尚存唐道观壁画8524间。明中叶以后趋于衰微。现存著名的道观有河南鹿邑太清宫、陕西周至楼观台、江西龙虎山上清宫、江苏茅山元符宫、苏州玄妙观、南京朝天宫、浙江余杭洞霄宫、北京白云观、成都青羊宫、山西芮城永乐宫、陕西鄠邑重阳宫、武汉长春观等。

　　道教美术是与道教建筑同步发展起来的，主要有道教塑像、神仙画像、宫观壁画、文人道画等。初期曾受佛教艺术的一定影响，但其形象是中国人的面貌，其创作思想主要表现道家哲学与道教教义，其技法也是对中国古铜器、汉画像砖以及古代人物画技法的直接继承。具体说，就是坚持"画以立意"的宗旨，"以神写形"和"以形写神"的方法，运用"出水""当风"等多种艺术手段，表现道教对神像的种种要求。

　　现存著名的道教石刻造像有福建泉州清源山5.1米高的老君巨型石刻像、山西太原晋祠圣母殿宋代彩塑、山西太原元代的龙山石窟。神仙画像中的珍品是苏州玄妙观绢画摹本太上玄元皇帝石刻像。壁画则有泰安岱庙天贶殿的巨幅壁画《泰山神启跸回銮图》（泰山神即东岳大帝）、山西芮城永乐宫道教壁画，二者堪称中国美术史上的杰作。至于文人道画将在下节介绍。

　　道教的文学作品体裁多样，有诗词歌赋、散文传记、戏剧小说等形式，有见于《道藏》，也有散见于藏外；有道士的作品，也有文人的作品。内容有以下几类：诗歌、骈文多用来歌颂神灵和宣传方术，少数也有用散文形式的；评论、散文多用于阐述教义；记叙散文多为神仙传记；戏曲小说多为神

图 4-10　山西芮城永乐宫 "八仙过海" 壁画

话传奇和故事，如《封神演义》《西游记》和《七真传》都是明清两代流行
的长篇文学作品。

道教文学创造了一种特有的诗体 "步虚词"。其诗体多为五言，四句、八
句、十二句不等，词章华美，极尽 "缥缈轻举之美"（《乐府古题要解》）。"步
虚词" 可能还演变为一种通俗文学形式 "道情"，这是游方道士沿街乞求布
施时，配以渔鼓和简板演唱的散曲，内容通俗，词语易懂，与 "步虚词" 有
所不同。

道教文学虽以宗教生活为题材，但其中许多作品寄托着作者的忧国忧民
情怀，包含了对当时社会生活某些方面的真实写照，具有一定的学术价值。

道教音乐是道教举行斋醮等仪式时，在为神仙祝诞、祈求上天赐福、降
妖驱魔以及超度亡灵等活动中使用的音乐，它包括独唱、齐唱和散板式联
唱以及鼓乐、吹打乐、合奏等多种形式。道士是演出者，信徒是听众。乐
器，道教称为 "法器"，以钟、磬、鼓等打击乐器为主，后增添吹管、弹
拨乐器和拉弦乐器。器乐形式常用于法事的开头、结尾、唱曲的过门以及
队列变换、禹步等场面。而声乐部分则是道教音乐的主要部分，其体裁有

"颂""赞""步虚""偈"等，实际上都是一首首的歌，结构短小的为上下句式或起承转合四句式；大型的曲调常有多段，甚至十余段用于不同场合的词。

道教音乐是具有地方性特点的宗教音乐。例如，同一法事中采用同一旋律的音乐，但各地的旋律装饰（加花）都带有本地音乐特点而各不相同。又例如，同一法事中的同一首词，各地一般都选用本地音调配音。由此可见，道教的文化结构不仅是多门类、多学科的统一，而且在每一学科中又是多层次的统一，这个特点在道教的文化内容上表现得最为鲜明。

道教文化内容的驳杂，主要是指道教思想是由道教和道家、道教和儒学、道教和佛学多种文化相融合而成。

道教吸取道家思想，建立了道教的宗教世界观，这是道教思想的主体部分。道教与道家的结合，不仅表现在以老子为道教教祖，以《道德经》为道教经典上，而且表现在对"道"的崇拜与信仰上。道教学者几乎没有不讲"道"的，他们讲"道"包括两方面内容。一方面是继承道家以"道"为世界本原的思想，认为"道"是"涵乾括坤"（《抱朴子·道意》）的最高存在物，"故天下莫不象而生者也"，世界上的一切物象都是由"道"所生，但他们更强调"道"的神秘性，提出"道意""道性"等范畴，说"道"有思想、意识和性情，把"道"人格化，并通过若干环节把"三清尊神"（玉清元始天尊"天宝君"、上清灵宝天尊"太上道君"、太清道德天尊"太上老君"）作为"道"的人格化身。这样，道教所崇奉的"道"就具有神仙创造世界的意义，从而把道家的本体论引向了宗教。另一方面，他们发挥老子关于"德"的思想，着重阐述了如何"得道"的问题。据他们解释，"德"就是得，"德道"，就是得到道果，使"道"在我，与"道"合一，成为肉体、精神两不灭的神仙。

关于得道的方法，道教分为内修外炼两部分，也就是通常所说的内丹与外丹。所谓"内丹"是以人体为"炉鼎"，以体内的"精""气"为药物，通过"吐故纳新"，使精气神凝，结成"圣胎""圣丹"。因为这是无形的内炼功夫，所以称为"内丹"。内容包括坐忘、主静、寡欲、息虑、存思、净明等，其中含有不少道家的养生理论。"外丹"是指用铅、汞等矿物冶炼而成的丹药，即所谓金石炼制而成的"金丹""仙丹"，服食后可以"长生不死"。唐、宋时，内丹术逐渐同方术结合，其内容扩展到行气、导引、药饵、辟谷、房中等许多方面，这是道教把道家与方术家相互融合为己所用的一个范本。

道教吸取儒家思想，建立了道教的宗教伦理学。这是道教思想的入世部分。道教是一个世俗化的宗教，从它产生时起就表现出对世俗生活的极大关注，并一直以"复考慈为德本"相标榜。为此，他们一般都注重研究儒家《五经》，从中吸取资料，建立道教的伦理制度，提出伦理思想。

道教的伦理制度，主要是把想象中的神仙世界和现实中的教职制度予以等级化。他们把儒家名教引入道教斋醮科仪，在《真灵位业图》中把道教所有的真灵，包括天神、地神、人鬼及诸仙真，分成若干等级，并且说，即使是真人也有品级的不同，"仙亦有等级千亿"。在《登真隐诀》又把道教的道君、真人、真公、真卿比喻为封建的帝王、诸侯，下设"御史、玉郎诸小号，官位甚多"。在众多的官位中又分为"太上""太清""太极"等几个大的等级，在"太极"这个等级中又分为"太极仙侯、太极仙伯、太极仙监、太极仙郎、太极仙宾"等许多小的等级。为了与所谓神仙世界的等级相对应，《三洞奉道科戒》还在道教教职制度上严分等级，如道士在阶次上分为天真道士、神仙道士、山居道士、出家道士、在家道士等六阶；在道行高低上分为法师、威仪师、律师三号；在职务上分为方丈、住持、监院等；在尊贵上分为先生、真人、天师等。建立如此森罗严密的等级制度是道教融合儒家思想，以加速和实现自身封建化的重要举措。

道教的伦理思想，就是把儒家的忠孝思想和性命学说写入条文，作为道教教义的重要组成部分。如《女青鬼律》中规定严禁"散乱五常"（即仁、义、礼、智、信），《正一法文天师教戒科经》记有奉道不可行的事共25条，其中有16条是为维护伦理关系的。《道德真经玄德纂疏》杜光庭序把儒家的仁、义、乐、礼、智、信与道教所说天地的德、宜、和、节、辩、时相配，称之为"混合至道"，可以"归仁寿之乡"。《吕真人》则把忠于国、孝于家、信于友、仁待下、不慢、不欺作为通达"神鬼"的必备条件，宣称只要"即此一念"，就能实现己与仙同，神仙"虽不见吾，犹见吾也"。特别是道教的内丹学派，更把儒家的性命之说吸收过来加以改造，融合在内丹修炼之中，提出了性命双修的修道理论。所谓修命，就是修炼人体内的精、气、神，以合天命，这是道教原有的吐纳、行气等术向儒学方面的发展；所谓修性，就是"不染物""不触物"，窒塞其源，清心寡欲，"惺惺做人"，不违天理，也就是说，要使自己的良心和行为都符合忠臣孝子良民的伦理规范。对此，金代道士谭处瑞有一首诗说得十分形象："为官清政同修道，忠孝仁慈胜出家；行尽这般功德路，定将归去步云霞。"（《云水集》卷一）

道教吸取佛教思想，健全了自己的宗教体系。道教与佛教在历史上有过激烈的争论，除去政治因素以外，从文化学上看，双方辩论的目的还是去异求同，所以在道教与佛教的关系史上，道、佛互补是其发展的主流。

道教在初创时期，就曾利用佛教的某些教义来编造道书，模仿佛教的某些戒规来制订道教的科仪。如，道教关于不杀生、不荤酒、不口是心非、不偷盗、不邪淫的"老君五戒"（见《初真戒》），关于地狱、饿鬼、畜生、人、天的"五道"（见《道教义枢》卷七），除个别文字以外，都是模仿佛教而来。佛教有五戒、比丘戒、比丘尼戒等，道教也有五戒、八戒、十戒、元始天尊戒等，佛教有"神通"，道教也有"五通"（见《五显灵观大帝灯仪》）。在《太平经钞》甲部叙述太上老君诞生时有九龙吐水的说法，这是把佛经中记述的释迦牟尼诞生时的祥瑞之一转抄到道教教祖身上。

道教还吸取了佛教的某些理论。道教本来只讲"不死""成仙"，因而不讲所谓的"灵魂"，更无"轮回转生"之说。但由于佛教的"轮回转生"既可以加强宗教力量对人们心灵的控制，又对人们的丑恶行为可能具有某些抑制作用，所以，道教学者也就假托真人之口，把佛教的轮回转生之说引入道教，侈谈所谓"天界"与"地狱"之事。他们沿袭佛教须弥山的说法，用神秘的笔调，描绘"天界"的景观，以及所谓酆都（鬼都）、鬼官的情形。道教学者还有所谓黄观子奉佛道的故事，并说："人为道亦苦，不为道亦苦，唯人自生至老，自老至病，护身至死，其苦无量。"这又与佛教的"四谛"十分类似（以上见《真诰》的《运题象》《阐幽微》《甄命授》）。基于对佛教理论的吸收，道教在修持方法上也有相应的变更，从"练形"积外功，扩大到"养神"修心性，特别是禅宗兴起以后，在道教中出现了一股道、禅合流的思潮，提倡"先以神仙命脉诱其修炼，次以诸佛妙用广其神通，终以真如觉性遣其幻妄，而归于究竟空寂之本源"（《悟真篇·后序》）。这是说，要以神仙修炼起步，要以诸佛妙用入门，要以"真如"觉悟之性清除视客观万物为真实的幻觉妄念，最终穷究到大千世界所谓"空寂"的本源，明确把禅宗所说的发现心中的"真如本性"作为得道的中心环节。正是在心性问题上，集中体现出道教与佛、儒的同归。

第三节　佛教、道教与传统文化

佛教和道教积累了大量的经籍文书，留下许多文物宝藏，对中国古代乃至近代的观念文化、科技文化和形象文化都产生过不同程度的影响，有过不少重要的贡献。

中国佛教对中国传统文化的观念文化影响最大。以思想史为例，中国佛学是隋唐时期的主要社会思潮，成为中国思想史上一个不可缺少的、承前启后的思想"网结"和纽带。佛学丰富了中国哲学范畴。唐、宋时期中国哲学范畴之丰富远远超过以往，这是因为佛学的一些范畴，如"太虚""识""相""能""所"等被融入中国哲学，使它丰富起来；佛学把中国哲学中的主体意识论推进到一个崭新的高度。它从本体论、认识论、道德论、时空论上阐述了主体意识的作用，留下了比较丰富的关于虚与实、真与妄、生与死、顿与渐、相对与绝对、有限与无限、整体与个别、暂时与永恒等对立方面的许多思想资料，丰富了中国哲学的内涵，又引发了宋明理学等新的思想流派。清初一些思想家受其影响，吸取其合理因素，又加以匡正和改造，充实了自己的学术思想。正如任继愈所说："佛教的许多理论、学派是结合中国社会具体情况提出的，它是中国的上层建筑的一部分，也是中国哲学史中古时期的主要思潮。佛教哲学不搞清楚，对中国哲学史中间（魏、晋、南北朝、隋、唐）近八百年的思想斗争也会讲不清楚。而且佛学哲学对宋明理学有直接的影响。"（任继愈《汉唐佛教思想论集》，人民出版社 1973 年版）

道教与中国传统文化中的科技文化关系最为密切。以医学、化学、药物学为例，道教把内外丹理论与中国传统医学理论相结合；把调息、按摩、导引、行气等养生术纳入医疗技术领域，并把炼丹术作为制药手段。这对中医学的发展有很大贡献。

道教的外丹术是道教医学的一项重要内容。外丹术的发展，为医药学积累了知识，加深了对铅丹（Pb_3O_4）、铅白 [$Pb(OH)_2 \cdot 2PbCO_3$]、石灰（CaO）、丹砂（HgS）等矿物的产地、特性和用途的了解；并对钠硝石（$NaNO_3$）与芒硝（$Na_2SO_4 \cdot 10H_2O$）等形态类似的矿物，有了简易可靠的鉴别法。炼丹方法和中医实践相结合，推动了古代化学制药技术的发展，丰富了中国药物学的内容。两汉前的医学文献中基本上无化学药剂，也不使用膏药。两晋以后，采用炼丹方法通过化学变化制作的膏剂大量出现，以后遂成为中医外科的主药。现今广泛使用的红升丹、白降丹等皆由道教医家所传秘法衍化而来。随着道教"服食"的发展，草木药逐渐加入丹药烧炼，药物种类从矿物扩大到草木，推动了本草学的发展。葛洪《抱朴子内篇·仙丹》、陶弘景《本草经注》、孙思邈《千金翼方》中所记草木药物，部分为唐以前本草学所罕见，并成为后代中医家编订本草学的依据。

道教的内丹理论是道教医学的另一项重要内容。方士和道士以内修作为超尘脱俗、长生不老的途径，从宗教角度解释眼睛闭视时的光感，运气时腹部的热感，入静时躯体的飘浮感，是体内"起火"，烧炼成"丹"，而有"羽化成仙"之兆。大量的内丹学著作，通过对人体的"气、气化、气血、经络"等变化规律的探索，丰富了中国传统医学理论和医疗手段。隋、唐时太医署还设立按摩师教导引之法。隋太医博士巢元方的《诸病源候论》在列举病因症状后，还列入导引治疗法，包括自我运气法。明医学家李时珍评论道士张伯端的《八脉经》时认为："紫阳（张伯端的号）《八脉经》稍与医家之说不同。然内景隧道，惟返观者能照察之，其言必不谬也。"道教医学的内修摄养之术，大多效法自然。知龟、鹤之寿长效其导引以延年，法其食气以辟谷；导气令和，引体令柔；吹呴呼吸，吐故纳新；由浅入深，由易及难，兼修诸术，不执一方。这种返本还元、调整阴阳、疏通经络、行气活血的内修摄养之术为中医学所吸取。

再如建筑学，由于道教建筑多采用中国传统的院落式，与世俗建筑更加接近，为世俗建筑提供和积累了不少新颖的设计、布局、工艺以及独特的处理方法。它的建筑布局、建筑技术、建筑风格以及贯穿其中的艺术哲学，对现代建筑界仍有一定的借鉴作用。

佛教和道教推动了中国传统文化中形象文化的发展。

首先，传统国画中出现了文人佛、道画的新品种。所谓文人佛、道画，其作者多为世俗文人，题材主要表现佛、道故事，风格则在追求佛、道的意境和技法。以东晋画家顾恺之、北齐画家曹仲达和唐代画家吴道子最为著名。顾恺之是文人佛、道画的开创者，他把佛、道所强调的意念作用融入绘画之中，重在传"神"。他的佛画以人物为主。据唐代张彦远《历代名画记》所载，他曾为建业（今江苏南京）瓦官寺绘制维摩诘壁画一幅，画毕，将欲点睛，特开寺让施者参观，三日得布施"百万钱"。由此可见顾恺之佛画的价值。他的道画，以云龙为主，这是附会老子是龙的说法，以后，云龙遂成为中国画的特色之一。曹仲达把犍陀罗式的雕塑艺术移入中国画，它的特点是人物衣服紧窄，衣如湿沾体上，故称"曹衣出水"。曹画虽失传，但从现今印度佛教遗址鹿野苑所藏释迦立像，仍可想见曹画的某些风格。吴道子也是擅长佛、道画的著名画家。唐以前，中国画以线条为主，吴道子开始把印度的凹凸法渗入人物画中，并吸取道教思想，所画人物衣带宽博，飘飘欲仙，故称"吴带当风"，在敦煌壁画中可以看到他的画风。他们三人的佛、道画使中国画别开生面。宋元时期的文人佛、道画又与传统的山水花鸟画技法相结合，进一步增强了中国画的表现力。例如轴卷、册页、扇面往往通过山水花鸟去追求"无为""寂灭"的境界，形成了超逸、淡泊、高雅的艺术风格，至今仍为中国画界所继承。当代画家张大千早年曾久居四川青城山，所绘王母、麻姑、陈抟、纯阳和张陵等道画，刻石于山，是现存的文人佛、道画的珍品。

其次，传统文学中产生出一批以佛、道为题材的著名作品，这些作品带来了新的意境、新的文体和新的命意遣词方法。唐代诗人李白就是一位著名代表，他既有"冥坐寂不动，大千入毫发"的咏佛之句，也有充满神仙思想和飘逸之情的作品。如《游泰山》描写清斋修炼的生活和感受："清斋三千日，裂素写道经。吟诵有所得，众神卫我形。云行信长风，飒若羽翼生。"《古风》诗中尽情抒发其渴望隐遁、成仙的心情："一餐历万岁，何用还故乡。永随长风去，天外恣飘扬。"唐代的仙、佛诗直接影响了宋代。宋词空前繁荣，其内容许多都来自道教故事。此外，佛教的《维摩经》《百喻经》等，推动了中国晋、唐小说的创作；佛教的俗讲、变文（即根据佛经改编的文学故事、唱词等，因有"转变"之意，故名）对后来的平话、小说、戏曲等中国通俗文学的形成，有一定的促进作用；禅宗语录不仅为宋明理学家所仿效，也影响到后来的民间文学作品。

从以上可以看出，对中国佛教和道教不能简单地否定，要从文化史的角度去分析它在中国传统文化中的作用。宗教关于自然和人生的某些论述，也存在合理的因素，而且宗教意识更易于渗透到各个文化的构成之中。如果我们不了解中国佛教和道教，那么我们也就很难理解中国传统文化的特色。

思考题：

1. 试述佛教中国化的过程。

2. 请简述道教产生的思想渊源。

3. 请简述佛教与道教在中国文化史上的作用。

4. 中国佛教与道教思想是如何相互影响、相互交融的?

第四章

中国古代宗教的主体

——佛教与道教

第五章

绚丽多彩的
文物殿堂

第一节　玉器的文化特征

中国古代玉器应用于祭祀、礼仪、丧葬和装饰，以其质坚、润泽、美观大方而久享盛名。它被赋予"廉而不刿""瑕不掩瑜""气如长虹"等多种品格，成为道德的象征，具有广博而深邃的文化内涵。

中国古代玉器最初是装饰品。新石器时代中晚期以后，小型玉饰被大型玉器所取代。大型玉器具有一定的政治意义，它标志着社会等级观念和原始宗教观念正在渗入玉制品。这时，即使小型玉饰也不再是单纯的装饰品。中国玉文化礼制时代开始到来。

商代贵族对祭祀空前重视，"国之大事，在祀与戎"（《左传·成公十三年》）。他们不仅铸造了大批纹饰精美、庄严肃穆、气势磅礴的青铜礼器，也琢制了大量绚丽多彩的玉礼器。西周灭商以后，制定了与宗法制相应的祭祀制度。这一等级制度及其观念在玉礼器的使用中突出地反映出来。《周礼》规定："以苍璧礼天，以黄琮礼地，以青圭礼东方，以赤璋礼南方，以白琥礼西方，以玄璜礼北方。"并有"以玉作六瑞，以等邦国，王执镇圭，公执桓圭，侯执信圭，伯执躬圭，子执谷璧，男执蒲璧"（《周礼·春官宗伯·大宗伯》）等规定。对祭祀天、地、四方神祇所用的礼玉种类，作了严格区分。对于王和公、侯、伯、子、男五个等级的封国国君所使用的玉礼品的种类，也作了严格区分。玉礼器成为天国和人间的等级标志。西周时代，规模宏大的祭祀促进了玉器的发展。但由于受等级观念束缚，玉器数量虽然多，但种类却较少。

春秋战国时期，"礼崩乐坏"，社会政治经济和人们的思想观念发生激烈变化，玉礼器的功能也相应发生了变化。在战国侯马晋故城，曾发现大量盟书，有些就书写在玉圭之上。玉礼器开始在朝觐、盟誓、婚聘、敛葬等方面产生作用，轻神重民思想逐步扩大。玉器也更多地被人们用来与君子的德性相比拟。《礼记》借孔子之口，将玉与君子之德作了一系列比附，说：玉温和柔润而有光泽，像仁者的德性；细致精密而坚实，像智者的德性；有棱角但不伤害人，像义者的德性；佩玉悬垂下坠，像君子谦恭好礼。敲打它，发出清彻激扬的声音，韵调悠长，最后戛然而止，始终如一，就像君子对待音乐的态度。玉的瑕疵和美好互不掩饰，就像君子忠实的品行。玉晶莹通明，光彩四溢，就像君子发自内心的纯洁。

秦汉之际，玉器中除圭还有一点礼仪性质外，其他玉器都明显成为仅具装饰意义的东西了。璋、琮等礼玉几乎不见，偶尔有一两件也是用旧物改制而成。玉器的礼制色彩逐渐消失。而汉代玉器由于摆脱了礼制观念的束缚，发展到一个新的高峰。汉玉雄浑豪放，追求清逸脱俗的艺术美，反映了汉代统一国家的雄风，这时的玉器已向艺术品转化。

三国两晋南北朝时期，道教发展起来，人们又将玉视为延年益寿的药物，一度出现食玉之风。但这并未影响玉器的装饰特征得到进一步发展。

综上所述，"玉"本来是自然之物，经由人的加工制作，成为人使用的装饰品和礼器。因此，玉器也就具有了社会印记，被纳入文化范畴。正如古话所说："玉不琢，不成器。"玉被琢成人们所使用的器，它就被灌注了人的思想感情，成为一种象征，反映着社会生活的演进。如玉从礼器到装饰品的演进就说明了这一点。人类创造的文明成果有些以"物"的形式来表现，有些则以"思想"的形式表现出来；表面看两者毫无关系，究其实，两者之间却有着共同点。玉器的上述演进正反映了中国哲学由神本位到人本位的变化。

中国古代玉器在艺术方面取得了很高的成就。商代玉器集前世雕琢技艺于一体，阴阳线刻、浅浮雕、圆雕等手法，都运用得自然娴熟，配合巧妙，纹饰纤细而清晰，形体规整匀称。尤其是商代后期，玉器数量众多，纹饰繁复，线条流畅，艺术水平很高。妇好墓出土的玉器是商代后期玉器的代表。妇好墓共出土了1900多件玉器，从雕刻分类看，主要有扁平体玉雕和立体圆雕两大类。扁平体玉雕一般为两面对刻相同或相似的纹饰，对称均衡，和谐完美。这正是中国传统文化基本精神的表现（见本书绪论）。扁平体玉雕，整体成扇形或圆形，外轮廓呈弧状。外沿凸张，内沿凹曲，体现出一种恍惚的运动感。准确的轮廓线将描绘对象的特征展现得淋漓尽致，有剪纸的效果，被称为"剪纸式玉雕艺术"。立体圆雕作品多呈圆柱体或立方体，有琮、簋和人物、动物造型。琮、簋显得端庄稳重，鸟兽形状奇特，富有想象力和浪漫情趣。安阳小屯村殷墟还发现了两件商代的玉鳖，利用玉料的天然色泽和纹理制成，将原有的黑褐色石皮保留下来，雕琢成鳖的骨甲、双目

图 5-1　汉　玉仙人奔马

和爪尖，与其他部位的灰白色相互映衬，使得形象更加真实，有神韵天成之趣。后来采取这种手法雕琢玉器的很多，称为俏色玉器。这两件玉鳖则是目前所见最早的俏色玉器。

西周玉器的艺术风格有简化趋势。人们在沿用商代双线勾勒法的同时，独创了一种一面坡粗线或细阴线镂刻的工艺。纹饰常以简洁刚劲的线刻来表现，阴线或双勾阴线的夔纹、凤纹是其代表性图案。东周玉器形式复杂多样，却都有一个显著的特征，就是追求事物的神似。这时期的玉器绝大多数都有纹饰，凤鸟纹及由夔纹演变来的蟠虺纹相当流行。战国时则流行云纹、谷纹。玉制品已同金银钿工艺紧密结合。

随着制玉工具和技术的进步，汉代高浮雕和圆雕制品明显增多，镂空器物亦屡见不鲜。纹饰丰富多彩，有谷纹、蒲纹、涡纹、云纹等几何纹图案，也有龙纹、凤纹、饕餮纹、螭虎纹等动物纹。最具汉玉风格的玉仙人奔马和玉辟邪等圆雕作品，造型新颖，雕琢出神入化，神韵毕现，在我国古代雕塑艺术中极具特色。它们不但继承了商周以来的圆雕作品传统，而且吸收了楚文化浪漫主义的风格，将汉玉雄浑豪放的风格表现得淋漓尽致。

唐代玉器作品虽然数量不多，但件件是精品。风格与同时期金银器的精巧别致、雕塑艺术的饱满豪放和绘画艺术的细致入微结合起来，表现手法

图 5-2　元　渎山大玉海

则注重写实，以圆雕、浮雕表现作品的外形轮廓，以较粗的阴线体现其神韵。唐代玉器精益求精，象形玉器形神兼备，标志着玉器艺术走出了魏晋以来的低谷，开始走向新的高峰。

两宋时期，玉器设计追随普遍的社会心理，题材多取日常习见的花卉、飞禽、走兽，表现手法普遍采用镂雕，图案或繁密秀丽，或清新雅致，都达到了生活与艺术的高度统一。这一时期，由于金石学兴起和厚古之风勃兴，出现了仿古玉器。宋代的玉匠为了使自己的作品与古玉相似，发明了染色、残缺的方法。宋代玉器以其出神入化的镂雕工艺、生动传神的花鸟图案以及别开生面的仿古技艺对后世玉器的发展产生了深远影响。同时，清静素雅、写实性很强的辽代玉器和以春山玉、秋水玉为突出特征的金代玉器亦具有很高的艺术价值。

元代玉器吸收了宋、金高超的镂雕技艺，浮雕技法也运用得得心应手。图案纹饰主要有花鸟、山水、螭虎、海兽等。花鸟图案的玉器以凌霄花嵌饰最有特色，造型和装饰图案与前代有明显的区别。尤其是渎山大玉海玉雕，气势雄伟，风格质朴，粗犷豪放，为元代极具代表性的玉作品。

　　明清玉器集历代玉器之大成。明代玉器造型粗犷浑厚，多以普通人物、日常动植物为题材，镂雕技艺运用极为广泛。在平面玉料上能雕出上下两层不同的图案，而且还能恰到好处地掌握好表面和内部的和谐。纹饰多为花鸟、动物及吉祥图案、人物故事，清秀雅致，情趣浓厚，线条刚劲利落，棱角分明。明代仿古玉的制作也能达到以假乱真的程度。清代玉器有大、多、精的特色。它将传统的阴刻、阴线、浮雕、镂雕等技艺发挥得尽善尽美，线如直尺，圆如满月，委角圆滑光润，镂雕玲珑剔透，细部加工一丝不苟，给人一种和谐圆满的享受。玉器上的山水人物、花鸟虫鱼、神话故事，以及表现吉祥如意、长寿富贵的图案和文字，都具有很高的艺术水平。特别是那些追求绘画效果的山水、花卉、人物故事图案，以其巧妙的构思达到了一种诗画结合的艺术境界。清代仿古玉器登峰造极。同时，俏色玉技艺也达到顶峰。光彩夺目的明清玉器为中国玉器画上了一个圆满的句号。

　　在原始、朦胧的美引导下出现的玉器，历经七千多年的曲折发展，从简单的装饰品发展为古代宗教祭祀和礼仪用品，又发展为标志高尚道德品质的佩饰，最后上升为内容丰富的艺术欣赏作品，深刻地反映了不同历史时期的社会意识。特别是在一定的历史阶段中，人们把玉的自然特性加以道德化，使它在政治、宗教、思想文化等各个领域中，扮演了特殊的角色，发挥了其他艺术品不能取代的作用。这是迄今在全世界文化史上、其他国家和地区都未曾有过的文化现象，体现了鲜明的民族特色。

第二节　铜镜的文化价值

　　铜镜是古代生活用品，也是精美的艺术品。我国最早的铜镜发现于齐家文化遗址。铜镜的发展经历了西周以前的初创、春秋战国的流行、汉代的鼎盛、三国魏晋南北朝的中衰、隋唐的繁荣、五代宋元明清的衰落几个阶段。在四千多年历史长河中，铜镜的形式、花纹主题不断发展，形成了内容丰富的中国古代铜镜文化。

铜镜与玉器、青铜器比较，发展期到来较晚。因而铜镜文化与玉器、青铜器文化比较更多地具有世俗化内容，这是铜镜文化的重要特点。

图 5-3　唐 花鸟人物螺钿铜镜

铜镜上有龙纹、凤纹、鱼纹，这些纹样在远古时代本来都是图腾，但在铜镜上已失去图腾的意义。龙与凤出现在铜镜上，主要是作为吉祥的象征。至于鱼纹，迟至金代才流行，人们取其"多子""有鱼（余）"的意义，希望子孙昌盛，家业兴隆。

铜镜上有日、月、天、地一类纹样，与古老的天地神祇观念有关，但主要意义是表达人们对自然的认识。汉镜上的规矩纹反映人们对"天圆地方"的认识，星辰纹用星辰表示四方、四时，连弧纹表示日月光芒和天空。唐宋铜镜上的八卦纹表示天、地、人的有机结合。这类铜镜有时还铸有文字，如"见日之光，天下大明"，"光辉象夫日月"等，主要取日月光明的象征意义。

"四神"（青龙、白虎、朱雀、玄武）、"十二生肖"（鼠、牛、虎、兔、龙、蛇、马、羊、猴、鸡、狗、猪）图案，在铜镜上出现于汉代，宋代以后逐渐绝迹。它反映古人祈求神灵保护和把动物视为祥瑞的心理。这类纹饰还含有古人的地理知识、季节知识，反映了人们对自然界的认识水平。

唐代以后，铜镜上的花草树木纹从附属点缀地位跃居主体位置。盛唐以后，涌现出了宝相花镜、花枝镜等主要以花草纹饰装饰的铜镜。花鸟镜、瑞兽镜、鸾鸟镜也配置了许多花草树枝，使得动植物相辅相成，共同展现出绚丽多彩的画面。宋镜的花草树木纹端庄素雅，画面清新，富有浓厚的田园气息。

人物图纹在战国铜镜上有所反映。战国时人们尚武，铜镜上有披盔戴甲的武士。汉代神仙人物故事流行，东王公、西王母、天皇、五帝、句芒等仙人故事频繁地出现在铜镜上。铜镜上的仙人形象与狩猎、车骑、歌舞的场面穿插在一起，一方面反映了人们对神仙世界的强烈企慕，另一方面又反映了人们对现实世界的热情追求。唐代的打马球镜，生动地表现了打马球的激烈竞赛场面。宋代蹴鞠镜上的踢球场面，金代织纤镜上妇女织布的场面，都同样反映了当时社会生活的某些侧面。

综上可以看出，全面而艺术地反映现实生活和人们的美好向往是中国铜镜最具特色的文化内涵。这在唐镜上表现得尤其明显。当时社会经济和文化的发展，中外文化交流的频繁，各种文化构成之间的相互影响日益扩大，使得铜镜的文化内容更加丰富，艺术水平有了很大提高。例如，今人喜爱的唐代"对鸟镜"（又名"双鸾衔绶镜"，出土于西安市东郊高楼村）在盛唐和中唐时期颇为流行。唐代诗人李贺《美人梳头歌》中说"双鸾开镜秋水光，解鬟临床立象床"就足以证明。对鸟衔绶，表现出当时人们追求吉祥和幸福的愿望。又如在西安市东郊王家坟发现的"狩猎纹镜"，生动表现了猎手们纵马逐鹿的雄姿。狩猎是当时社会生活中的大事，因为唐太宗将狩猎与国泰民安和国家统一并列起来，作为他的三大乐事和功德，这和后来视狩猎为游戏是不同的。再如，也是在西安市东郊郭家滩出土的"仙骑镜"，流行于唐玄宗至德宗时期，这种铜镜是当时社会上道教神仙思想的艺术反映。可以说，古代铜镜所反映的社会生活是丰富多彩的。

铜镜上还有一些铭文。汉代铜镜上常见的相思铭文，意义已超出男女恋情，体现出深刻的社会内涵；还有一些铭文，如"青羊作竟四夷服，多贺国家人民息，胡虏殄灭天下覆，传告后世得天福"，直接表达了人们对和平生

图 5-4　唐　打马球铜镜

活的向往。

古人往往从铜镜引申出哲理。最早有关铜镜的记载，几乎全是以镜为鉴，引申出以人为鉴等道理。《战国策·齐策》中有一则"邹忌讽齐王纳谏"的故事说：齐国的邹忌"朝服衣冠，窥镜"，自以为不如当时有名的美男子徐公，然而妻妾朋友都说他比徐公美。邹忌由此联想到，人不可受亲友称誉的蒙蔽，要有自知之明。他把这个道理讲给齐威王听，齐威王听了觉得有所启示，便下令鼓励群臣吏民批评自己的过失，在政治上起了很好的作用。后来，各官府衙门的大堂上都挂有"明镜高悬""秦镜高悬"的大匾，寓意明辨是非、公正无私。唐代帝王经常把铜镜赐给政绩卓著、作风清廉的官员，表示奖励和鞭策。有些铜镜，还铭刻有："惟我子孙、永保清白"，"清素传家，永用宝鉴"，"貌有正否，心有善淫，既以鉴貌，亦以鉴心"等词，表现了中国人追求廉洁政治和高尚人格的强烈愿望。

在古代，中国的铜镜通过贸易或赠送，从陆上"丝绸之路"或海上航船流传到海外。西汉中、晚期的铜镜在朝鲜半岛、日本均有出土。三国两晋时期，不仅有魏镜、吴镜输往日本，也有中国的工匠到了日本，甚至从中国运送大批铸镜原料去日本制造铜镜。被称为"三角缘神兽镜"的中国式铜镜在日本古坟中大量出土。唐朝前期，长安作为世界经济、文化中心，中外交流异常频繁。唐代铜镜在海外多有发现，以日本出土最多。这是中日文化交流的最好明证。朝鲜半岛、蒙古、伊朗等地也有发现，说明当时中国铜镜的输出数量相当多，传播范围相当广泛。同时，唐镜上的葡萄纹、对鸟纹等图案，与波斯丝织品上图案风格相似，说明中国铜镜在向外传播时也在吸收外来文化以丰富自身。铜镜在海外的广泛传播，增进了中国与各国人民的友谊。

第三节　金银器的文化内涵

金银器是指用金、银制作的器物、饰件等。由于金银贵重，金银器的数量远不及青铜器、玉器、陶瓷器多。但它们都是精心制作的，具有较高的文化价值。古代社会的信仰与宗教、生活与习俗、民族文化特色等，都在金银器中有所反映。

目前所知，我国最早的金器出现于商代，银器出现稍晚于金器。商代以后各代都有金银器流传至今，不同时期的金银器表现出不同的特点。

商代的金器是一些小件金饰品，种类和数量不多。周代，特别是春秋战国时期，用黄金、白银制作的饰品种类和数量都有明显的增加，而且出现了我国最早的黄金器皿。

秦汉时期，金银器制作工艺水平有所提高，从传统的青铜器制作工艺中分离出来，成为独立的门类。锤揲、掐丝、焊接、镶嵌等金钿工艺已被熟练掌握，鎏金工艺已十分发达。金银器的种类，除器皿外，还有动物造型和装饰品，金银印玺也有发现。

三国两晋南北朝时期的金银器发现不多，却非常有特色。除各种小装饰品外，还出土了许多从波斯萨珊朝传入的器物，反映了当时特别是北魏，中外文化交流已相当频繁。

隋、唐经济繁荣，唐代金银器多次成批出土。这一时期的金银器种类丰富，有杯、盒、盘、壶等器皿，有棺椁、佛塔等过去没有的新器物，还有龙、凤、天马、天狮等珍禽瑞兽的造形。花纹有牡丹、莲花、忍冬、石榴，还有乐伎、仕女、童子嬉戏、骑马狩猎等人物形象。器物上遍布各种纹饰，给人满目锦华之感。这时制作金银器已广泛采用浇铸、焊接、切削、抛光、铆、镀、捶打、錾刻、镂孔等工艺。

宋、辽、金、元时期，随着城市经济发展，商品生产发达起来。这时期金银器从上层社会的专用品变成市场上的商品，不但为皇室贵族、王公大臣享用，也进入富裕的平民家庭和酒肆妓馆。金银器的风格，也从唐代富丽繁华变得素雅、富有生活气息，充满诗情画意。辽代的金银器富于民族色彩。金代的金银器出土不多。元代的金银器出土较多，相当一部分出土于南方，反映出南方手工业的发达和技术水平的高超。这个时期的金银器上经常可见制作者的铭文和款识，如安徽合肥出土的元代金银器上有"庐州丁铺"铭、"至顺癸酉"款、"章仲英"款。还有些金银器上刻有诗词文章。这样的器物为后人提供了确切的文字材料，成为研究工作的标准器物。

明代金银器没有多少创新。清代金银器空前发展，器物种类遍及祭祀、冠饰、生活、鞍具、陈设和佛事等各个方面，使用了大量黄金。康熙四十五年（1706）制造的金编钟一套 16 件，总重量达 460 多千克。曾在中正殿供奉的一座金塔高 5.33 米，重达 350 千克。这一时期，金银器的社会功能更加扩大，器型和图案有很大发展，还出现了在金银器上点烧透明珐琅或以金掐丝填烧珐琅的新工艺。清代金银器的高度发展反映出统治阶级的穷奢极欲，同时也反映出社会经济的繁荣和科学技术水平的提高。

综观中国古代金银器的发展，其中反映出丰富的文化内容，大体是：

第一，崇拜与信仰。在金银器中，能够反映古代人们崇拜和信仰的为数不少。出土于四川广汉三星堆的金面罩是众多具有崇拜观念的典型实物之一。

出土时戴在一具青铜人像面部，这可能是当时人们在祭祀时举行某种仪式所用。佛教传入中国后，从北魏开始，在佛塔基地宫内以金银器供奉佛舍利。唐代的佛塔地宫之内屡见金银器，而且制作都很精美。在唐代，上自帝王，下至百姓，普遍信仰佛教。仅从陕西扶风法门寺地宫发现的金银器来看，其中反映宗教崇拜的器物就有不少。如"鎏金四天王盝顶银宝函"，长 20.2 厘米，高 23.5 厘米，重 2699 克。通体鎏金。函体四壁錾饰四天王像，精美无比。又如"金筐宝钿珍珠装宝函"，长 12.9 厘米，高 13.5 厘米，重 973克。在八重宝函中，有四重宝函上镌刻了佛教造像，包括阿弥陀佛主宰的西方极乐世界、四大天王、观音及文殊师利菩萨等。宋、辽时期的塔基地宫中出土的金银器也有不少。但得指出，并非所有金银器都反映宗教崇拜和信仰。就法门寺地宫金银器而言，不少金银器就与宗教无关。越是到后来，金银器所反映的宗教内容就越少。

第二，等级观念。金银器历来代表占有者的社会地位。金银器中有象征权力的金杖、金冠等。如出土于四川广汉市三星堆遗址一号祭祀坑的"三星堆金杖"，长 142 厘米，直径 2.3 厘米，重 780 克，为商代金器。据考古学家研究，它可能是象征当时部族首领身份和权力的器物。至于东汉时期的"汉诸侯王金印"，更明显是身份和权力的象征。宋代以后，民间金银器增多，大多也是占有者财富的象征。但随着社会生活的演进，金银器皿越来越广泛地应用于人们生活中。如金盒、银盒、金杯、银杯、银壶等受到人们的欢迎。人们重视的是它们的实用性和艺术价值。

第三，民风民俗。在金银器中反映出的民风民俗也非常明显。少数民族的金银器这一特点更为明显，考古发现的匈奴、鲜卑族金银器，以各种动物纹饰为特征，最有特色的是虎狼等动物相斗的纹饰，它们是游牧生活的写照。契丹贵族的葬俗较为特殊，常以"金银为面具，锦彩络其手足"。考古所见的辽代金银面具证明了这一点。

中原地区的金银器多以各种象征祥瑞的动、植物纹为主要装饰，借以表达人们对美好生活的向往。常见的龙、凤纹象征大瑞；羊的形象象征吉

图 5-5 清 嵌珠金天球仪

祥；鸳鸯象征百年好合，永不分离；鸿雁象征祥瑞；绶带象征长寿；莲蓬、石榴象征"人丁兴旺"，"子孙繁衍"等。

第四，艺术特色。金银器所反映的艺术水平也颇具特色。早期金银器小巧简单；汉唐时，不但种类繁多，而且造型奇特；宋元时期，风格趋向精巧素雅。如宋代的"鎏金瑞果图银盘"，在当时及后来受到广泛欢迎，因为这件银盘不仅能盛果品点心，而且造型精巧，寓意吉祥平和，给人以精神安慰。明清时期，金玉合体器物增多，器形端庄雄健。如清代"嵌珠金天球仪"，高 82 厘米，球径 30 厘米，它是清宫造办处制作的天球模型，反映了天地宇宙的雄伟气魄，帮助人们去了解宇宙。它既是人们对宇宙认识的结晶，又是一件艺术品。另外，故宫博物院所藏的清乾隆时期的"鎏金嵌珐琅银砚盒""嵌珠宝金瓯永固金杯"都反映了明清金银器造型的精巧别致。可见，金银器具有较高的文化欣赏价值。

第四节　青铜器、陶器、瓷器与中国古代文化

一、青铜器的文化内涵

商、西周时期因生产了大量的青铜器，故以"青铜时代"著称。

青铜是相对红铜而言。所谓红铜就是未经人工羼杂的自然铜，具有一定的金属光泽和延展性。它是原始人在寻找石料制造石器的过程中逐渐发现的。新石器时代晚期，人们已经用红铜制作小型工具和装饰品。如河北唐山大城山龙山文化遗址和墓葬中出土了两块呈红黄色梯形的铜片；甘肃齐家文化遗址和墓葬中多次发现红铜制品。红铜的发现和利用，为青铜器的创制发明积累了技术和经验，为由铜石并用时代过渡到青铜时代奠定了基础。

青铜，又称金或吉金，是红铜与锡的合金，色青灰。它的熔点低于红铜，而硬度却高于红铜。我国目前发现的最早的青铜器，是甘肃马家窑文化马家窑类型和马厂类型遗址中出土的青铜小刀。在稍晚的齐家文化遗址墓葬中，也发现了一些青铜的生产工具和装饰品。制造方法有冷锻的，有冶铸的，表明当时的青铜手工业已具雏形。河南偃师二里头文化遗址和墓葬中出土了少数爵、斝、戈、镞、锥、小刀等青铜制品，其年代相当于夏代（约公元前21世纪至公元前16世纪），年代下限直接和郑州二里冈商代前期和安阳殷墟商代后期文化相联系，比较清晰地展现了我国古代青铜器由简单到复杂，从低级到高级的发展过程。

商、西周时代是中国青铜文化繁荣鼎盛的时期。当时已经出现规模宏大的青铜冶炼作坊，如在郑州南关外发现的一处商代前期炼铜作坊遗址，面积有千余平方米；安阳殷墟的几处商代晚期铸铜作坊遗址，面积都至少在1万平方米以上；洛阳西周早期铸铜作坊遗址，面积约有9万至12万平方米。当时人们已掌握了青铜器的硬度以及韧性随铜、锡比例不同而发生变化的规律，铸造出来的器物花纹绮丽、种类繁多。生产工具有斧、斤、镬、镈、铲、刀、削、钻、锥、锯、锉、耒、耜、锛、锄、镢、锸、镰等，兵器有戈、

矛、钺、戟、剑、镞、盾、胄等，礼器有鼎、镬、鬲、甗、豆、簋、觚、爵、尊、斝、罍、瓿、卣、觥、盉、壶、盘等，乐器有钟、铙、钲、铎、铃、镈于、鼓等。其中礼器和乐器代表了殷商西周时代青铜器制造工艺的最高水平。

春秋战国时代，青铜器逐渐成为庶民百姓的日用之物，青铜器的风格也从厚重转向轻便，造型由庄正转向奇巧，刻镂由深沉转向浮浅，纹饰由定式转向多变，出现了以攻战、宴乐为题材的写实性纹样。这一时期，铁器取代了青铜器在日常生活中的重要地位，青铜器不再是一个时代的重要标志。

那么从青铜器中可以看到怎样的文化现象呢? 首先，可以看到青铜器所反映的宗教崇拜和祖先崇拜特色。"天命玄鸟，降而生商"(《诗经·商颂·玄鸟》)，商族的先民是这样来解释自己的起源的。在他们的想象中，"玄鸟"受命于天，诞生了他们的始祖，因此，祖先以及上天(帝)和日月星辰、风雨雷电、精灵鬼怪都是他们崇拜的对象。青铜器皿反映了这种祖先崇拜、宗教崇拜的心理。商代统治者将大量青铜器放置在商代最神圣的地方——宗庙，用于祭祀和礼拜。他们死后，这些青铜器又被用来陪葬，幻想供死者在另一个世界使用。青铜器皿的型制、纹样也表现出宗教崇拜的特征。今天人们面对那非牛非羊、非虎非豹、龇牙咧嘴、怒目圆睁、狰狞可怕的饕餮纹时，会产生神秘、恐怖的感觉。还有所谓的夔龙、夔凤、鸱枭等图案，它们作为某种象征符号，也反映了当时人们心中确乎存在的超世间的权威观念。

西周也有类似关于本民族起源的神话。对神灵的祭祀在西周王朝还形成了完整的礼仪制度。在什么地方祭什么神，用什么样的青铜器皿，都有严格的规定。但随着疑天、崇德思想的滋生，西周末期，主要用于祭祖敬神的青铜器皿日益失去神秘光彩的威慑力量。郭沫若曾说:"前期盛极一时之雷纹，几至绝迹。饕餮失去权威，多缩小而降低于附庸地位(如鼎簋等之足)。"(郭沫若《彝器形象学试探》,《青铜时代》第一辑第一册，群益出版社 1935年版) 自此，青铜器的宗教色彩大大减少了。

其次，看青铜器的礼制特征。

从墓葬中青铜器的出土情况来看，商代贵族主要用酒器的多少来表示自

己的身份和地位，如
随葬品中常见觚、爵、
斝。从西周中期起，
礼器中炊食器的比重
逐渐增加，鼎成为表
示身份和地位的主要
标志，并逐渐形成了
一套严格的用鼎制度，
所谓"礼祭，天子九
鼎，诸侯七，卿大
夫五，元士三"（《公
羊传·桓公二年》何
休注）。同时，鼎还
与一定数目的簋相配，
如四簋配五鼎、六簋

图 5-6 商 司母戊鼎

配七鼎、八簋配九鼎。
其他器物，如盘、壶等数目也有相应规定。还有一些青铜礼器被视为国家政
权的象征，谁拥有这种礼器，就意味着谁得到了政权；若失去了它，就意味
着失去了政权。可见青铜器反映出商周不可逾越的尊卑贵贱的等级和维护等
级秩序的礼制观念。

最后，要看青铜器的艺术价值。

精致化是青铜器造型的基本品质之一。商周时代的青铜器，形象构成细
腻，各组成部分都处理得精到、匀整、规范，整体性强，各部分之间的衔接
自然而充实，无一丝粗陋感。

气魄雄伟是青铜器造型的又一基本品质。商代的司母戊大方鼎重达 875
千克，西周重器大盂鼎和大克鼎分别重 153.5 千克和 201 千克。此外尚有许
多乐器，重量也十分惊人。

图 5-7　西周大盂鼎

图 5-8　西周大克鼎

青铜器的纹样装饰奇特而生动。除前述给人以神秘美感的饕餮、鸱枭、夔龙纹之外，还有许多充满人间情趣的纹饰。战国以后的青铜纹饰，更饱含了人们对于生活的热爱。

青铜器的铭文，又叫金文，被誉为"线的艺术"。商代金文形体较为丰腴，用笔雄健有力，笔画起止常露尖锐锋芒；有些可能受甲骨契刻的影响，形体略显瘦劲，笔道挺直，给人一种清新之美。西周初年的青铜铭文，仍然保持商末的传统，章法自然随意，绰约多姿。西周中期的长篇铭文，讲究章法，笔势圆润，字体或长或圆，刻画或轻或重，布局或庄重肃穆或雍容宽厚，具有较高的审美价值。

青铜器是我国古代文明的重要载体之一，其纹饰、造型、铭文体现着当时人们对于美的执著追求；它给后来的雕刻、书法艺术带来了很大影响，是中国古代文化史的一个重要组成部分。

二、陶瓷器的人文精神

陶器和瓷器是古代人们使用最普遍的生活用具。陶器是用易熔的黏土掺和沙或炭末等制成坯料，再用火烧制而成。瓷器的原料比陶器要讲究，起码是高岭土制坯；烧制温度也要比陶器高得多，在 1200℃以上，吸水率也比陶器低。陶器使用的历史比瓷器长。我国目前所见最早的陶器，发现于湖南省澧县彭头山一处新石器遗址中，距今 9100—8200 年。而我国目前所见最早的瓷器，是在山西下冯遗址中发现的 20 多片原始青瓷片，距今约 4000 年。

图 5-9　人面鱼纹彩陶盆

　　新石器时代的陶器多种多样，最有特色的是彩陶。西安半坡遗址中出土了一件绘有精美的人面和鱼纹的彩陶盆，环绕陶盆内壁有用黑彩绘出的两组图案，每组各两个，对称分布。此外，青海大通发现的舞蹈纹陶盆、河南出土的鹳鱼石斧陶罐都是新石器时代彩陶中的精品。除彩陶以外，以陶质或造型取胜的精美品类也比比皆是。如山东龙山文化中的蛋壳黑陶，光亮如漆，厚薄均匀，质地细密，造型规整，最薄之处接近蛋壳而坚硬异常。新石器时代的陶器，从造型上看，有的是动物形体的模拟，如鸮鼎、狗鬶、鸡彝等；有的是人体的模拟，青海柳湾出土过造型奇特的拟人型彩陶壶，陶壶上除彩绘纹饰外，还贴塑出裸体的人形；有的将壶口塑成人头的形象，圆鼓的壶腹就用来表示人隆起的腹部，好似一个孕妇。从纹饰上看，有的是动物纹，有的是植物纹，也有许多是动物、植物纹的简化或者是二者的变体——如三角形、方格纹、波浪纹、圆圈纹、网纹、锯齿纹、绳索纹、星形纹、花瓣纹等几何形图案。这些造型和纹饰体现了先民们对自然和人自身的观察。陶工们对点、线、面的熟练融合，对花纹繁密的组合，以及对旋纹与弧线的审美感，不但表明他们对自然和人类自身有了一定的认识，还表明陶纹中的自然界已脱离了它的原貌，增加了人的思想和想象，以及人对自然的美化和崇拜。而人对自然的反映，增加了

图 5-10　武士俑

图 5-11　胡俑

人的主体成分，这就标志着人在与自然的争斗中，开始萌发出"人"作为认识主体的朦胧意识。这就是中国人文精神的开端。

商、周时代是青铜器为时代标志的历史阶段。这一时期的制陶工艺吸取了青铜技术的某些长处，取得了很大进步。刻纹白陶的烧制成功，是制陶工艺史上一个重要的里程碑。它用高岭土制坯，烧成温度达 1000℃。素洁可爱的造型与优美的纹饰相结合，惹人喜爱。福建闽侯黄土岗出土过一批晚商至西周时期的陶盉，造型极优美，还刻有精美的夔龙纹和几何纹。

春秋战国时期，陶器主要向建筑用陶和冥用陶两个方向发展。当时各诸侯国大兴土木，急需大量陶制材料。1959 年在燕下都遗址中出土的一段陶水管，前半部塑成虎头型，造型生动逼真，鼻梁高峻，虎目圆睁，双耳竖立，代表着当时建筑用陶的工艺水平。秦汉时期，"秦砖汉瓦"更成为制陶艺术上的佳话。另外，由于人殉、牲殉现象减少，人们大多用陶器来陪伴亡人，所以冥用陶器制作变得讲究起来。秦始皇陵附近出土的兵马俑，形体巨大，数量众多，生动地反映出秦兵剽悍雄壮的真实面貌。兵士情绪的塑造也很有特色，表情或沉思，或愁闷，或不安，或坚决，都与他们的身份、年龄无不相符。汉代冥用陶器的题材更加丰富，从生活常用器皿到房屋楼台、水井、灶台乃至各种姿态的役吏、奴仆和乐俑，应有尽有。1963年四川宋家林东汉墓出土的说唱俑就是乐俑中的典型代表。陶工们用现实主义的手法刻画了一位上身袒露、肌肉丰满、表情生动的说唱艺人形象。隋唐时期的三彩俑、武士俑、天王俑，也是陶器中的瑰宝。其中唐三彩以白色黏土作胎，施以含铅的黄、绿、蓝等各色低温釉，在 750℃—850℃ 低温下烧制而成，色彩斑斓，广泛地运用了印花、贴花、刻花、

图 5-12　骆驼载乐俑

雕塑等传统技法，富丽堂皇。唐以后，由于受到日益发展的瓷器的冲击，陶器的地位日益衰落，但历代冥用陶器都不乏精品。

从商周到汉唐时期的陶器造型来看，它们更多的是反映人和社会，人已成为陶器造型的主体。如秦始皇陵附近的武士俑群表现出秦代军士英姿勃勃的形象，反映出秦的强盛国力；又如汉墓立俑、汉墓骑马俑、拂袖舞姬俑、乐舞杂技俑等，反映了汉代人间生活的千姿百态；再如唐代文官俑、骆驼载乐俑、胡俑、高宝髻女士俑等，都是唐代经济和文化发展的艺术结晶。尽管

图 5-13　秘色瓷碗

汉代还有不少加彩马头、加彩半身马和加彩立马的陶俑，唐代也有三彩马、蓝彩红白釉骆驼等，但究其内容，它们都是被人们役使的工具。陶器反映出人们对于自然和人类自身认识的深入，体现出汉唐文化的人文主义精神。

瓷器的历史虽很悠久，出土过一些商周时期的精美瓷器，但瓷器技术的成熟还是在东汉时期。1958 年，南京清凉山三国时期墓葬中出土的一件青瓷羊，遍施青釉，匀净无瑕，造型安详大方，纹饰流畅优美，与三国以前的瓷器制品有显著区别。1983 年，南京雨花台一座东吴墓中出土的一件青瓷盘口壶，采用了当时先进的釉下彩工艺，是绘画技术装饰器物的最早实物。胎上绘褐色纹饰，外罩青黄色釉，厚薄均匀，透明度较强，两佛像和两个双足连体鸟排列整齐，间隔有序，纹饰疏密有致，把制瓷工艺和绘画艺术有机地结合起来，为后代青花瓷等真正釉下彩工艺的出现奠定了基础。

1971 年河南安阳北朝墓葬中出土了目前所见最早的白瓷，它标志着对青瓷独统瓷器天下局面的突破。隋代白瓷的制作技术得到了进一步提高。1957 年出土的西安隋大业四年（608）李静训墓白瓷龙柄鸡首壶，制作十分精美，是隋代白瓷的代表。

唐代在南北朝以来制瓷业的基础上形成了"南青北白"的制瓷局面。白瓷在唐代达到极盛，已查明的北方白瓷窑址有河北内丘邢窑、曲阳窑，河南巩县窑、鹤壁窑、密县窑、郏县窑、荥阳窑、安阳窑，山西浑源窑、平定窑，陕西耀州窑，安徽萧窑。其中以邢窑白瓷最为有名，有"类雪"之誉。青瓷以越窑为最，并形成了一个庞大的瓷业体系，与邢窑形成抗衡之势。"秘色瓷"是越窑的精品。1987 年陕西法门寺塔地宫发现的秘色瓷碗，再现了"九秋风露越窑开，夺得千峰翠色来"的真面貌。

五代时期，吴越政权相对安定，越窑生产有更大发展。浮雕刻花、釉下彩绘、贴金扣银等装饰手法的综合运用使瓷器在华贵中透出一丝秀雅清新的气息。后因柴窑的青瓷历来为人称颂，有"雨过天晴"的美誉，被称誉为"青如天，明如镜，薄如纸，声如磬"。

宋、元瓷器在工艺技术上达到了更高的水平。这时的青瓷和白瓷体现了当时制瓷技术的纯熟程度。宋代青瓷十分讲究，南方青瓷以龙泉窑为代表，北方青瓷以汝窑（位于今河南汝州）为代表。开封的官窑在模仿汝窑的基础上又有进一步的发展。钧窑在钧州（今河南禹州），是后起之秀。青瓷在宋代已达炉火纯青，成为青瓷发展的顶峰。白瓷也得到进一步发展，并由北向南分布更加广泛。白瓷以定窑最为有名。定窑（今河北定州）称为"北定"，色白而滋润；南宋则以景德镇为主，称"南定"，以其白度和透光

图 5-14　宋　鬲式炉　青瓷　龙泉窑

图 5-15　宋　粉青莲花温碗　青瓷　汝窑

度之高而被推为宋瓷的代表作之一。景德镇"影青"白瓷更是一种特殊的发展。元代，景德镇成为制瓷业的中心。元代有名的青花瓷，就是在白瓷上画青花。元代白瓷在宋代发展的基础上，逐步向彩瓷过渡。

明清瓷器在宋、元制瓷技术的基础上进一步发展，达到了制瓷业的顶峰。永乐年间（1403—1424）烧制的白瓷，胎薄如纸，洁净如玉，几乎见釉不见胎，给人以甜美的感觉，故又称"甜白"。永乐年间烧制的青花瓷也很有特色。到宣德年间（1426—1435），青花瓷达到了完美无缺的地步。明朝在高温单

图 5-16 宋 刻花莲瓣纹长颈壶
白瓷 定窑

图 5-17 "影青"白瓷

色釉方面也取得了辉煌的成就，祭红见于成化（1465—1487）以前，以铜为呈色剂，鲜红夺目；祭蓝以氧化钴为色料，蓝色纯正。宣德年间的祭蓝瓷尤为精致。清代瓷器在康熙中期后有所发展。康熙时的青花瓷，青料研磨极为纯净，釉色鲜艳青翠，俗称"佛头蓝"，纹饰上还采用了西洋画技巧。北京故宫博物院收藏的一件康熙青花瓷盖罐，通体饰青花山水人物图，用分水法绘出淡淡，形成深远的层次感，两老者漫步于山间小径，颇富意境。雍正、乾隆时期，彩釉瓷发展迅速，雍正时以清丽秀媚见长，乾隆时以富丽堂皇为特点。这期间烧制的仿古窑精品，纹饰、造型、款识都达到足以乱真的地步。

瓷器是我国重要的文物，是中国人民的独特创造。中国闻名于世界，瓷器在其中起了极其重要的作用。"中国"一词的英文China原意即瓷器。瓷器以其独特的民族文化特色代表着中国悠久的文明。从瓷器的造型和装饰来看，它比较完美地体现了中国文化的面貌。

第一，它精致地表现了中国自古以来人与自然和谐统一的人文思想。历代瓷器的造型和纹饰既有自然界的山水、花鸟鱼虫，又有人类自身，而且在这些造型和纹饰中，总是执著地追求人与自然的和谐统一。自然景物的造型和纹饰要反映人的生活情趣，人的生活场面又要有自然情韵贯注其中。如明永乐年间的青花带盖梅瓶，上饰优美的梅花图案，仔细赏玩，梅花中含蕴着人的感情，给人稳重端庄的感觉。

第二，它充分地表现了人物内心纯真的感情和潇洒的风度，展现了人优美的形象。历代瓷器都强烈地体现了对人类生活的美化和歌颂，反映了中国人对生活的热爱和信念。明代成化年间的斗彩人物环、正德年间的青花人物盒等，就是这方面的典型作品。还有清代康熙年间的"五彩耕织图纹瓶"，其中既有

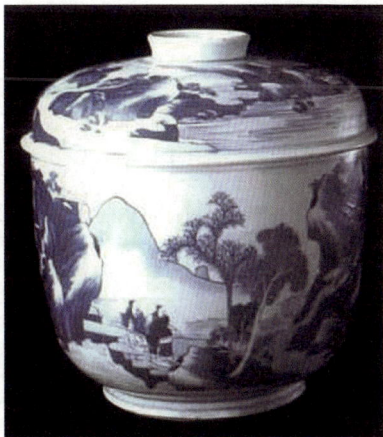

图 5-18　清 康熙青花瓷盖罐

棋、琴、书、画，又有耕织的人物形象，巧妙地组合成为人间生活的和谐图案。仔细品味，其给人带来的不是劳动的重压，而是人间生活的幸福和甜蜜。这些图案突出地表现了中国传统的"入世"情怀，使人感到人间是有幸福可寻的。

第三，中国瓷器还体现了中国人对历史的尊重。瓷器上有许多历史故事，不但艺术地反映了某一历史环节或历史事件，还使人们在瓷器欣赏中产生一种深沉的历史感。如清代康熙年间的"单彩人物故事图纹瓶"，图案内容为三国时代蜀国君主刘备在东吴娶妻的故事，楼阁庭树和历史人物互相结合，使人们在欣赏中感受到历史与现实原来是如此贴近。

瓷器体现了丰富的人文精神，反映着中国人民对美好生活和美好事物的艺术化追求，不愧是中国文化的典型代表。

思考题：

1. 中国古代玉器的演进经历了哪几种形态? 反映出怎样的
    思想变化?

2. 中国古代金银器的发展反映了哪些丰富的文化内容?

3. 青铜器折射出哪些文化现象?

4. 为什么说瓷器比较完美地体现了中国文化的面貌? 试举例说明。

第六章

文化的摇篮

——中国古代学校

第六章

文化的摇篮——中国

古代学校

第一节　中国古代学校的源流和特点

教育作为文化的一个重要组成部分，从来就是与文化联系在一起的，同时也正是因为有了教育，有了育才的学校，才使得某一特定的民族文化传统和精神得以传播、弘扬、发展和更新。考察中国古代学校与传统教育的若干特点，对我们深入理解和把握源远流长的中华民族文化及其精神是十分有益的。

自古以来，学校并不是人才培养的唯一途径，但它确确实实是最基本的途径。至于培养出来什么样的人才，则取决于具体的学校性质与类型，取决于学校教育的目的、内容和相应的方法，以及整个社会大环境的相互配合与受教育者自身的实践努力。与悠久的中华文明相对应，中国古代很早就产生了学校，先后出现了官学和私学两种办学形式。在历史发展过程中，这两种基本办学形式有时此消彼长，更多的时候则是相互补充、协调发展。无论是官学，还是私学，它们在长期的办学实践中都积累了丰富的教育经验。下面，我们将循着历史发展的轨迹对中国古代学校源流进行概述和分析，以寻觅中国传统教育的独特风格和魅力。

一、原始社会与学校的萌芽

中国是一个有悠久历史和灿烂文明的国家。经过数十万年漫长的岁月流逝，我们的祖先在生产和生活过程中逐渐积累了一定的知识和经验。根据考古发现，距今约 70 万—20 万年的"北京人"已经知道如何制作简单的石器工具，并懂得用火烧熟食物。石器的打制和火的利用看似简单，对原始人群的生存和发展却至关重要，他们因之而在围猎野兽、战胜自然等方面有了更多自信。为了使年轻一代能够更好地生存下去，长辈很自然地把制造石器和运用火种的知识告诉给晚辈，这就渐渐地产生了最初形式的教育活动。古书记载的"（燧人氏）钻燧取火，教民熟食"；"伏羲氏之世，天下多兽，故教民以猎”；“神农……教民农作”等，都属此类教育活动。这种教育由于没有固定场所和特定对象，教育内容也只是根据一时一地的生产和生活需要而定，具有很大的随意性，实为简单的生产或生活教育。

原始社会后期，我们的祖先相继进入母系氏族社会和父系氏族社会，社会生产力有了一定的发展，积累了相应的财富，氏族中的集体生活也有了越来越丰富的内容。在教育上，除了进行生产、生活知识的传授外，氏族公社的某些集体意识和风俗道德习惯等思想教育也必然渗透其中。西安半坡村遗址的考古资料表明：密集地排列着四五十座房屋作为氏族的住房，中心有一座用于公共活动的大房子。这座大房子既是氏族成员讨论公共事务的场所，又是进行思想教育的地方。氏族成员在这里选举氏族首领、讨论氏族复仇、举行宗教和庆贺活动等，在这些活动中他们很自然就形成了一定的集体意识和风俗道德习惯。但此时还没有正式的教育机构出现。

只有当人类文明和语言文字发展到一定程度，社会从畜牧业与农业的大分工进入到农业和手工业的大分工，特别是社会劳动产品有了相当的剩余，保证一部分人可以脱离体力劳动成为脑力劳动者，而这部分人又觉得有必要将某些专门知识和经验有目的、有计划地传授给下一代时，才有可能出现专门的教育机构——学校。

二、夏商西周时期官学盛衰

夏朝距今已四千多年，据古籍载，那时候已出现了学校。如《孟子·滕文公上》说“夏曰校”；《礼记·王制》称：“夏后氏养国老于东序，养庶老于西序。”但是，由于至今还没有从文物中得到证实，我们还不能对夏朝的学校给予更多的解释。商朝社会在政治、经济和文化等方面都有了进一步发展。商朝的学校不仅有文献记载，而且得到地下出土文物特别是殷墟甲骨文字的佐证。商朝的学校名称，除“庠”“校”“序”以外，还出现“学”“大学”“瞽宗”等称谓。关于“学”，在甲骨卜辞中已得到了证实，写作“𦥯”，这表明：师生双方（“𦥑”）在特定的房屋（“介”）中进行有关筹算知识（“爻”）

的教学活动。这样看来，《礼记·王制》称："殷曰学"，确实是有事实根据的，当时已具备了正式学校的基本形态。至于卜辞中"大学"二字的发现，以及《礼记·明堂位》"瞽宗，殷学也"的记载，都进一步证明了殷商时期不仅出现了正式的学校，而且学校有了一定程度的发展。殷人除了进行基本的书写、算数传授外还十分重视宗教、军事、礼、乐等方面的教育，其中对乐教尤为重视。殷人素来重鬼神，他们在发动战争之前或进行祭祀活动时常配有相应的仪礼和音乐，这就必然对礼、乐教育特别是乐教予以相应的重视。

西周时，学校制度初具规模。西周学校包括国学和乡学两个系统，国学是中央官学，设在王城和诸侯国都里；乡学则是地方官学，设在郊外的乡、州、党、闾等地方行政区域之中。关于国学，可分为大学和小学两类。其中大学又有两种情况，周王城中所设的大学称"辟雍"，或称"学宫""大池""射庐"等；诸侯国都中所设的大学叫"泮宫"。无论"辟雍"还是"泮宫"，其建筑风格都颇具特色，它设有围墙，往往是三面环水，一面通向森林。国学中的小学也有两种情况，一种是设在宫廷附近的贵胄小学，另一种是设在郊区的一般小学。关于乡学，《周礼》称"乡有庠，州有序，闾有塾"，《学记》亦谓"家有塾，党有庠，术有序，国有学"，这些记载说明我国西周时期已出现供一般贵族子弟就学的地方官学，但绝不能因此断言早在西周就形成了普遍的地方官学网络。从西周起开创了"官师合一""政教合一"的办学传统。应该说，这一特点与上述教育的社会性密切相关，贵族正是通过官府的力量办学，并设有官吏专管。在这种"学在官府"的情况下，学校的教师显然非官莫属，很自然地就形成了"官师合一"的局面。国学中的教师由大司乐、乐师、师氏、保氏、大胥、小胥、大师、小师、龠师等官吏担任；乡学中的教师由大师徒、乡师、乡大夫、州长、党正、父师、少师等官吏担任。由于集二任于一身，他们不光是把学校作为教学的场所，也时常在国学的辟雍举行祭神祀祖、军事会议、献俘庆功、练武奏乐等社会活动；而乡学既是学校教学之地，又具议政和教化功能。这种"政教合一"的办学模式对后代社会产生了重要的影响。后世的学校虽然从官府中独立开来，教师也

图 6-1 六艺图

有了专任，但地方官"亦政亦教"，关心和重视学校教育，可以说是中国传统文化的一个重要特色。

西周时期还形成了以"六艺"为核心的教学内容。礼、乐、射、御、书、数的"六艺"教育萌芽于原始社会末期，但它的形成只能是进入贵族社会以后的事。商朝时"六艺"已有初步发展，至西周则达到较为完备的形态。"礼"是政治伦理课，体现了宗法等级制下的伦理政治规范，包括吉礼、凶礼、宾礼、军礼、嘉礼诸项。"乐"是综合艺术课，包括音乐、诗歌和舞蹈。它与礼的关系最为密切，《礼记·文王世子》说："三王教世子，必以礼乐。乐所以修内也，礼所以修外也。"通过礼、乐的内外交修而获得统治术，对稳定社会秩序、弥合社会矛盾确有重要作用。从这个意义上说，礼乐教育无疑是"六艺"教育的核心和基石。"射""御"是军事训练课，"书""数"则是基础文化课。"六艺"是西周官学的基本内容，国学、乡学都必须学习，仅在要求上有一定的层次差别而已。可以说，西周官学旨在培养善于"射""御"以卫护社稷，又精于"礼""乐""书""数"以管理国家的文武兼备之士。

西周建立了初步的教学管理制度。据《学记》记载，西周国学中的大学已建立了隔年一次的考核制度。第一年考"离经辨志"——能否分析经义，辨别自己的学业志向；第三年考"敬业乐群"——能否专心于学业，并与同学相处和谐；第五年考"博习亲师"——能否进行广泛的学习，并尊敬师长；

第七年考"论学取友"——能否研讨学业，并与善学者交友；第九年考"知类通达，强立而不返"——能否知学论事、触类旁通，立身于悠悠天地之间。这些考核实际上兼重了学业和德行两个方面，为后世学校考试提供了很好的范式。经考核合格者，将由天子任官授爵；考核不合格者或不遵教诲者，经教育仍不改过，将被遣送远方，终身不用。乡学的考核也建立了相应的赏罚措施。为了表示对学校教育的重视，天子一年之中有四次亲临学校，祭奠先圣先师，视察学校规制和教学情况，谓之"视学"。"视学"可以看作"政教合一"的另一种形式，表明最高统治者意图通过教育，使人们心悦诚服地遵循既定社会秩序，培养和造就符合贵族统治需要的合格人才。

毋庸置疑，官学在西周时已达到极盛。但到西周末期，由于王室衰弱，诸侯纷争，"学在官府"的局面开始动摇，文物典章也开始从官守的秘府流向民间，官学亦趋衰废。《诗经》所载"青青子衿，悠悠我心"，生动地反映了当时官学教师普遍的感叹之情。在春秋时期长达两百多年的岁月里，有关官学的记载仅见鲁僖公"能修泮宫"和郑子产"不毁乡校"二事，学校已非官方所能把持，出现了"天子失官，学在四夷"的新格局。春秋中后期，私家讲学次第崛起，并很快出现了初步繁荣的景象。

三、春秋以降多样化的学校网络

在春秋以降两千多年漫长的历史长河中，中国人民创造了许多辉煌灿烂的民族文化和文明成果，并善于通过学校不断传播、发展和更新。此时学校已非西周官学所能比拟，它除了拥有源远流长的官学系统外，丰富多彩的私人办学在此后的历史发展过程中基本保持了相对连续性，特别是私家书院办学确有其独特之处。

首先来看官学。

夏、商、西周的官学伴随着贵族制的崩溃最终解体，一时私学大兴，蔚为壮观。但随着统一帝国的逐步成型，一种带有新特质的官学也在母体中孕育着，齐国在稷下所办的稷下学宫，可以说是一次很好的新官学尝试，它并没有固守三代官学的窠臼，而是主动吸取了当时私学自由办学的某些优点而加以创新，这对后来历代官学的发展产生了十分深远的影响。秦始皇虽然统一了中国，但他崇尚"以法为教"，无论官学还是私学都受到排斥。春秋以降官学制度的初步形成当从汉武帝兴学时算起，经历代王朝的不断发展而趋于完善。综合而论，春秋以降的官学有社会性、等级性以及学校种类增多等特点，这里只是叙述这一时期官学的多种教学方式、考试和行政管理经验。

例如，汉代太学盛行的是经师大班讲课与学生课外进修相结合的教学形式。当时经师大班集体教学，称"大都授"；学生则须在"正业"外，自觉养成"居学"——课外自修习惯。宋代官学在教育实践中又推出新的教学形式——分科教学，这是大教育家胡瑗在苏州和湖州任州学教授时创造的"苏湖教法"，即在学校中设立经义、治事二斋，"经义则选择其心性疏通，有器局可任大事者，使之讲明六经。治事则一人各治一事，又兼摄一事。如治民以安其生，讲武以御其寇，堰水以利田，算历以明数是也"（《宋元学案·安定学案》）。后来，胡瑗任教太学时又将这一新颖教法引入太学，使"好尚经术者，好谈兵战者，好文艺者，好尚节义者"等有不同爱好者，"以类群居讲习"。这种新的教学形式由于考虑到学生个性特点，颇受学生欢迎，培养了许多"明体达用"的人才。宋代专科学校的教学组织形式也颇具特色。如，宋代医学已初步运用了模型教学、实物教学和实践锻炼等多种形式。宋仁宗时，针灸专家王惟一发明了"针灸铜人"，它模拟真人形象，并标明人体的相应穴位，以便于进行形象教学。同时，医学中还"近城置药园种莳。其医学生员，亦当诣（诣）园辨识诸药"（《宋会要辑稿·崇儒》）。朝廷还建立了新型的教学实习制度——"印历制"，即要求实习医学生定期走访当时的太学、武学、律学、算学、画学，为诸校学生看病诊治，须把"所诊疾状"及治后"候愈或失"记录在"印历"（类似今之门诊卡）上，以便"岁中比较"，"十全为上，十失一为中，十失二为下"（《宋会要辑稿·崇儒》）。明代国子监的"历事制"，实际上也是一种教学制度，即让监生经一段时间的校内学习之后，到政府去实习三个月或半年，然后经考试分上、中、下三等，上等者选用，中等者继续实习，之后再次考试定夺，量才任用，下等者回监读书。如上所列的各种教学形式都各具特色，对提高教学质量和培养出好人才具有重要的意义。

春秋以降的官学还建立了较为严格的学校考试制度。前面曾提及西周官学的隔年考核制度，但学校制度的相对完善则是后人在长期官学实践中逐步摸索出来的。汉代太学就很重视考试，这不只是为了通过考试检查学生掌握经书的情况，更重要的是考试结果的好坏与学生出路有关。当时太学考试的基本形式为"设科射策"，即由教师把疑难问题分作甲乙两种，写在简策上，让学生选择解答，然后根据答题情况评定成绩，并授予相应的官职。唐代的官学考试频率明显加快，当时中央六学（国子学、太学、四门学、书学、算学和律学）普遍实行三种考试，即旬试、岁试、毕业考试，考试合格者方可送礼部考核录用，或进一步参与科举考试，寻求仕进正途。至宋代神宗年间，王安石对官学的考试制度进行较大改革，首创"三舍法"，将太学分外舍、内舍、上舍三部分。规定八品以上官吏子弟及庶民之俊秀者，经考试合格均可为外舍生。外舍生经公试、私试合格，参考平日行艺，升补为内舍生。内舍生经二年一次的分试及平时行艺考查合格者方为上舍生，上舍生学行优秀者，直接授官。三舍考试既重分试，又顾及平时的行艺考核，对提高学生的学习质量和道德水平确有一定的促进作用，故很快被推广到书学、算学、医学等专科学校，乃至当时的地方州（府）、县学。地方上的学生也可以经过考试逐渐升舍，升到州学上舍后，再经考试升入太学外舍。这就是说，通过"三舍升贡法"这一考试办法，把本来互不衔接的中央官学和地方官学第一次紧密地联系在一起，构成了一个初步的学制系统，这在中国教育史上具有十分重要的意义。元代官学的升斋考试分上、中、下诸斋，按考试成绩逐级递升。明代官学的升格考试，依学生考试成绩优劣，分"廪膳生员""增广生员""附学生员"，而成绩最优者又可参与科举考试，成为"科学生员"。应该说，这些考试形式都不同程度地受到了宋代"三舍升贡法"的影响。考试是检查教学成绩的一个重要手段，如何吸取古代考试经验使今日学校考试制度更加公正合理，仍然是目前学校工作所面临的重要问题。

这一时期我国还建立了有一定特色的学校行政管理体制。一所正常的学校离不开相应的行政管理，建立什么样的行政管理体制对学校的发展至关重要。大致说来，秦汉以降官学的行政管理体制没有一个专门的教育行政管理机构，它由中央政府掌管宗庙礼仪的太常官及地方政府官员兼管，这对全国学校的协调发展显然是不利的。至隋、唐，才开始设有专门教育行政机构——国子寺和国子监掌管中央官学，但地方官学的教育行政管理尚缺少专门机构。宋代时，才设有诸路学官和提举学事司专管地方官学。其后，设专官管理地方学校渐成定制。同样，学校经费也是在宋以后有了学田等较为稳定的保障。从学校内部行政管理而言，这一时期官学往往订有严格的学规校训以及相应的师生管理办法。从汉代太学的"师法""家法"，到宋代太学惩罚学生过失的"五等罚"，以及明清国子监的监规和卧碑，都从一个侧面体现了秦汉以后中国社会学校教育的专制性，但不可否认历代官学在行政管理上也创造出一些值得后人思考和借鉴的办学经验。如实行严格的教师选择和考核制度。这在汉代太学时已初露端倪，当时太学教师——博士的选择就是从德才两个方面进行全面考察，无论是征辟、荐举，还是考试，都是十分严格的。宋代神宗时，朝廷下令建立教师资格考试——"教官试"，"诏诸州学官先赴学士院，试大义五道，取优通考选差"（《文献通考》卷四六）。由于严选教官，当时全国州县学教授仅 53 名。《文献通考》作者马端临评论说："是时大兴学校，而天下之有教授者只五十三员！盖重师儒之官，不肯轻授滥设故也！"（《文献通考》卷四六）"教官试"作为教师资格考试是选拔教师的一个较为客观的措施，这对于保证教师质量是有益的。宋以后，封建政府对于教师的考核并未放松要求，如《清史稿·选举一》所载："学政考核教官，按其文行及训士勤惰，随时荐黜。"教师是教学工作成绩的关键因素，中国古代官学严于择师的传统值得后人学习。

其次谈谈私学。

私学是在西周末官学衰朽过程中脱颖而生的新兴办学形式。它的出现不仅繁荣了学术文化，形成"百家争鸣"的局面，而且培养了许多杰出人才，为中央集权国家的最终形成立下了汗马功劳。此后，历代王朝主政者虽然热衷于官学建设，但对私学基本上也不予禁绝，使私学在两千多年的历史长河中得以绵延和发展，形成了与官学不同的办学特色，并在一定程度上减轻了国家办学的压力。大致说来，私学的特色或贡献主要表现在以下两大方面：

其一，形成了相对自由的办学方针和独特的教学风格，推动了中国古代社会学术思想和科技文教事业的综合发展。

如果说官学的阶级性和等级性主要表现在教育目的、对象和内容等方面有统一的规定，那么，私学恰恰相反，它在办学方针、内容和方式上往往享有相对的灵活性和自由独立性。这种情况在先秦诸子私学中表现得尤为突出，诸子百家实际上都是通过各自的私学来传播和弘扬自己的学术教育思想。在教育对象上，他们打破了西周官学的入学等级性，实行面向社会的开放教育。私学大师孔子即以博大的胸怀，提出"有教无类"的办学方针，体现了广收精选、诲人不倦的大教育家风范。墨子亦不甘落后，提出了"主动往教"的流动教育形式，以扩大自己学术教育思想的影响层面。一时孔墨显学，传为私学佳话。

自"大一统"的宗法社会形成，特别是汉武帝主动采纳"独尊儒术"之后，儒家学说成为历代统治思想。儒家学说对社会产生影响的主要途径即是各级各类的学校教育。无论官学还是私学，都不同程度地承担了传播儒学教育的任务。但是，私学与官学比较起来毕竟有了相对的自由，较少政治干预和思想控制。从这个意义上说，私学在传播儒学思想时往往更注重学理或学术的研究探讨，与官学中过于直陈的伦理政治说教有所不同。如汉代古文经学大师就十分热衷于创办私学，旨在传播其经文训诂和典章考证的学术研究成果，并敢于与太学中政治色彩浓厚的今文经学展开争鸣，推动了经学研究和教育的向前发展。同样，宋代儒家学派林立，正是与私人讲学兴盛有关，而官学往往囿于教学内容的统一要求，缺少学术争鸣的基本条件。如王安石执政时提出以《三经新义》来统一太学的教学内容，并以此来"一道德"，实行新政变法。而与王安石政见不同的二程（程颢、程颐）则退居洛阳，创办私学，讲授自己所理解和体悟的儒学——洛学。而关学领袖张载也在陕西眉县横渠镇设学授徒、传播关学旨意。正是此类私学讲学活动促进了宋代学术教育思想的繁荣。

在教学方式上，私学在长期实践中也时有创新。如汉代经师讲学中的"高徒相授"形式就颇具特色。董仲舒在讲学时使"弟子传以久，次相授业"（《汉书·董仲舒传》）。马融也借鉴其法，"教授诸生，常有千数，弟子以次相传，鲜有入其室者"（《后汉书·马融传》）。由于汉代私学学生人数经常是数百上千，故这种形式很受经师青睐，递相效法，蔚然成风。这在一定程度上缓解了师资缺乏的困难，适应了当时私学发展的客观需要，对大面积地普及儒家学术文化是有贡献的。至宋代，理学大师适应了儒学哲理化的时代需要，反映在教学上则更注重启发诱导和相互讨论的形式。如理学开山大师周敦颐收程颢、程颐为弟子，就常"令寻颜子、仲尼乐处，所乐何事"，启发学生展开进一步的哲理思考。朱熹则常常在集体教学之后，带领学生徜徉于山水丛林之间，一边漫步，一边讨论，使学生在自由自在的美育中深化对理学思想的理解。

私学相对自由的办学方针不只是表现在对儒学思想的创造性传播上，更体现在私学内容的多样化，同时兼容了旨趣相异的儒、佛、道诸学。如魏晋南北朝时期，由于社会动荡，战乱频繁，官学在总体上呈衰微趋势，但私家办学却出现百家竞放的可喜现象。此时私学不只限于儒家经学，既有传播儒学的宋纤、张忠、张讥、杜京产等，也有传授佛学的支遁、慧远等。私学内容和范围的扩大，必然带来学术上的相互借鉴和繁荣景象。

此外，私学在传播中国古代科技、文艺方面也起过重要作用。虽然官学建立过科技、文艺方面的专科学校，如汉代的鸿都门学，唐宋的医学、算学、画学等，但数量和规模都很有限。在这种情况下，许多对科技、文艺有爱好的学生只能求教于私学，其中家学中的父子相传现象在这类私学中所占的比例最大。

其二，私学承担了当时社会的启蒙教育任务，弥补了国家官方办学的不足，并在实践上取得了一些成绩和经验。

一般说来，学校的发展与相应的社会经济结构密切相关。随着社会经济的不断发展，官学的种类和规模也逐渐扩大。至宋代，地方州、县一级的官学已十分普遍。元代以后，官方明令在县以下一级设立相当于启蒙教育的社学，但由于小农经济实力的局限，官方不可能给予相应的经费和人员配备。事实上，这种社学只能算特殊的私学。因此，即使是隋唐以降的地方官学，也只能实行到州（府）、县，县以下的初级启蒙教育官方已很难顾及，主要由私学承担，统称"蒙学"。蒙学作为传统教育的基础，历来为许多教育家所重视，他们在长期实践过程中逐渐摸索出一整套融知识性、伦理性和趣味性于一体的启蒙读物，并在教学、管理上进行了一些可贵的探索。

用什么内容去启蒙始终是教育家们关注的核心问题。在长期的蒙学教育实践中他们逐步认识到，蒙学读物必须根据少年儿童本身的生理、心理和思维特点，从最基本的识字开始，进而融入一些基本的生活常识、历史故事、名物制度、诗词歌赋以及伦理知识等，避免进行抽象的概念灌输和空泛的高深说理。从总体上看，中国古代启蒙读物可划分为两大类：一类是综合性的读物，如《急就篇》《三字经》《百家姓》《千字文》等；另一类是专门性的读物，如《千家诗》（诗歌）《十七史蒙求》（历史）《名物蒙求》（自然常识）《增广性理字训》（伦理道德）等。无论是综合性还是专门性的启蒙读物，都十分重视将知识性、伦理性和趣味性融为一体，使学生在愉快的学习过程中既获得一定的文化知识，又不知不觉地接受了传统美德的熏陶。有些启蒙读物还配有精美的插图，如明代陶赞廷的《蒙养图说》即是一例。这种图文并茂的启蒙读物中有些内容属于传统礼教，现已明显过时，但不可否认，启蒙读物中的许多内容仍有一定的存在价值。如《三字经》中的"玉不琢，不成器；人不学，不知义"，《千字文》中的"交友投分，切磨箴规"等。这些内容涉及学生的学习、交友、讨论等许多有益活动，对今天的教育仍有积极意义。

　　蒙学教育存在着严重的体罚现象，这是不可否认的历史事实。但是，我们也应该看到真正懂得教学法的教育家非但不主张体罚学生，而且能够根据少年儿童的年龄特点开展创造性的教育活动。如宋代学者二程就提出教育少年儿童应注意儿童的兴趣，强调"教人未见意趣，必不乐学"（《二程遗书》卷二上），主张把洒扫、应对、事长等道德规范编成顺口溜之类的诗歌形式，令儿童早晚歌唱，使他们在愉快的学习过程中逐渐悟出其中蕴含的道理。朱熹也注意到少年的年龄心理特点，主张用形象化的故事、格言去启发学生，做到"习与智长、化与心成"。王守仁更是直截了当地指出："大抵童子之情，乐嬉游而惮拘检"，教师当因势利导，通过"歌诗""习礼""读书"诸手段，以"顺导其志意，调理其性情，潜消其鄙吝，默化其粗顽，日使之渐于礼义而不苦其难，入于中和而不知其故"（《王文成公全书》卷二）。这就是说，蒙学教育须充分考虑到少年儿童的情性、兴趣和心理特点，才能让他们乐于接受。但古代教育家同时强调，蒙学教育也不能完全为了迎合学生的兴趣而放弃严格的做人规则和基本功训练。如朱熹在《童蒙须知》中就提出十分严格的具体要求，内容涉及衣服冠履、语言步趋、洒扫涓洁、读书写字、杂细事宜诸项。这其中当然有一些不近人情的要求，如"凡为人子弟，须是常低声下气"云云。但也有不少要求是有意义的，如"读书有三到，谓心到、眼到、口到。心不在此，则眼不看仔细。心眼既不专一，却只漫浪诵读，决不能记。……凡写字，未问写得工拙如何，且要一笔一画，严正分明，不可潦草"。在如何指导读书的问题上，元代程端礼比朱熹提得更加具体，揭出"程氏家塾读书分年日程"。清代蒙学教育家王筠在《教童子法》中也特别强调蒙学教育中的基本训练，指出识字、写字、读书、作文诸具体阶段教学均须"步步著实"。概言之，既注意少年儿童的身心特点，又不忘对其提出严格要求，这些始终是中国古代蒙学大师在教学过程中所要解决的两个重要问题。

　　最后还要提到书院。

　　书院是我国唐末以后逐渐兴起的具有独特办学形式的教育机构。起初，书院只是官方藏书、校书之所，如唐代的丽正书院和集贤书院。私人雅善其名，也常把自己的书房、书楼、书舍，别称书院。久而久之，由于官学不修，"士病无所于学"，书院才渐渐地由学者读书之所发展成私人主持的聚徒讲学之地。真正具有讲学性质的书院，至五代末期才基本形成。经北宋的初步发展和南宋的突飞猛进，一些著名书院如白鹿洞书院、岳麓书院、嵩阳书院、石鼓书院、应天府书院等脱颖而出，形成了自己独特的办学风格，为当时的人

图 6-2　白鹿洞书院

才培养和学术繁荣作出了重要贡献。大体说来，早期书院多属自由办学的私学性质，办出成绩后常受到政府嘉奖和帮助；元代以后的书院则多走向官学化，为官府所操纵。通常所说的中国书院的特色显然更多地体现在具有私学性质的早期书院实践之中，但书院能够绵延一千多年，这本身也说明书院的某些优良传统始终是存在的，并由许多教育家继承、弘扬和发展。中国书院

图 6-3　岳麓书院

图 6-4　朱熹

既不同于官学，又与一般私学有所区别，是私学发展的高级形态，有独到的办学特色。

第一，注重教学与学术研究的结合，形成了学术研究的自由争鸣风气。中国古代的学校教育是以儒家教育为主线，书院也离不开对儒家经典——"四书五经"的教学。但与官学不同，书院教师不只是一般地灌输经典知识，往往更强调在自己学术研究的基础上进行教学活动，而教学活动的广泛开展，又是其学术研究成果得以传播和深化的重要条件。因此，凡是学术研究发达的地方，一般也是书院兴盛之处，一时一地的学术带头人，也就很自然地成为该时该地的书院主持人。如宋代的福建武夷山、江西的庐山、湖南的岳麓山、江西的婺源（原属安徽）之所以成为学术研究中心，便是因为当时学术带头人朱熹、张栻、吕祖谦等理学大师在这些地方分别创建、修复或主持过众多书院，如沧州精舍、白鹿洞书院、岳麓书院、丽泽堂等。明中叶的书院复兴，可以说是与王守仁等人所进行的创造性心学研究密不可分。清代出现了一批训诂书院，则形象地反映了

图 6-5　陆九渊

图 6-6　王守仁

汉学家学术研究的巨大成就，许多汉学家就是书院的实际主持人。最令人注目的是书院基本形成了学术研究的自由争鸣风气。如，1175 年，代表不同学术观点的朱熹、陆九渊等人在江西鹅湖寺召开了一次别开生面的学术会议——"鹅湖之会"，陆九渊在会上一开始就讽刺朱学"支离"，致使"元晦失色"；朱熹则认为陆学不重读书的"发明本心"，有流入"空虚"之嫌。但观点不同并不影响彼此间真诚的学术友谊。后来，朱熹主持白鹿洞书院期间，仍然主动邀请陆九渊上山讲学，陆九渊愉快地接受了邀请，并作了一个关于"君子喻于义，小人喻于利"的学术讲演。由于所讲内容恳切、生动、触动学生的内心情感，不少学生都感动得流泪。朱熹也极为赞赏，特请陆九渊把讲义留下，并刻石留念。又如明代的王守仁和湛若水分别以"致良知"和"随处体认天理"相标榜，虽然学术旨趣不同，但他们都在书院里讲学，孜孜不倦地探讨各自的学术思想。明代后期的顾宪成与高攀龙尤其注重自由争鸣的学术讲会活动，常常是"每年一大会"，"每月一小会"，并定有"会约"，以道义相磋磨，以学术相珍重，甚至讽议朝政，裁量人物，评判国家大事。自由争鸣必然带来学术观点的不同，而不同学术观点的讨论又反过来促进了学术思想的深化，这一点为许多书院主持人所认同。当有人对不同学术观点的讲学表示疑惑时，吕柟回答说："不同乃所以讲学，既同矣，又安用讲耶？"（《明儒学案·河东学案》下）书院这种争鸣的优良传统确实有利于学术研究的深入开展。

第二，注重学生自修与教师指导的结合，着眼于学生独立研究能力的培养。从渊源上讲，自修与指导相结合的教学方式可追溯到先秦诸子百家的私学实践。《礼记·学记》总结说："君子之于学也，藏焉修焉，息焉游焉。"汉代太学除教师大班讲学外，课外自修实为学生的本职。书院继承并发扬了这个宝贵的教学经验，并在实践上广泛应用。书院并非没有集体讲学，前面提及的"讲会"即是书院集体讲学的一种。不过，除集体讲学外，书院教师更多的是指导学生自己读书和自修，教师所扮演的角色只是"做得个引路底人，做得个证明底人，有疑难处同商量而已"（《朱子语类》卷一三）。朱熹指导学生的方式，经常是带领学生到野外漫游、考察，在自由自在的优美环境中随机指导。至于学生退居室内读书，书院大多建有藏书楼，使学生在自修时有足够的参考文献。朱熹特别强调读书须有疑，有疑而自己深思未得者，即可去问询书院的教师，这就叫做"质疑问难"。朱熹在长期指导学生读书的书院教学中逐渐形成了自己独特的"读书法"，其门人把它概括为"循序渐进""熟读精思""虚心涵泳""切己体察""著紧用力""居敬持志"六条，颇为后世读书人所推重，产生了十分深远的影响。书院学生还在广泛读书过程中展开独立的学术研究，并形成论文或著作，由书院出资刻印。

第三，注重优美的自然环境（校园环境）与和谐的人文环境（师生关系）的结合，继承和发扬中华民族尊师爱生的优良传统。中国古代的著名书院大多建立在山水优美的宁静高远之处，如白鹿洞书院选择在江西庐山五老峰下，岳麓书院在湖南长沙岳麓山下，沧州精舍、竹林精舍和考亭书院在武夷山中，学海堂在粤秀山，等等。除了优美的自然环境外，中国古代书院也十分重视和谐的人文环境，注意养成融洽的师生关系。早在先秦，孔子就为人们树立起"学而不厌""诲人不倦"的人师楷模，并在求"道"基础上与弟子们结成了深厚的师生情谊。而官学教育因过多地渗入世俗成分，致使往日融洽的师生关系逐渐松弛以至消失，师生之间"漠然如行路人"。但书院情形与之相反，师生之间以学问为重，真诚相待，常有情感交流和问学之乐。如朱熹与弟子蔡元定之间的师生关系在中国教育史就被传为美谈。他们两人日间在书院中一起研习学问道德，常为某一学术问题争论不息，直至深夜。因"党禁"牵连，蔡元定不幸遭贬，朱熹得知后特带领一百多名学生为他饯行，送行的学生无不为蔡元定的冤屈而叹息、流泪，然元定镇定自若，不异往日。朱熹深有感触地说："朋友相爱之情，季通不挫之志，可谓两得之矣。"（王懋竑《朱子年谱》卷四）言谈之中流露出师长对学生的真诚爱护和关心。

综上所述，春秋以降的学校制度基本上是官学、私学和私学的高级形态——书院所组成。官学固然是当时社会学校的主渠道，但它时常因某一王朝的衰败而衰微，而此时私学反而有较好的发展；有时候官学因政治清明而兴盛，私学规模转而有所缩小；但更多的时候则是官学与私学相互补充、协调发展，构成了多样化的学校网络，共同承担中华民族人才培育的神圣使命。

第二节　传统教育与传统文化

作为儒家创始人，孔子最先在教学上倡导伦理本位的课程论思想。他在政治上主张恢复"周礼"，故在教育上提出要继承西周鼎盛时期的"六艺"教育传统。但孔子的"复礼"并非简单地回到西周社会，而是主张根据春秋战国之际的时代要求进行有所"损益"的改革，其中西周末期以来所出现的礼乐教育形式化趋势当在改革之列。孔子改革教育的根本思想是提出以"举贤才"为目的的"学而优则仕",而其中的"贤"和"优"又以能否达到道德完善——"仁人"为标准,因此孔子在教学上便很自然地突出了伦理本位的课程结构,注重德育。他几乎花了毕生的精力把自己所收集到的文献典籍《诗》《书》《礼》《乐》《易》《春秋》进行系统整理和修订,编成教学用书,后世称为"六经"。

《诗》是西周以来的诗歌,经孔子删订后有305篇,统称三百篇。依据乐调的不同,这个诗歌选集又可分为"风""雅""颂"三类,而贯穿《诗》的核心思想内容则是合乎"礼"的伦理道德精神——"思无邪"。孔子说:"《诗》三百,一言以蔽之,曰思无邪。"(《论语·为政》)在他看来,学习《诗》有十分重要的作用,"《诗》可以兴,可以观,可以群,可以怨,迩之事父,远之事君"(《论语·阳货》)。就是说,学习《诗》不只是为了抒发个人情感志向("兴")、观察社会、了解人生("观"),还可以增强集体意识和合作精神("怨"),而最关键的是可以从中学会"事父"和"事君"之道。如果学了《诗》而不能用之于世,那只是学到了《诗》的皮毛而不是其中所蕴藏的伦理政治实质。关于这一点,孔子总是不厌其烦地教诲学生:"诵《诗》三百,授之以政,不达;使于四方,不能专对,虽多,亦奚以为?"(《论语·子路》)

《书》即《尚书》,指春秋以前的官方政治历史资料汇编,记载了夏、商、周三代的重要史实。相传有百篇,今存28篇。学习《书》不只是为了丰富历史知识,更重要的在于把握先王如何以伦理精神来治理国家。孔子说:"《书》云:'孝乎惟孝,友于兄弟,施于有政。'是亦为政,奚其为为政?"(《论语·为政》)显然,孔子最关心的是《尚书》中所蕴藏的"孝悌"之道。

《礼》,又称《士礼》,后称《仪礼》,与《周礼》《礼记》合称"三礼"。孔子对夏礼、殷礼和周礼都有过仔细的研究,并做出"从周"的理性选择。但孔子所选择的"周礼"是注入"仁"的精神的:"人而不仁,如礼何?"(《论语·八佾》)反对礼的表面化和虚伪化。为此,孔子精心选择了"士"必须学习的"礼制"17篇,简称《士礼》,要求学生认真学习,并领会其中的做人根本——"不学礼，无以立"（《论语·季氏》)。

《乐》，指《乐经》，系音乐方面的典籍。孔子订《乐》与其坚持伦理准则是一致的，他指责新乐"郑声淫"，而认为《韶》《武》等雅乐可以提升人的精神修养

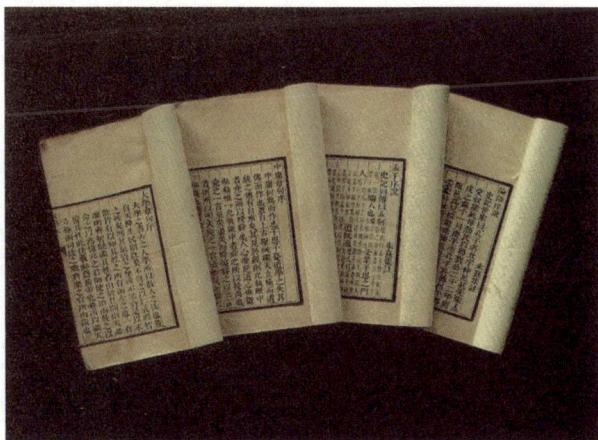

图 6-7　宋代"四书"书影

境界。"子谓《韶》尽美矣，又尽善也；谓《武》尽美矣，未尽善也"（《论语·八佾》)，这表明孔子所认为最好的音乐，应是美与善的和谐统一。遗憾的是，《乐经》自秦后即亡佚，其具体内容已难以详知。

《易》即《周易》。孔子习《易》较晚，但他晚年读《易》竟至"韦编三绝"，足见其用功之勤。孔子及其弟子在学习和研究《周易》的过程中逐渐撰写了一些传注，统称《易传》，以阐明儒家的伦理、政治和哲学思想。

《春秋》，本是鲁国的编年史，经孔子笔削后，该书蕴含着浓厚的伦理政治色彩。他采用的笔法是"微言大义"，字里行间隐藏着"正名分""寓褒贬""明善恶"的良苦用心。把它作为教材，对培养儒家所希望的德治人才具有十分重要的意义。

通过以上对"六经"的简要分析，不难看出儒家经典的伦理本位精神。除《乐经》亡佚外，其余"五经"均成为官学和私学的基本课程。随着社会历史的不断发展，不同时代的儒学教育家对"五经"常有不同的注释和理解，从而推动了儒学教育思想以不同形态递进和发展。但"五经"作为学校的基本教材是一以贯之，只是各个朝代所强调的侧重点略有不同而已。如，王安石改革太学时，强调要以重新阐释的《诗》《书》《周礼》"三经新义"为基

本教材。此外，宋以后的儒学教育家又进而在"五经"基础上新增了《大学》《中庸》《论语》《孟子》等"四书"，作为官学和私学的基本课程。只是私学经师讲学和书院学者讲学更注重儒家经典的学术性。至于私学中的蒙学教材如《三字经》《百家姓》《千字文》《十七史蒙求》等，也有意渗透进儒家伦理的基本常识，并力求做到通俗易懂，易于接受。

值得注意的是，我们所说"伦理本位的课程结构"，只是从总体上分析中国传统道德教育内容的主要特点，并由此看到道德教育是中国优秀传统文化中的重要组成部分。从另一个侧面看，中国传统教育也容纳了一定程度的自然科学、文学艺术等内容。事实上，儒家经书本身就包含了一定成分的自然科学知识，如《诗经》中广泛涉及"鸟兽花草之名"，《尚书》中有世界上最早的日食记载，《春秋》中记载彗星（即哈雷彗星）的情况等。特别是随着社会经济的发展和政治形态的变化，历史上曾出现鸿都门学、书学、算学、画学、律学、礼学等多种专科学校，这些专科学校对中国古代的自然科学、文学艺术等多学科发展有重要意义。此外，还有不少儒学教育家能够因时制宜，对学校教学内容提出改革建议。如王安石在坚持以《三经新义》来"一道德"的同时，提出"苟可以为天下国家之用，则无不在学者"的主张，对诸子百家之学持兼容并蓄的态度。又如明末清初的教育家顾炎武、黄宗羲、颜元等，在不脱离儒学教育伦理本位精神的前提下，容纳和提倡实用科技教育。颜元就是一个典型例子，他在漳南书院中既设立"文事""武备""艺能""经史"诸斋，又有"理学""帖括"二斋。从具体内容上看，颜元确实在教学中容纳了相当部分的实用科技知识，但他又不允许违背儒学伦理本位的教育精神。

总之，伦理本位的课程结构即德育，它在中国传统教育内容中占据了主体地位。但自然科学、文学艺术等专门知识的教育也长期绵延发展，有时因多种因素的促成而发展得更快一些，出现了一些专科学校；更多的时候是通过民间的传播或家学、私学等形式进行。这种教育结构和形式与两千多年宗法社会的相对稳定状况是符合的，但随着近代世界的科学兴起和工业文明

的传入，中国传统教育开始落后，不能不接
受新的时代挑战。

有了明确的教育目标和具体的教学内容，
接下来就是教师如何教和学生怎样学的问题，
以及怎样处理好教与学的关系以利于教育目
标的最终实现。在这方面，中国传统教育在
长期实践中积累了许多重要经验，兹择要加
以介绍。

一、尊师爱生

一种成功的教育活动往往是与和谐融洽
的师生关系结合在一起的，这一点在中国古
代"尊师爱生"的优良传统中表现得十分突出。
大教育家孔子最懂得爱护学生，他能够不分
"贫贱""富贵"招收一切愿学之士，以一颗
真诚的爱心善待每一个学生，甚至对"难与
言"的"互乡"之人，孔子也能不厌其烦地

图 6-8　孔子行教像

给予教育，他的教育态度是："人洁己以进，与其洁也，不保其往也。"(《论
语·述而》) 他不仅注重学生的学问、道德进步，而且十分关心他们的日常
生活，弟子有病不忘探望问候，学生有难则主动设法帮助。孔子这种伟大的
人格和对弟子的真诚爱护，很自然地赢得了弟子对他的尊敬和爱戴。孔子逝
世时，不少学生多年守丧悲痛欲绝，决心克服一切困难来传播孔子学说，以
扩大其社会影响。

自孔子开了"尊师爱生"的风气之先，此后的教育家相沿成习，逐渐熔
铸成中国古代教育的优良传统。一般说来，教师能够真诚地献身教育学术事
业，热爱和关心学生成长，履行"传道、授业、解惑"的教育职责，就能得
到学生的真正尊敬。至于教育家本身教学风格的差异则无关大局。如程颢

教人亲切自然，常能让弟子有"如坐春风"之感。而程颐素有严毅之风，弟子拜访，见老师瞑目静坐，则恭恭敬敬地立于门外，以至雪积尺余，留下了"程门立雪"的佳话。在这里，学生对老师的尊敬实际上源自其伟大的人格力量和献身学术教育的可贵精神。

二、启发诱导

教学作为教师与学生共同参加的双向精神活动，教师不能不考虑到学生的积极反应和主动配合。中国古代著名教育家十分重视观察和研究学生的心理活动，并在适当的时候启发其心智，比较成功地运用了启发式教学。

孔子的教学从不急于灌输给学生什么，而是引导他们学习，并善于利用各种场合和时机去激发学生开动脑筋，积极思考。孔子说："不愤不启，不悱不发，举一隅不以三隅反，则不复也。"（《论语·述而》）朱熹注云："愤者，心求通而未得之意。悱者，口欲言而未能之貌。启，谓开其意。发，谓达其辞。"就是说，如果学生在学习过程中未能达到"愤""悱"的心理状态，教师则不宜越俎代庖，只有在学生"心愤口悱"的情况下，教师才能启而发之，以收举一反三之效。当然，孔子的启发式教学并非只存在于学生"心愤口悱"的时候，而是存在于整个教学过程之中。孔子十分重视利用各种方式去激发学生的灵觉心智。例如，创造自由活泼的气氛，提供平等谈话的机会，运用幽默风趣的语言艺术等。有时候，孔子将自己置于"空空如也"的角色，在与学生共同讨论中采用"叩其两端"的方法激发学生的积极思维。他说："吾有知乎哉，无知也。有鄙夫问于我，空空如也，我叩其两端而竭焉。"（《论语·子罕》）这种"叩其两端"（即从某个问题的正反两面去反思）的方法，与古希腊的苏格拉底在教学中所采用的"产婆术"有异曲同工之妙。苏格拉底最反对把知识直接告诉学生，而是用反诘的方法使之自相矛盾，引导学生自己思考，自己得出结论。"叩其两端"与"产婆术"在激发学生心智方面，其实质是一致的。

除孔子以外，中国古代还有许多教育家对启发式教学很有研究。这种教法的重要环节，诚如《学记》总结的，"君子之教，喻也。道而弗牵，强而弗抑，开而弗达。道而弗牵则和，强而弗抑则易，开而弗达则思。和易以思，可谓善喻矣"，要求教师能够在教学中做到"道而弗牵""强而弗抑""开而弗达"，让学生自己积极主动地开动脑筋，寻找和发现真理。这样的教学对教师而言，确实是一门高超的艺术。

三、因材施教

为了更好地调动学生的学习主动性和积极性，教师必须对每一个学生的个性心理特征了如指掌，以便因材施教。

大教育家孔子最懂得"因材施教"的教学法。有一次，子路问孔子：听到一个好的主意，是不是应该马上行动呢？孔子答：有父兄长辈在上，应该先请教他们才是，怎么好匆忙行事呢？过了一会儿，冉求也问：听到一个好的主意，是不是应该马上行动呢？孔子答：对，应该马上行动。作为旁观者的公西华便疑惑起来，特询问孔子：为什么对同样的问题，您的回答不同呢？孔子诚恳地解释说："求也退，故进之；由也兼人，故退之。"（《论语·先进》）显然，因材施教的关键在于对情况各异的学生必须有充分的了解，而后才能给予不同的诱导。孔子说："视其所以，观其所由，察其所安。"（《论语·为政》）就是指教师平时要注意考察学生如何待人接物，观察学生如何为学做人，这样才能及时把握住学生的心理和思想状况，从而在教学中最大限度地调动学生的学习热情和天赋潜能。又如，同样问"仁"，孔子答司马牛说"仁者，其言也讱"（《论语·颜渊》）；而答颜渊则说"克己复礼为仁"（《论语·颜渊》）。这是因为颜渊学习程度较高而答以较深的理论，而对"多言而躁"的司马牛则是规劝他为仁需从最基本的容貌辞气做起。

后人对孔子"因材施教"的教法多有推崇，并广泛地应用于教学实践。程颐总结说："孔子教人，各因其材，有以政事入者，有以言语入者，有以德行入者。"（《二程集》卷一九）程颐自己也常用这个方法指点四方求学之士，做到"强猛者当抑之，畏缩者当充养之"（《二程集》卷一八）。这种被古代教育家广泛采用的教法在今天仍有重要作用。

四、循序渐进

作为教学上的一个重要原则，循序渐进是中国古代教育家在实践中逐渐领悟出来的。从教学理论上讲，循序渐进必须考虑到教材难易程度、编排逻辑和学生接受能力的一致性，且在教学上需注意由浅而深、由近及远、由具体到抽象的层层推进原则。应该说，古代教育家对此都有不同程度的认识和体验。

孔子在教学中就很善于掌握"循序渐进"的原则精神。这一点曾给弟子留下深刻印象。颜渊深有感触地说："夫子循循然善诱人，博我以文，约我以礼，欲罢不能。"（《论语·子罕》）对学生来说，学习只能是积累渐进，因为"不积跬步，无以至千里；不积小流，无以成江海"（《荀子·劝学》）。《学记》把循序渐进的"教"和"学"形象地概括为"不陵节而施"和"学不躐等"两种情况，为后代教人为学提供了很好的范式。朱熹说："圣贤教人下学上达，循循有序。故从事其间博而有要，约而不孤，无妄意凌躐之弊。"（《朱文公文集》卷五三）为了使学者便于理解和操作，朱熹进而把"循序渐进"列入其著名的"读书法"，强调每读一本书都不可囫囵吞枣，须一本一本地读，对书中的篇章、文、句均须依次细读，指出："读书之法，莫贵乎循序而致精。"

事实上，许多教育家不只把"循序渐进"当作教学原则，也常常视为修养方法。如程颐说："气须是养、集义所生。积集既久，方能生浩然气象。人但看所养如何，养得一分，便有一分；养得二分，便有二分。"（《二程集》卷一八）这里所说的一分一分地养气集义即是从进德修养层面立论的。

五、学思结合

学与思是一对矛盾的统一体，离开思考的学习只能是知识的堆砌，而脱离学习的思考则无异于虚妄的空想。古代教育家很早就认识到这个道理，主张将二者结合起来。

孔子说："学而不思则罔，思而不学则殆。"（《论语·为政》）即是说，只学习而不思考，必然消化不良而无益；只思考而不学习，必然流于空幻而有害。孔子关于学思关系的见解确实是十分精要的，它实际上成为后代教育家共同遵循的思想原则。孟子也讲学，但他更重视思。他说："心之官则思，思则得之，不思则不得也。"（《孟子·告子上》）在他看来，不重视思考的学习免不了要上当受骗，强调："尽信《书》，则不如无《书》。"（《孟子·尽心下》）

为了使学习不至陷于片面，古代教育家十分重视培养学生的怀疑精神，以提高学生独立思考的能力。特别是书院讲学，师生之间往来论辩可以说是习以为常之事。朱熹就特别强调读书有疑的重要性，"读之又读，而于其无味之处益致思焉，至于群疑并兴"（《续近思录》卷一一）。他甚至认为："如其可取，虽庸人之言有所不废；如有可疑，虽或传以圣贤之言，亦须更加审择。"（《宋元学案》卷五〇）正是这种读书致疑的优良传统推动了中国古代教育理论和学术文化思想的不断递进和发展。

清朝初年的大思想家王夫之说："学非有碍于思，而学愈博则思愈远；思正有功于学，而思之困则学必勤。"（《船山遗书·四书训义》）他强调只有把学与思紧密地结合起来，才能保证学生学业真正进步，这是古代教育家留给我们的重要启示。

六、由博返约

博与约也是一对矛盾的统一体，没有精约的广博是不得要领的，而离开广博作基础的精约则是不可靠的。古代教育家对此都有充分的认识。

孔子平时教人颇重博闻多见，但他强调在适当的时候要由博反约，对所闻所见能够"一以贯之"，"君子博学于文，约之以礼，亦可以弗畔矣夫"（《论语·雍也》）。孟子更是明确指出："博学而详说之，将以反说约也。"（《孟子·离娄下》）突出了博学与精约的逻辑关联，强调在"博"的基础上融会贯通，并回归于"约"。理学家也十分重视博学与精约的关系，朱熹说："'博学于文'，考究时自是头项多……然于其中寻将去，自然有个约处。"（《朱子语类》卷三三）朱熹本人就是一个百科全书式的学者，但他的博学并非杂学，而是博而有约，最终要返回到伦理本位上来。他常常把博求万物而不知返约于人伦日用者斥之为"游骑无归"。

中国古代教育家看到了博与约之间的矛盾，主张把二者结合起来，这无疑是对的。但他们常常把"返之于约"仅仅理解为伦理本位精神，则是由当时的社会性质所决定的，不同于今人的新释。

七、温故知新

"温故"和"知新"同样是学习上常遇到的矛盾统一体，处理得当方能有所长进。《论语》的第一句话即是："学而时习之，不亦说（悦）乎！"表达了孔子对日常学习和温习学业的极端重视。但是，孔子并非泥古不化，强调"当仁，不让于师"，提出"温故而知新，可以为师矣"（《论语·为政》）。朱熹解释说："温，寻绎也；故者，旧所闻；新者，今所得。言学能时习旧闻，而每有新得，则所学在我，而其应不穷，故可以为人师。"（《四书章句集注》论语卷一）在这里，古代教育家实际上是提倡一种务实创新的教风和学风。离开"时习旧闻"的刻意求新则不免有虚夸之嫌；泥守旧闻而不思创新则必然沦为记问之学。

王充在学习上最反对"信师是古"，主张通过博习群书，敢于向相沿成习的圣贤言论提出挑战，写下了许多诸如《问孔》《刺孟》等不朽篇章。朱熹则巧妙地把"温故知新"所蕴含的求新创造精神凝炼成一句著名的诗篇："问渠那得清如许，为有源头活水来。"这句话不知激励过古今多少深思的为学之士！

八、身体力行

中国传统教育以伦理本位为主旨，儒学教育家所提倡的教育思想最终都必须落实到人生的日用伦理实践之中。从这个意义上说，身体力行既是教师进行德育要遵循的重要原则，又是学生学习得以完成的必要环节。

孔子素来反对"巧言令色"，认为夸夸其谈，不能躬行实践，这是读书人的最大毛病。他强调君子应该以言而不行为可耻，"君子耻其言而过其行"（《论语·宪问》）。强调教师衡量一个学生的道德水准，不能只"听其言而信其行"，而应该"听其言而观其行"（《论语·公冶长》）。做到言行一致，表里如一。荀子进而认为，学习不能仅停留在"入乎耳，出乎口"的表层阶段，而应该由"问""见""知"，最后上升到"行"的阶段。他说："不闻不若闻之，闻之不若见之，见之不若知之，知之不若行之，学至于行之而止矣。"（《荀子·儒效》）《中庸》继承和发展了这一思想，把学习过程表述为"博学之，审问之，慎思之，明辨之，笃行之"。这个概括基本上成为后代为学教人的基本准则。从认识论上分析，古代教育家对知行的先后固然存在着一定的分歧，但落实到伦理学，他们无不把履行伦理视为教人为学的根本。如朱熹曾说："学之之博，未若知之之要，知之之要，未若行之之实。"（《朱子语类》卷一三）王夫之也说："方学、问、思、辨之时，遇着当行，便一力急于行去，而不可曰吾学，问、思、辨之不至，而俟之异日。若论五者第一不容缓，则莫如行。"（《读四书大全说》卷二）可以说，把读书为学与身体力行结合起来是中国传统教育的一个重要特色。

九、教学相长

"教"和"学"本是相辅相成的，师生通过教学这个实践活动来达到相互促进、共同提高的目的。古代教育家在这方面也树立了典范，给后人以很深的启迪。

《学记》对"教学相长"有一段精辟的论述："学然后知不足，教然后知困。知不足然后能自反也，知困然后能自强也，故曰教学相长也。"即是说，学生经过学习实践之后，才发现自己知识水平的不足；教师经过教学实践之后，才知道自己教学能力的局限。学生发现自己的不足方能反省自己并加倍努力以提高学习水平；教师知道自己的局限，便要督促自己并加强学习以提高教学艺术。在这里，教师和学生是平等的，都是通过教学这面镜子发现自己的不足。教师也与学生一样始终面临着再学习的需要。一个高明的教师从不自以为是，往往把再学习当作提高自己教学艺术的前提，并十分重视向学生学习。孔子说"学无常师"，又说"三人行，必有我师焉"（《论语·述而》），这充分表明他对学习和再学习的终身提倡。有一次，孔子在与子夏一起讨论学问时，感到受到弟子的启发，便很自然地说："起予者，商也。"（《论语·八佾》）韩愈则从理论上加以总结，认为"闻道有先后，术业有专攻"，弟子虽闻道在后，但在某一术业有其专攻的钻研精神，就不一定比不过年岁在先的教师，故云："弟子不必不如师，师不必贤于弟子。"关键是师生在教学上当紧密配合，做到教学相长。

中国古代私学特别是书院教学，除集体讲学外，师生们常一起质疑问难，讨论学术问题。这种自由论辩最能引起学术上的相互启发，使教与学相得益彰、共同进步。

以上从九个方面简要介绍了中国传统教育的一些主要经验，这些经验无疑是中华民族传统文化中的一笔重要的精神财富。

思考题：

1. 试谈你对中国传统教育人文特色的理解。
2. 试比较中国古代官学与私学的异同。
3. 试比较中国古代书院教育的特点。
4. 试评述中国古代的六艺教育。

第七章

艺术精品

——中国书法、

绘画

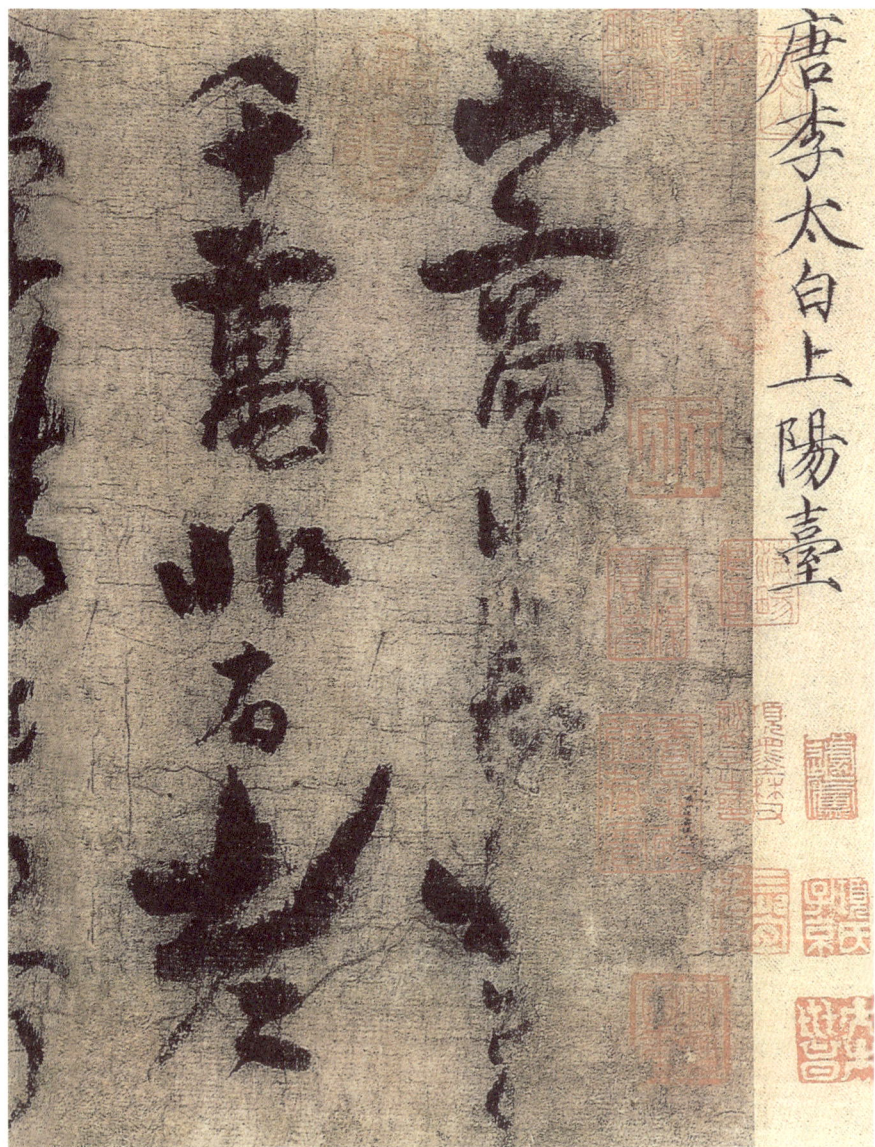

第一节　中国书法概说与书法精品

在我国丰富多彩的艺术宝库中，书法艺术的形式最为独特。它借助汉字的书写，充分发挥毛笔的特殊性能，通过点线的变化运动，以表达作者的审美观念、学问修养、思想感情、性格气质等精神因素的美。书法艺术有三千多年的发展历程，有妙不可言的艺术魅力，是中国优秀传统文化中的重要组成部分，是中华民族的国宝家珍，在世界艺术之林中占有独特地位。书法艺术在我国有广泛的群众基础，伴随着改革开放的大潮，又多次形成"书法热"，而且中国书法早已远渡重洋，走向世界，在日本、朝鲜、韩国、新加坡、马来西亚，以及华侨所到的其他地方，都得到传播和发展。近来书法已引起欧美诸国艺术家、学者的重视，学习、收藏和欣赏的人与日俱增。书法艺术已向世界广泛传播中华文明，以美化人们的心灵，在未来的艺术天地中，它将长盛不衰，永葆青春！

书法艺术有两项基本要求。一要书写汉字。汉字的独特结构与丰富内涵为书法艺术提供了优越的基本条件，因而才形成这种特殊形式的艺术。中国书法，包括篆、隶、楷、行、草，所有的书法流派及个人风格，都是通过书写这些字体来表现的，脱离了写字就不成其为书法。二要使用毛笔。由于毛笔柔软而富有弹性，是最适宜表现书法变化万千的风格的书写工具。书法线条用毛笔一笔写成，不加修饰，可以各有奇趣而不雷同，这只有发挥毛笔的性能才能达到。不同大小的字，不同书体的字，可选择不同性能的毛笔。至于现在兴起的使用钢笔的硬笔书法，目前还在实用阶段，能否与毛笔书法并驾齐驱而登上艺术殿堂，还无定论。

书法艺术包括三个要素。一是笔法。要求熟练地操纵毛笔，掌握科学的指法、腕法、身法、墨法等；运笔讲究疾涩、轻重、提按、䟐挫、中锋、侧锋、藏锋、露锋等；线条讲究力度、质感，若有筋、骨、血、肉等。二是结体。指字的点画安排与笔势的布置，讲求平衡、避就、顶戴、穿插、向背、偏侧、补空、覆盖、增减等，使每个字的笔画组合充满活气，没有呆相。三是笔意。指书法作品的意趣、气韵、风格、行气、布白等，要求在书写中做到形美与意美珠联璧合，通过作者的创作激情加以升华，使作品富于神采。南齐王僧虔《笔意赞》说："书之妙道，神采为上，形质次之，兼之者方可绍于古人。"笔法、结体是技法，求其形质美；笔意是在两者的基础上，通过作者的字外功夫而抒发出的神采。神采固然为上，但不能脱离形质，两者兼备才算优秀的书法作品。

书法创作表面看来不过写字而已，但要把字写好，达到较高的艺术水平，甚而进入出神入化的妙境，却不能不借助于学问修养。正如苏轼所说："退笔如山未足珍，读书万卷始通神。"笔墨的神采飞扬，往往是作者渊博学识的体现。当然，这也有个基本技法与学识修养结合的过程。

书法品评是一项难度很大的工作。因为书法艺术的审美要素在于，通过表面简单的点线组合，不但具有传播信息的实用功能，宣泄情绪的表情功能，还具有耐人寻味的审美功能。它愈简单而愈丰富，愈抽象而愈含蓄，以至成为寄性、言志、抒情、表意和追求美的艺术载体。这就要求品评者具有多方面的知识和卓越的鉴赏能力。

文化指人类社会历史实践过程中所创造的物质财富和精神财富的总和，作为精神产品的书法艺术，当然包括在文化范畴之内。中国的书法艺术体现了炎黄以来连绵不断的一系文脉，凝聚着五千年的文化积淀，历史上曾涌现出很多各领风骚的杰出书法家。如东晋王羲之、王献之父子，创妍美流便的新体，为历代所崇尚；唐代欧阳询、褚遂良、颜真卿、柳公权，各创自成一格的楷书，后世奉以为法，而张旭、怀素的狂草亦别具魅力；宋代苏轼、黄庭坚、米芾等以行草书著称；清代有碑派、帖派之分，各有一定的艺术成就；近现代的于右任把碑、帖所代表的两大美学体系熔为一炉，推出一个新的美学境界。他们以自己的智慧，创造了不同的美学风格。如王羲之的字有"超逸的美"，颜真卿的字有"雄强的美"，米芾、黄庭坚的字有"清新的美"，张旭、怀素的字有"奔放的美"，苏东坡、郑板桥的字有"奇拙的美"等。以千万书法家的业绩编织成的光辉灿烂的书法艺术史，本身就是中国文化史的重要组成部分。

中国书法是建立在汉文字这种特殊符号基础上的艺术。伴随着文字从甲骨文演进为大篆、小篆、隶书、楷书及行书、草书，人们为了审美的需要创造了美化各种字体的书法艺术。如果说文字是第一度人类文化的伟大创造，那么书法就是以汉字为基础的华夏民族第二度的伟大文化创造。它不同于文字这种只具有单纯社会实用功能的交际符号，而是一种借以表达书法家思想、修养、爱好、情感等审美趣向的艺术符号。书法本身蕴涵着各个历史时期浓郁的文化观、历史观和人生观，是与观念文化并行不悖的有形文化，也是表达各种文化信息的媒体。熊秉明说："书法代表中国文化最核心的部分，可以说是核心的核心。"（熊秉明：《在美术研究所座谈会上的讲话》，《中国书法理论体系》，四川美术出版社 1990 年版）这话丝毫不过誉。

历代的哲学意识对书法有明显的影响。如易学的阴阳二气、儒家的中庸之道、道家的崇尚自然、禅宗的顿悟静修等，都给书法美学、艺术观打下深刻的烙印。可以说，民族传统的哲学思想滋养了中国书法，书法以艺术形式体现了传统的哲学内涵。所以有人把书法教育称作国魂教育。

作书要写优美的文句辞章，因而必须让文学介入书法，使人们在欣赏书法美的同时接纳对文学的欣赏，达到双重愉悦。王羲之的《兰亭序》是书文并美的典型。宋代文人把诗词和书法进一步结合起来，如苏轼、黄庭坚许多诗词文章的手稿同时就可作为书法作品来欣赏。至于近现代的大家如康有为、郭沫若、启功、赵朴初等的自书题词，使书法与文辞相得益彰，表现了书法优美的文化内容。

书法"笼天地于形内，挫万物于毫端"。它集音乐、舞蹈、绘画诸种艺术的美学特性于一身：有音乐的韵律，有舞蹈的姿致，有绘画的形式感。它熔万殊的形、质、态、势、意、理于一炉，把具体的形式加以抽象化，使人们获得无穷的美感。

关于书法精品，我们将分叙如下：

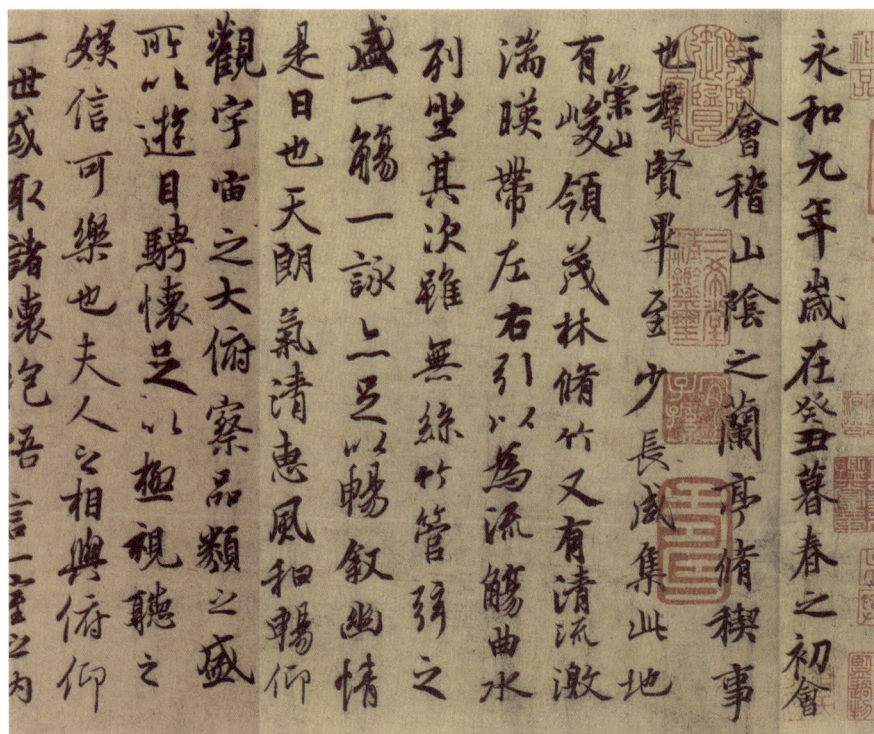

图 7-1 《兰亭序》（神龙本局部）

一、王羲之《兰亭序》

　　王羲之（303—361），东晋书法家，字逸少，琅琊（今属山东）人，出身贵族。官至右军将军、会稽内史，人称"王右军"。因与王述不和辞官，定居会稽山阴（今浙江绍兴）。早年从卫夫人学书，后改变初学，正书学钟繇，草书学张芝，博采众长，自成一家，隶、正、行、草皆超越古人。他把纯粹出乎自然发展的书法引向一个注重技法，以妍美流便为特征而又不断锤炼达到精致的境界。不仅见重于当时，后世更尊之为"书圣"。他的第七子王献之，官至中书令，人称"王大令"，亦精书法，尤以行草擅名。在继承父书的基础上，进一步改变了当时古拙的书风，有"破体"之称。其书英俊豪迈，饶有气势，对后世影响亦大。与其父并称"二王"。二王书迹刻本甚多，由荣宝斋出版的《中国书法全集》有《王羲之王献之》书法卷一、二。

《兰亭序》是王羲之的行书代表作，被奉为"登峰造极，风神盖代"的"天下第一行书"。

据说在东晋永和九年（353）暮春之初的三月初三，王羲之和当时的名士谢安、孙绰等42人，在会稽山阴的兰亭，按照"修禊"的习俗（修禊是古代一种祭祀活动，魏以后定于三月三日，到水边嬉游，以消灾除病，相沿成俗），借弯曲的溪水"流觞"饮酒。当酒杯停在谁的面前，谁就要在限定时间内赋诗一首，否则罚酒一杯。其中谢胜等15人不能赋诗，罚酒各三杯。王羲之等11人赋得四言、五言各一首，还有15人各成诗一首。王羲之乘酒兴铺开蚕茧纸，手执鼠须笔，为这几十首诗写了一篇序文。这篇序文当时没有题目，后人称谓不一。晋人叫《临河序》；唐人叫《兰亭诗》，也称《兰亭记》；宋欧阳修称《修禊序》；苏轼称《兰亭文》；米芾称《兰亭雅集序》等。今人一般都称《兰亭序》。

《兰亭序》是王羲之的得意之作，据说以后他又照写过多次，"叹为不可企及"，遂视为传家宝。后传至他的七世孙智永禅师，智永是山阴永欣寺的和尚，陈、隋间著名书法家。智永临死时把《兰亭序》真迹交给其衣钵弟子辨才，辨才在寺内大殿梁上凿洞密藏。唐太宗李世民酷爱王羲之书法，密派萧翼去绍兴向辨才索取《兰亭序》真迹。萧翼知道不可强取，遂乔装成一位书生来到永欣寺。辨才和萧翼谈得很投机，便请他到房内畅叙，还留他在寺中住宿。从此他们成了好友，经常往来。有一次谈起书法，萧翼说："我学过二王的楷书，寒舍中还收藏有二王的数件墨迹。"请辨才次日去鉴赏。第二天，辨才认真看过墨迹后说："是祖师墨宝，然不是最佳之作。敝处倒有一件……"萧翼问："是什么帖？"辨才答："《兰亭序》。"萧翼笑曰："几经战乱，哪能有兰亭真迹，恐是赝品吧？"辨才说："这是我师得自祖先传授，临终时亲手交给我的，现在就请您去饱饱眼福。"辨才从大殿梁上洞中取出《兰亭序》，让萧翼看过，又小心翼翼地收藏起来。过了几天，萧翼趁辨才不在寺里的时候，偷偷取走了《兰亭序》，然后到州官处出示唐太宗索取《兰亭序》的圣旨。辨才这时恍然大悟，但已无可奈何。唐太宗视《兰亭序》真迹如掌上明珠，在世时反复临摹，还将其作为死后陵内一件最珍贵的陪葬品。自从五代温韬盗掘昭陵后，《兰亭序》真迹不知去向，人们只能看到流传的摹本。

在众多摹本中，以虞世南、褚遂良、欧阳询、冯承素的摹本最为世人所重。但虞、褚、欧都是大书法家，所临在外形上固然近似，而笔法不免渗入己意。冯承素是唐太宗朝供奉拓书人，直弘文馆，累奉圣旨摹王羲之作品供太子、诸王、大臣学习，《兰亭序》也被奉旨精心制作为摹本。其摹法据说是先把纸拓在兰亭真迹上描出双钩，再在双钩轮廓内填墨。因而笔画清晰，纤微尽备，墨彩焕发，较为接近真迹。这个摹本的全称是《唐冯承素双钩填廓本兰亭序》，纸本，28 行，324 字。因卷上有唐中宗神龙年号小印，故称"神龙本兰亭"。此帖曾入宋高宗内府，元初入郭天锡手中，明代藏杨士奇家，后又藏王济处，后归项元汴，清初递藏于曹溶、陈定、季寓庸诸家，乾隆时入藏内府，现藏故宫博物院。刊入《故宫博物院藏历代书法选集》第一集和《中国美术全集·魏晋南北朝书法》。

《兰亭序》书法，兼行兼楷，从首至尾信手写来，浑然天成。布局上纵有行、横无列。行与行虽大致相等，然时有宽狭，略带曲折，相映成趣。结字变化多姿，点画映带而生。如 20 个"之"字，8 个"以"字，7 个"不"字，反复出现，各具其妙而不雷同。用笔精妙至极，粗者健壮而不臃肿，细者清秀而不纤弱，轻重疾徐，自成节律。遒丽爽健的线条，圆融中和的体态，把我们带进一个洗练、细腻、丝丝入扣的美学境界。

二、褚遂良《雁塔圣教序》

褚遂良（596—658 或 659），唐大臣，书法家，字登善，钱塘（今浙江杭州）人。太宗时，官至中书令。高宗时封为河南郡开国公，人称"褚河南"。后因反对高宗立武则天为后，被多次贬官而死于任所。其书法初学史陵、欧阳询，继学虞世南，终法二王，自创一格。晚年楷书丰艳流畅，变化多姿，对后代书风影响很大。后人把他与欧阳询、虞世南、薛稷，并称为唐初四大书家。其代表作是《雁塔圣教序》。

《雁塔圣教序》，亦称《慈恩寺圣教序》。石碑两通，镶嵌在西安慈恩寺大雁塔南门两侧的砖龛中，相传为玄奘法师亲手树立。东边的全称《大唐三藏圣教序》，是唐太宗李世民于贞观二十二年（648）为玄奘所译657部佛经写的总序，21行，行42字，书写行次由东向西；西边的全称《大唐三藏圣教序记》，是

图 7-2 《雁塔圣教序》（局部）

唐高宗李治叙述太宗皇帝敕立《三藏圣教序》所作的记文，20行，行40字，书写行次由西向东。两碑分别写于高宗永徽四年（653）十月和十二月，当时褚遂良58岁。由于石碑嵌入砖龛内，外加栏杆保护，少受风雨剥蚀和人为磨损，故至今基本完好。上海书画出版社、文物出版社有明拓影印本。

此碑在书法上与以前的褚书相比，用笔从单纯平实走向丰富多样，结构从方整质朴走向生动活泼，已脱去六朝碑版的呆滞气，纤劲秀逸，绰约婀娜，充分显示出褚书的独特面目，是他晚年风格成熟老到之作。书体为径寸楷书，但渗入隶、行笔意。笔法方圆兼备，中锋侧锋交替，各种点画的轻重、长短、粗细、正斜、曲直等随手取势，配置恰到好处。字的右上部往往有小小的牵丝，是行草书的笔法，增添了笔画间的俯仰相连、笔势流动、神采飞

扬的意态。结体在紧密中求变化，中宫收缩，四方散开，舒展大方，俯抑有致。章法疏朗，整齐而不板滞，行间玉润，字字珠玑，浑然一体，表现出瘦劲飘逸的神采，给人以赏心悦目的美感。唐张怀瓘《书断》将其比为"美人婵娟"，"增华绰约"；宋董逌赞其"疏瘦劲练"，"瘦硬通神"；明盛时泰喻其"如孤蚕吐丝，文章俱在"。此碑一出，临摹者甚众，一时成为风尚。大书法家薛稷以善临褚书称著，当时有"买褚得薛，不失其节"之说。盛时泰认为"所谓瘦金书者，此其权舆也"。此言宋徽宗的瘦金体可以从褚书《圣教序》中看到萌芽。

三、颜真卿《颜勤礼碑》

颜真卿（709—784），唐大臣，书法家，字清臣，京兆万年（今西安市）人，出身名门。唐玄宗时任殿中侍御史，因受杨国忠排挤出任平原太守。安禄山叛乱，他联络从兄颜杲卿起兵抵抗，附近 17 郡响应，被推为盟主，世称颜平原。代宗时被封为鲁郡开国公，故又称颜鲁公。德宗时李希烈叛乱，朝廷派他去劝谕，被希烈缢死。他的书法除得自家学外，最重要的是得到著名书法家张旭的面授。他广泛摄取前辈书家所长，努力创造自己的风格，无论楷书、行书均自成一家，为中国书法树立了又一座巍巍丰碑。范文澜在《中国通史简编》中说："初唐的欧、虞、褚、薛，只是二王书体的继承人。盛唐的颜真卿，才是唐朝新书体的创造者。"颜真卿一反魏晋以来追求婉媚流便、潇洒瘦硬的书风，而创造出一种雄强浑厚、端庄凝重、筋肉饱满的"颜体"。这种书风表现了恢弘博大的盛唐气象。

颜真卿对书法虽是业余为之，但作品不少。据记载有 138 种，留存至今的还不下 70 余种。就楷书而言，有《多宝塔感应碑》《东方朔画赞碑》《颜家庙碑》《郭家庙碑》《大唐中兴颂》《麻姑仙坛记》《元结碑》《宋璟碑》《八关斋记》等石刻大碑，无一不是名垂千古、被后世奉为典范的作品。但是，最能代表他楷书成熟时期风格的书作首推《颜勤礼碑》。

《颜勤礼碑》全称《唐故秘书省著作郎夔州都督府长史上护军颜君神道

碑》。神道碑是立在墓道前记载死者事迹的石碑，下款"曾孙鲁郡开国公真卿撰并书"，可知是颜真卿为其曾祖父颜勤礼撰写的墓碑。碑高 268 厘米，宽 92 厘米，楷书。四面环刻，碑阳 19 行，碑阴 20 行，行俱 38 字；左侧 5 行，行 37 字；右侧本有铭文，早在北宋时已被磨去。立于唐代宗大历十四年（779）。宋欧阳修《集古录》、赵明诚《金石录》均有著录。宋元祐年间石佚。1922 年重出于今西安市社会路，碑已断。后移置新城。次年何梦庚在碑侧加刻跋记，宋伯鲁书。1948 年移西安碑林。现存西安碑林博物馆。上海有正书局、文物出版社、陕西人民出版社有影印本，《西安碑林书法艺术》收图版。

图 7-3 《颜勤礼碑》（局部）

颜真卿写《颜勤礼碑》时年 71 岁，此碑文是他晚年最为精熟老到之作。当时他的风格已完全确立，且精力充沛，用笔之劲健、流畅，已到炉火纯青的地步。又因该碑久埋土中而重出，未受历代捶拓剔剜之损，故字字清晰如新，神采丰足，是学颜入手的最好范本。此碑的笔法最讲中锋运笔，逆入平出，藏头护尾，锋棱不露，笔力深沉，圆劲内涵。颜楷中的典型笔画长撇、长捺、长竖均很突出。长捺末尾提笔出锋先收后放；竖笔直行直下，显得十分峻劲挺拔；转折处多为内方外圆，有时不加顿挫而提笔另起，以方笔出之。结体也一反唐初楷书向中间收敛的特点，笔势开张，挤满方格，内松外紧，上紧下松，显得宽舒圆满，雍容大度。整个气势端庄伟岸，雍容雄秀，高古苍劲，大气磅礴。

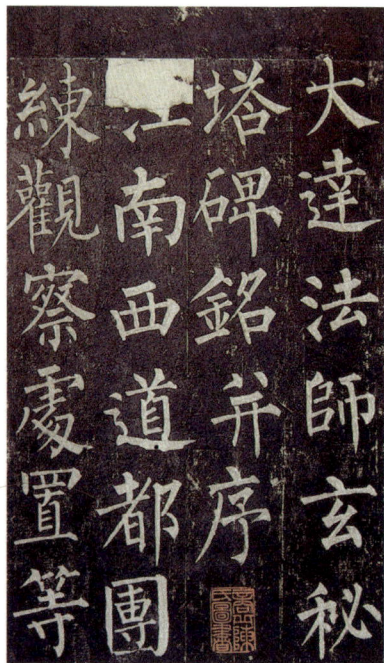

图7-4 《玄秘塔碑》(局部)

四、柳公权《玄秘塔碑》

柳公权 (778—865), 唐书法家, 字诚悬, 京兆华原 (今陕西铜川市耀州区) 人。唐穆宗时被召为翰林院侍书学士, 历穆宗、敬宗、文宗三朝侍书禁中, 官至太子少师, 人称柳少师。书法以楷体擅名。他吸取欧阳询的结构紧密、颜真卿的笔势开张而自成面目, 写出了独树一帜的柳体。其风格骨力遒健, 间架挺拔, 具有强烈的结构观念, 对后世影响很大, 与颜真卿并称"颜柳"。颜筋柳骨代表了唐代两大楷书类型的基本特征。柳公权传世墨迹甚丰, 著名的有《神策军碑》《金刚经》《李晟碑》《大唐回元观钟楼铭并序》《冯宿碑》《刘沔碑》《高元裕碑》等。然而, 最能代表其风格的是《玄秘塔碑》。

《玄秘塔碑》, 全称《唐故左街僧录内供奉三教谈论引驾大德安国寺上座赐紫大达法师玄秘塔碑铭并序》, 内容记述大达法师在唐德宗、顺宗、宪宗等朝受皇帝恩遇的情况。会昌元年 (841) 十二月立, 裴休撰文, 柳公权书并篆盖。碑文楷书, 28 行, 行 54 字。现存西安碑林博物馆。原碑有断裂, 个别字迹有磨损, 但整体笔画完好, 故临习柳体者, 常以此碑为入门之阶。

《玄秘塔碑》用笔多用中锋, 方圆并用, 提按分明。横画则长横细, 短画粗; 竖画既有悬针竖, 又有垂露竖; 撇捺一般是撇轻捺重。结体峻整, 内紧外松, 间架挺拔秀美。整体风格落笔锐利, 字画瘦硬, 骨格显露, 极为劲健, 像刀劈斧砍一样, 令人耳目一新。明王世贞《弇州山人四部稿》云: "此碑柳书中之最露筋骨者, 遒媚劲健, 固自不乏, 要之晋法一大变耳。"有

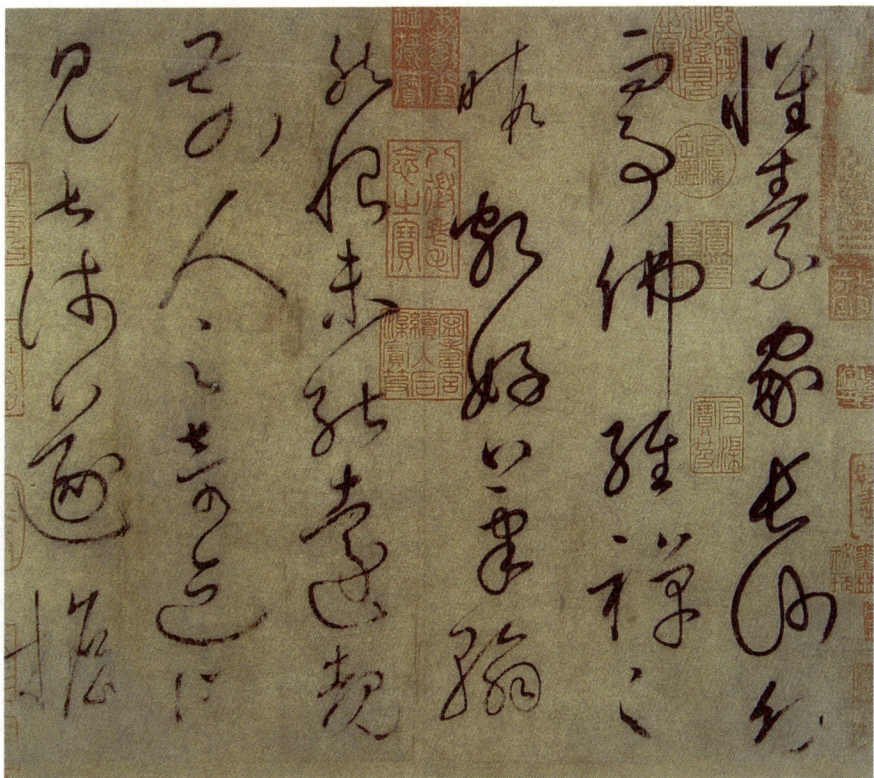

图 7-5　苏本《自叙帖》（局部）

人贬柳体太露。其实露也不一定就是短处，不露何以使人有斩钉截铁的感受？露也有雅俗之分，美丑之别。只要露得有风采，不板滞，令人愉悦，就是一种显露美，是与含蓄美不同的美的形式。此碑正是从露中变化了运笔，变化了结构，变出了筋骨，变出了神采。

五、怀素《自叙帖》

怀素（725—785，一作 737—799），唐代草书家，僧人，字藏真，俗姓钱，湖南长沙人。他自幼酷爱书法，勤学苦练，广植芭蕉，以蕉叶代纸书写，因名其居曰绿天庵。初学钟繇、二王，后从颜真卿处学得张旭草法，继张旭完成了狂草的创造，成为与张旭齐名的狂草大家，人称"颠张醉素"。狂草是一种最为恣肆放纵的草书，其用笔重在表情达意，笔画省简连绵，往往一笔数字，是草书的极限。怀素的狂草，较张旭笔法变化丰富，但不违背传统法度，可识性强，因而对后世的影响超过张旭。存世书迹有《论书帖》《圣母帖》《小草千字文》《大草千字文》《四十二章经帖》《苦笋帖》等，而最能代表他的艺术成就的是《自叙帖》。

怀素《自叙帖》先后写过数本。北宋时还能看到三本：一本由冯京藏，后归御府，《宣和书谱》载录，其后下落不明；一本在蜀中石阳休家，几经辗转，入清为大学士阿桂所得，其孙那彦成任直隶总督时将其刻于保定"莲池书院之南楼"，碑石今存河北保定莲池碑林，字稍肥；一本存苏子美家，子美名舜钦，北宋著名书法家，此本可称苏本《自叙帖》，被公认为怀素的代表作。

苏本《自叙帖》，墨迹，纸本，126 行，698 字，首 6 行早损，是苏舜钦补书的。卷首有明李东阳篆书引首"藏真自序"，有清乾隆皇帝为此帖题的赞诗。卷中的鉴藏印记，反映了其辗转流传的过程。五代南唐时为内府所藏，皇帝李璟、李煜极珍视，卷尾有南唐升元四年（940）重装题记可证。从北宋始流入私人手中，曾经苏舜钦、邵叶、吕辩，明徐谦斋、吴宽、文徵明、项元汴、清徐玉峰、安岐等收藏。可能于乾隆十三年又转归清朝内府收藏，卷尾有收藏时的题记："藏真草书豪迈中有浑穆之气，此其所以神也。卷中古色盎然，杜衍、苏辙诸跋尤胜。唐宋人真迹殊不多得，可不宝诸？乾隆戊长仲夏御识。"还钤有"乾隆御览之宝""嘉庆御览之宝""宣统御览之宝"等御玺。原帖现藏台北故宫博物院，文物出版社有珂珞版影印本，题名为《怀素自叙帖真迹》。

按卷尾怀素自题，此帖书于唐代宗大历十二年（777）冬，怀素时年 41 岁，是作者正当盛年的作品。全文为怀素自叙其学书经历和创作经验，后半部分记载了"当代名公"颜真卿的赞语及张谓、卢象、戴叔伦、钱起等对他草书的赞诗。书体为狂草，但不同于张旭的引隶入草，此帖为引篆入草。用笔多用中锋，藏锋内转；融合篆书笔法，多用圆笔，圆转活脱，游走飞动；笔画尚瘦，刚劲遒健。其结体狂纵雄强，剑拔弩张，笔走龙蛇，随手万变。布白参差错落，忽大忽小，忽放忽收，似为任意安排，但疏密、斜正、大小、枯润等极其协调，于动态中达到艺术上的平衡美。此作虽师承张旭，但不及张旭狂纵，未出传统法度。怀素的草法受王献之的影响很大。包世臣在《艺舟双楫》中就说献之草法是"导源秦篆"的。

历代书家对此帖多有评论。宋苏轼说："素公自序，尤能自誉，观者不以为过，信乎其书之工也。"明王世贞云："此帖如并州劲铁，北山迅鹰，奇矫无前，独冠诸种。"

六、苏轼《黄州寒食诗帖》

苏轼（1037—1101），北宋文学家、书画家，字子瞻，号东坡居士，眉州眉山（今四川眉山）人。虽曾官礼部尚书，但宦途坎坷，累遭贬谪。苏轼是位旷世全才，诗词、文、书都有划时代的成就。书法擅长行书、楷书，取法李邕、徐浩、颜真卿、杨凝式，而能自创新意。用笔丰腴跌宕，有天真烂漫之趣，是宋元尚意书风的代表。与黄庭坚、米芾、蔡襄并称"宋四大家"。存世书迹著名的有《答谢民师论文贴》《江上帖》《近人帖》《东武帖》《醉翁亭记长卷》及石刻《墨妙亭记》《多心经》《水乐洞诗》《六一泉铭》等。最足以代表其行书艺术成就的是《黄州寒食诗帖》。

《黄州寒食诗帖》，纸本，行书。苏轼自作五言诗二首，凡 17 行，计207 字。后有黄庭坚大行书跋，明董其昌小行书跋。现藏台北故宫博物院，收入《戏鸿堂法帖》《三希堂法帖》，刊于人民美术出版社《中国美术全集·宋金元书法》。

北宋神宗元丰二年（1079），苏轼知湖州，看到"事不便民者"就写入诗中，被几个御史发现，摘出他某些诗句，说他以诗讪谤朝廷，加以弹劾，逮捕入狱，这就是有名的"乌台诗案"。出狱后，被贬为黄州团练副使。苏轼常足登麻鞋，与当地农民"相从溪山间"。第二年，故友马正卿为苏轼请得

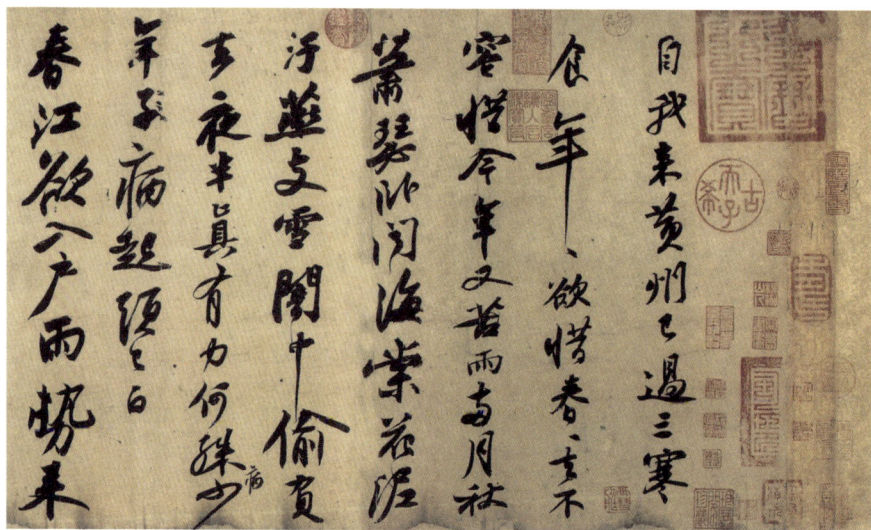

图 7-6 《黄州寒食诗帖》（局部）

城东营防废地数十亩，苏轼垦荒建室，耕食其间，因自号"东坡居士"。元丰五年，他 46 岁，在极度愤懑中奋笔写成《黄州寒食诗》二首。第一首写来黄州已三年，生活艰辛，每为寒食、清明之雨所苦，遇秋风萧瑟，海棠花落，倍觉伤感，愁病交加。第二首写雨势更急，小屋漏雨，打破灶具，吃的是煮寒菜，烧的是湿芦苇，孤苦伶仃，无可奈何。两首诗抒发了他贬谪黄州后的抑郁心绪。

此诗始则曼声细诉，继则孑然饮泣，或凄然长啸。书法与诗相得益彰，满纸身世颠沛之悲，家国不宁之怆，字字含泪，笔笔有情，给人以深刻的感受，代表了苏轼以行书写意的最高成就。帖以宋人惯用的手卷形式写出，用笔以侧锋为主，烂漫不羁，坚利凝重，一气呵成。笔画粗壮丰满，字体真行相间。从一字到一行，从一行到全篇，上下左右松紧敧侧，错落有致，浑然一体。字形忽大忽小，极其随意，各具姿态。用笔跳宕突变，重者如蹲熊，轻者似掠燕。如年、中、苇、纸等字，尖笔长竖，锐不可当。布局疏密有度，不时透出疏朗的气息。通观全帖，有缓起渐快的节奏，也有由小及大的字形，

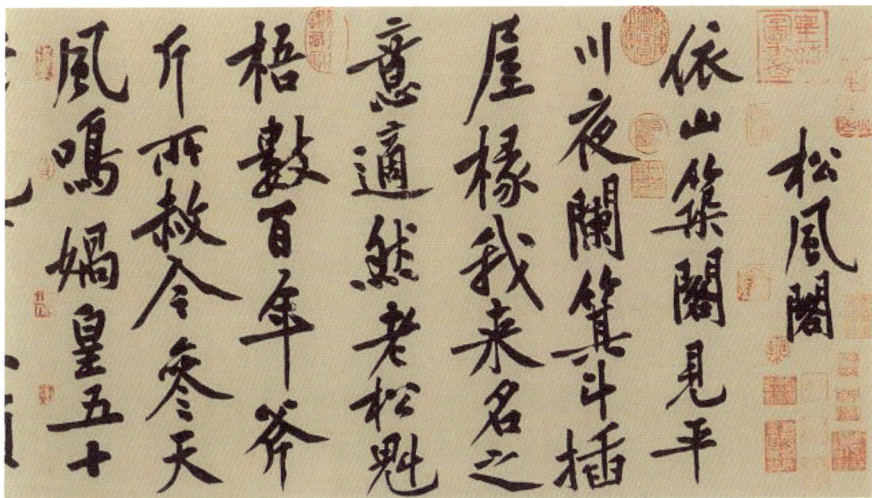

图 7-7 《松风阁诗帖》（局部）

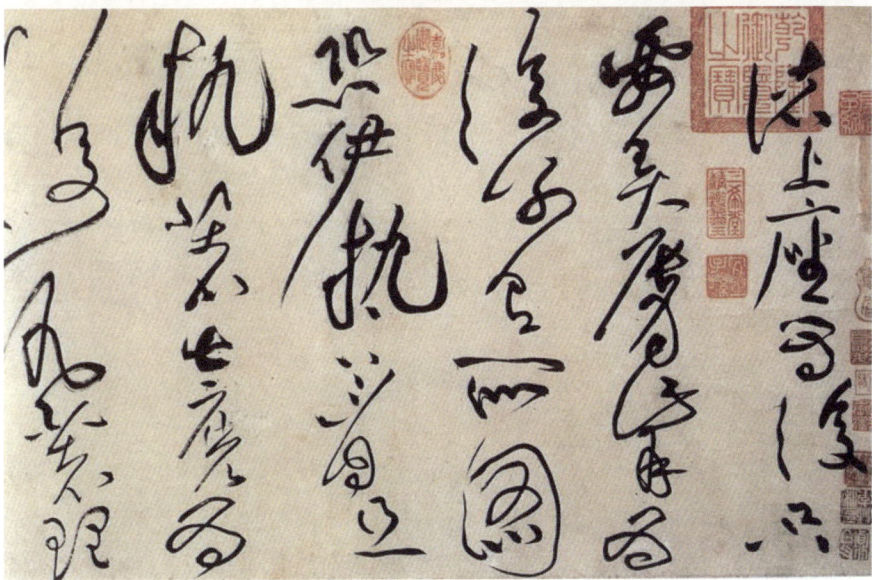

图 7-8 《诸上座帖》（局部）

复有由细变粗的笔姿，更有始淡终浓的墨趣。以行书起笔，愈写愈洒脱奔放，笔墨与心境相随起伏流转，如滔滔江河，宣泄于纸卷之上，具有浓烈而又沉郁的悲剧色彩。确是苏轼纵情而书的神来之笔，正如他本人所说"无意于佳乃佳"。黄庭坚认为"试使东坡复为之，未必及此"。这说明书法中的神品往往是那些大手笔在潜意识下写成的，是特殊人在特殊条件下的产物。

七、黄庭坚《松风阁诗帖》

黄庭坚（1045—1105），北宋诗人、书法家。字鲁直，号山谷道人、涪翁，世称黄山谷，洪州分宁（今江西修水）人。工于文，长于诗。诗与苏轼齐名，世称"苏黄"，为江西诗派创始人。尤精书法，为"宋四家"之一。草书取法怀素，楷书学颜真卿，尤得力于《瘗鹤铭》之神韵。"晚入峡见长年荡桨"，顿悟笔法，书艺大进。善行、草书，风格自成一家。存世名作行书有《松风阁诗帖》《范榜传》《经伏波神祠诗》等；草书有《李白忆旧游诗卷》《诸上座帖》《花气薰人帖》《廉颇蔺相如列传》等。

《松风阁诗帖》，纸本，行书，现藏台北故宫博物院，刊于中国台湾《故宫历代书法全集》（二）。

黄庭坚的一生始终与苏东坡休戚相关。东坡遭贬，他也一再遭贬。时当北宋徽宗崇宁元年（1102），他已57岁，以流谪之身，游于湖北鄂州的樊山，看到山峦风光秀丽，松林中有一楼阁，名曰"松风阁"。他触景生情，感慨万端，写下了《松风阁诗帖》。诗中借景抒情，表达了自己对长年贬谪生活的不满，渴望获得自由，但决心不向权贵低头。同时他还怀念师友，一腔热诚心绪跃然纸上。

此帖字大如小拳，笔画如长枪大戟或船夫奋力划桨，是典型的辐射式书体。结体如奇峰危耸，均取斜势，长线短笔，揖让有序，而其瘦劲处，深得"折钗股""屋漏痕"笔意。特别是长线条舒展丰润的姿态，兴趣盎然，显示出作者晚年书作成熟精到、得心应手的境界。其生涩的用笔，欹侧的结体，颇似诗中所谓参天老松之高古，久经风雨催压而不屈的气概。后人每以此帖推为山谷毕生第一名作，因为它代表了其成熟时期书法艺术的典型风格。此后三年作者就与世长辞了，此帖确为不可多得之作。

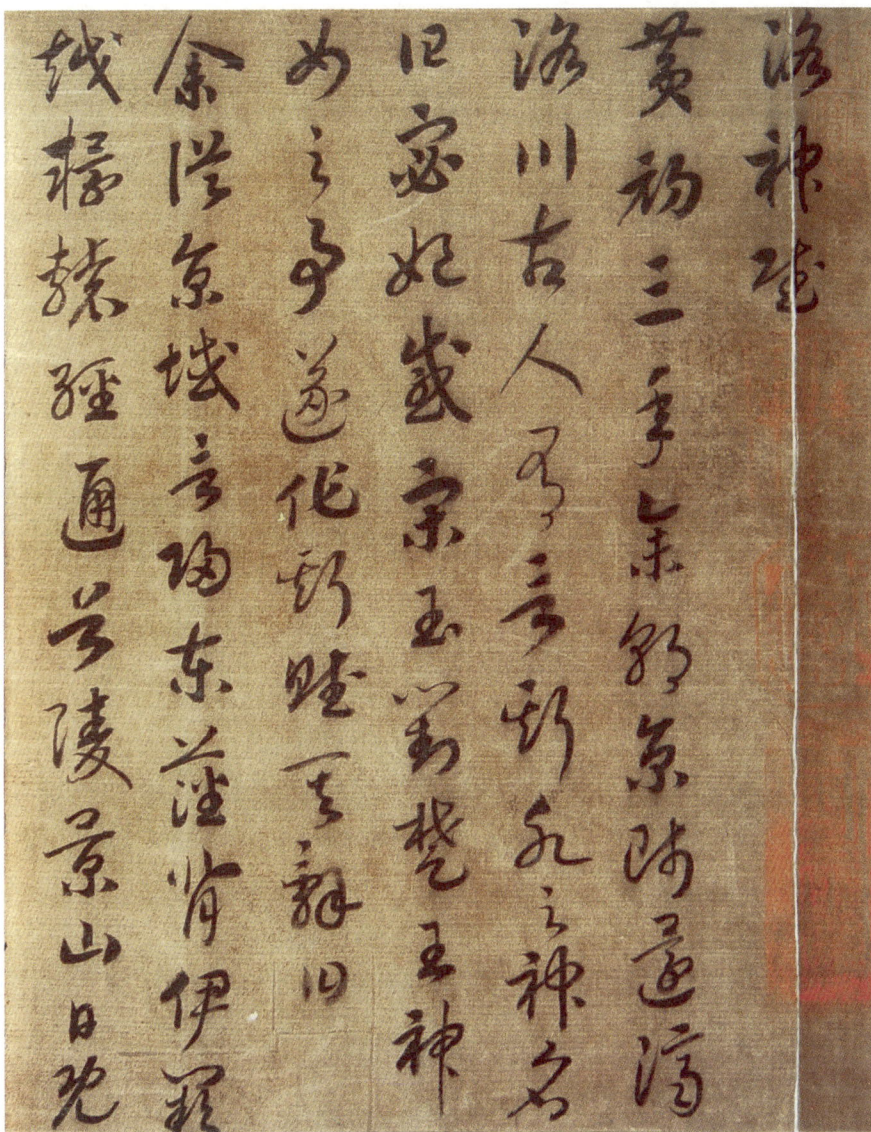

图 7-9 《草书洛神赋》（局部）

八、赵构《草书洛神赋》

赵构（1107—1187），即宋高宗，字德基，徽宗第九子。初封康王。金

2 1 5

人破东京（今河南开封），徽、钦二宗被俘，赵构南逃被拥戴为帝，即位临安（今杭州），建立南宋，在位 36 年。此人与其父一样，政治上昏聩无能，但在艺术上聪颖灵慧。在书法方面，较其父继承传统更力，成就更高，见解更深刻。其书初学黄庭坚，继学米芾，后专意钟、王，学书甚勤。自谓"余五十年间，非大利害相妨，未始一日舍笔墨"，"自魏、晋以来至六朝笔法，无不临摹"。著《翰墨志》一卷，颇多精辟之论。存世墨迹有"玉堂"二大字，《徽宗文集序》《高宗御书石经》《赐岳飞手敕》《佛顶光明塔碑》《暮春三月诗帖》《正草千字文》《草书洛神赋》等。

《草书洛神赋》，绢本，《石渠宝笈初编》著录。刊于《中国美术全集·宋金元书法》、日本《中国书道全集》（六）。

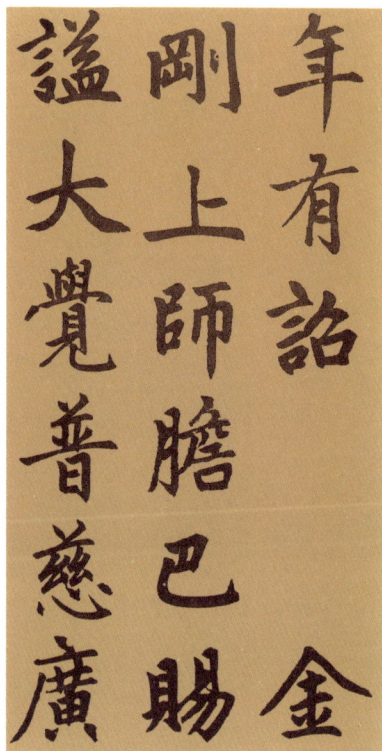

图 7-10 《胆巴碑》（局部）

《洛神赋》曹植撰，赵构书于绍兴三十二年（1162）。这一年他让位其子赵眘，即宋孝宗。当时他已 55 岁，企图逃避金兵压境的威胁，以求苟安，颐养天年。故书《洛神赋》以表达其羡慕爱情、逸乐的情愫。其书笔法稍瘦，气势苍逸，多含章草笔意，多有二王笔法。被誉为"六朝风骨，自成一家"，是赵构草书的代表作。

九、赵孟頫《胆巴碑》

赵孟頫（1254—1322），元书画家，字子昂，号松雪道人，吴兴（今浙江湖州）人，宋宗室。仕元，累官至翰林学士承旨，封魏国公，谥文敏，世称"赵松雪"或"赵文敏"。他与苏轼一样，以全才冠世，精通诗文，熟谙道释，善于绘画，尤擅书法。楷书、行书、小楷均精。学李邕而以王羲之、王献之为宗，以娴熟的技巧和对古典的深邃理解，成为善于继承的名家。他能日书万字，圆转遒丽，人称"赵体"，与"颜、柳、欧"并称楷书四大家。他的著名作品楷书有《胆巴碑》《玄妙观重修三门记》《仇锷墓碑铭》《御服碑》等，行书有《洛神赋卷》《事苏州诗帖》《雪岩和尚拄杖歌帖》《赤壁二赋帖》《止斋记》《临兰亭序》，小楷有《汲黯传》《度人经》等。

《胆巴碑》全名为《大元敕赐龙兴寺大觉普慈广照无上帝师之碑》。"大觉普慈广照无上帝师"系西番突斯旦麻人，号哲卜尊胆巴，被皇帝尊为帝师，故又称《帝师胆巴碑》或《胆巴碑》。此碑是元仁宗延祐三年（1316）奉敕书写的，当时赵孟𫖯任集贤学士，年63岁。纸本，楷书，现藏故宫博物院，刊于《故宫博物院藏历代法书选集》（三）、日本《中国书道全集》（六）。

《胆巴碑》可以说是典型的"赵体"，线条滋润秀美，法度谨严，神采焕发。结体略取横势，重心安稳，撇捺舒展，儒雅安详。其用笔婀娜中含刚劲，起笔收锋，皆有筋骨。落笔露锋斜切，笔画挺健厚重，又极灵动。"一画之间，变起伏于锋杪，一点之内，殊衄挫于毫芒"，如精金美玉，卓然自立。赵孟𫖯当时写的感怀诗云："齿豁头童六十三，一生事事总堪怜，唯余笔砚情犹在，留与人间作笑谈。"他以宋皇族后裔而仕元，回首往事无不心酸，只有寄情翰墨，以排遣自己的矛盾心情。这幅作品即反映了他晚年寄情翰墨的心境。

十、明清时期的书法概况

明清两代，在历史上共历时五百余年。这一时期，虽然书法的高峰已过，但各种风格仍在不断发展中，书坛呈现一派百花竞艳的繁荣景象：或在继承中求发展，或在变革中求创新。总的说来有以下几个特点：一、帖学盛极而衰，碑学兴起；二、篆、隶书体的复兴与行草的创新发展；三、书家众多，流派纷呈，风格繁杂各异，但没有形成作为时代特征的主流风格；四、书法

与诗、文、画、印进一步结合，使书法作品成为表现民族文化精神的完美的
艺术形式。

明朝前期"台阁体"出现，多用于朝廷各类应用文书，楷法精到纯熟，
实用性强，但缺乏个性。中期为"吴门书派"，祝允明、文徵明、王宠各擅
所长，书法清雅醇和，最负盛名。祝允明草书号称"明朝第一"，文徵明书
画兼工，诸体皆善，年高徒众，影响深远。王宠小楷最优。稍后的董其昌亦
属于此类风格。晚明书坛徐渭、张瑞图、黄道周、倪元璐，以及后来由明入
清的王铎、傅山等，力反传统，造就了一场崭新的草书高潮。

清代书法以乾隆时为界，前期沿袭明代书风，帖学再次推向高潮。著名
书家前有清初"四大家"的笪重光、姜宸英、汪士鋐、何焯；后有并称"翁、
刘、梁、王"的翁方纲、刘墉、梁同书、王文治；还有"馆阁体"的代表书
家张照。这些帖学家大都功力深厚，笔法纯熟，但受时风习气影响，少有突
破。一部分书家另辟蹊径，转攻篆、隶，为书坛注入一股新生气，代表书家
有郑簠、郑燮、金农等。

清代后期，帖学衰极而碑学兴，阮元、包世臣、康有为相继著书立说，
鼓吹北碑，一时蔚然成风，朝野竞相临摹，赖以名家者亦众，代表书家有伊
秉绶、何绍基、杨沂孙、张裕钊、赵之谦、杨守敬、吴昌硕、康有为等。虽
然此时碑学甚隆，而以二王为旨归的帖学并未因此绝响，具有远见的书家，
仍以二王传统厚植根基，旁参碑学，努力融碑帖于一炉，从而创建独特的书
风，为书法的发展开辟新路，代表书家有翁同龢、曾熙、李瑞清等。

第二节 国画与传统文化

中国绘画，简称国画，是具有悠久历史和优良传统的绘画类别，在世界

美术领域中自成体系。国画是用毛笔、墨和中国颜料在特制的宣纸或绢上作画。分为人物、山水、花鸟等画科。技法上又分为工笔、写意两大类。有壁画、屏障、卷轴、册页、扇面等多种画幅形式。还有独特的装裱工艺。

国画与西洋画相比，具有鲜明的民族形式和艺术特色。国画表现物象传统的美学法则是"外师造化，中得心源"；采用的方法是"目识心记，以形写神"。对于描写的对象，作者经过仔细观察，从形体结构方面找出它的法则，然后用"默写"的手段表达主题。不是对物象作纯客观的描摹，而是把客观物象与作者的艺术思维融合在一起，即作者思想进入他所描写的对象，把自然形象变为"艺术的形象"，也就是赋予物象以感情，渗入作者的气质与品格，以达到"以形写神""形神兼备"的最高境界。国画的画面并不是把一切都画出来，而是留有欣赏者展开想象翅膀的广阔空间。国画的构图从不把"视点"固定在一定位置上，而是采用"移动透视"的表现手法处理构图，近代画论家把它叫"散点透视"，也有人叫"不定点透视""运动透视"或"以大观小"。山水画作者常把高耸的山峰、涓涓的流水、曲折的山径、茂密的树林、栉比的屋宇、活动着的人物，统统组织到一个画面，使人看得多，看得全，看得远，看得细，而且浮想联翩。《清明上河图》中画拱桥一段，既画桥上，又画桥下，既画屋内，又画屋外，表现了极其丰富的内容。这就是运用"移动透视"的构图法。采用这种方法，不是采取自然主义，而是运用"艺术"的眼睛，利用自然，支配自然，充分地发挥其艺术效果。用线造型是国画技法的重要表现手段。画家用明快、犀利多变的勾线，再加以皴擦点染、水墨设色等手法来表现形体的质感及阴阳向背等，具有高度的表现力。古代的画论作者，把描写人物画不同的笔法总结为"十八描"。其他如山水、花鸟、云火、竹菊、梅兰等画，也都采用不同的线描。南宋画家马远，用不同的线描创造出二十余种不同环境和气候下的水纹，如"微风漾波""惊涛骇浪""春潭发蜇""大江悠悠"等。可见用线条描绘物象的表现力十分丰富。国画与书法同源而异流，它们始终使用同一工具，国画中的全部线条也都是书法点线的变化，"自古画法通书法"，两者虽艺术形式不同，

图 7-11 《步辇图》

但在达意抒情上都和骨法用笔、线条运用紧密联系，因此，国画与书法、篆刻相互影响，形成又一艺术特征。

绘画是文化史不可缺少的组成部分。人们的文化生活中处处有绘画，雕梁画栋的房屋、五光十色的陈设、色彩缤纷的服装、丰富多彩的书籍插图，总之，人们的衣食住行都离不开绘画。绘画美化了人类生活，也美化了人本身。在中国这样一个泱泱文化古国中，我们的祖先留传下来的绘画作品堆积如山，绘画史籍汗牛充栋，这与观念文化一样，是一份有形可见的传统文化遗产。我们应该珍惜它，研究它，发扬它。

中国绘画具有悠久的历史。远在文字形成以前，就已有了绘画的萌芽。史前文化以及整个中国文化的灿烂历史都与绘画艺术息息相关。以已有专业画家或画工所从事的画种来说，人物画从晚周至汉魏、六朝渐趋成熟，山水、花鸟至隋唐已形成独立的画科。五代、两宋流派竞出，水墨画盛行，山水画蔚然成为大科。文人画于唐代兴起，宋代已有发展，而至元代大兴，画风趋向写意；明清和近代续有发展，日益侧重达意畅神。在魏晋、南北朝、唐代和明清等时期，它先后受到佛教绘画艺术及西方艺术的影响。

图 7-12 《送子天王图》（局部）

从以上略述可知，中国绘画发展史是中国文化史的重要内容之一，不了解中国绘画，也就不能全面认识中国优秀传统文化。下面介绍一些画家和绘画作品。

一、阎立本《步辇图》

阎立本（约 601—673），唐初画家，雍州万年（今陕西西安）人。他的父亲阎毗、兄阎立德俱擅工艺、建筑与绘画，驰名于隋唐间。他曾官将作大臣，工部尚书，后任右相，改中书令。他继承家学，并师法张僧繇、郑法士，而能"变古象今"。擅画人物，笔力圆劲雄浑，能刻画出人物性格特点和神态气度，是唐代人物画的先驱。流传作品有《步辇图》《历代帝王图》《职贡图》《萧翼赚兰亭图》等。

《步辇图》，全名《唐太宗步辇图》，现藏故宫博物院。此画以唐太宗贞观十五年（641），吐蕃王松赞干布与文成公主联姻的历史事件为题材，描绘了唐太宗接见吐蕃王派来迎接文成公主的使臣禄东赞的情景。画的中央上方有《步辇图》三字，是宋高宗赵构的手笔，并盖有印记。画的右面正中是唐太宗盘膝坐在步辇上，神态自若，雍容大度。有二宫女一前一后，肩挽辇带手扶辇柄，徐徐前进。辇的两侧，分列四个宫女一同扶辇。辇的外围有持宫扇及红色伞盖的三名宫女分列在辇的两边和后面。画的左面，后为一穿白

图 7-13 《辋川图》

袍的内官，前面是一朱衣执笏引班的礼官，中间是吐蕃使者禄东赞。使者彬彬有礼，着平顶小帽，团花窄袖长袍，双手合掌，表现出真诚迎接文成公主进藏时的友好心情。阎立本可能参与了这次会见，此画真实地再现了当时的情景。作品对不同人物的身份、气质、仪态和相互关系表现得很恰当。衣纹简劲纯熟，设色单纯沉着。从作品看，他的画法是先钩墨线，而后敷色，设色中有平涂、有渲染，但色上不再以色线勾勒。整个画面，线条流畅，色彩和谐，是一幅出色的工笔重彩人物画卷。

二、吴道子《送子天王图》

吴道子（约 685—758），唐画家，又名道玄，阳翟（今河南禹州）人。初从张旭、贺知章学习书法，未成而罢，转习绘画，年未二十，崭露头角。曾任小吏。浪迹洛阳时，被唐玄宗召入长安宫中，授以"内教博士"。擅画道释人物，亦善画鸟兽、山水。在长安、洛阳二地寺观作壁画三百余间，"奇迹异状，无一同者"。画佛像圆光，屋宇柱梁，皆一笔挥就，不用规矩。所画衣褶，笔势圆转，表现当风飘舞的状态，故有"吴带当风"之说。其画被列为"神品上"，历代论者尊他为"画圣"。画迹有《明皇受篆图》《十指钟馗图》，著录于《历代名画记》；《孔雀明王像》《托塔天王图》等 93 件，著录于《宣和画谱》。传世作品有《送子天王图》。

《送子天王图》，又称《释迦牟尼降生图》，纸本，白描，无款。传为吴道子所作，一说是宋人摹本。现藏日本大阪博物馆。画面上是释迦牟尼降生后，他的父亲净饭王抱他去拜谒天神的情景。画分两段：前段写天王召见送子之神，送子之神及瑞兽奔驰前进，然

图 7-14 《清明上河图》（局部）

后天王骑上瑞兽神态自若，流露出激奋愉悦之情，侍臣牵着瑞兽奔跑；后段写净饭王抱着初生的释迦牟尼，缓步来到神庙中，诸神为之慌忙匍匐下拜的情节。从对净饭王和天神形象的刻画和对诸神崇敬动作的描绘，有力地烘托出褓褓中婴儿的不凡。全幅描写了众多人物和神怪，个个生动逼真，其动作和表情足以揭示其各自不同的心理活动。此画基本造型手段是线条，其挺拔有力，具有准确和生动的节奏感。飘举的衣带作兰叶描，并略做渲染，显现出人物的动感。

三、王维《辋川图》

王维（701—761），唐诗人、画家，字摩诘。祖籍太原祁（今山西祁县），其父迁家蒲州（今山西永济）。官至尚书右丞，世称王右丞。晚年居蓝田辋川，过着亦官亦隐的优游生活。今存诗近四百首。精绘画，善画水墨山水。苏东坡称他"诗中有画"，"画中有诗"。他将诗与画融合为一，开文人画之先河。董其昌说："文人之画，自王右丞始。"王维著有《山水诀》一卷，认为"画

道之中，水墨最为上。肇自然之性，成造化之功"。他作"破墨山水"，是当时以水渗透墨彩来渲淡的新技法，打破了青绿重色和线条勾勒的束缚，更适于对自然景物的描绘。画迹有《青枫树图》《孟浩然马上吟诗图》等，著录于《唐朝名画录》；《太上像》《山庄图》《雪山图》等126件，著录于《宣和画谱》。传世的《雪溪图》《江山雪霁图》，杨仁恺认为非王维真迹。

《辋川图》是王维的名作。画于清源寺壁上，是他对蓝田辋川山水风光的描摹写生，借以抒发他闲居恬淡的情怀。唐人张彦远评为"清源寺壁上辋川（图），笔力雄壮"。朱景玄评为"山谷郁郁盘盘，云水飞动，意出尘外，怪生笔端"。汤垕认为此画之所以出色是作者"胸次潇洒，意之所至，落笔便与庸史不同"。此图宋代已流传多种摹本，现今流传之石刻本辋川图，描绘辋川别业中诸景，仅可作了解此一题材之参考。今见陕西人民美术出版社1984年版冯立著《隋唐画家轶事》，附有王维《辋川四时图》春、冬二幅，确是山峦盘绕，云水飞动，当属后人摹本的一种。

四、张择端《清明上河图》

张择端（约1085—1145），北宋画家，字正道，东武（今山东诸城）人。早年游学汴京（今河南开封），后习绘画。徽宗朝（1101—1125）供职翰林图画院。擅画界画，喜画城市、宫室景物，尤工舟车、市街、桥梁，皆惟妙惟肖，独具风格。传世画作有《烟雨风雪图》《西湖争标图》。代表作是《清明上河图》。

《清明上河图》，画幅呈长卷，纵24.5厘米，现藏故宫博物院。画面描绘了12世纪的一个清明节，北宋首都汴京东角楼部分街区和郊外汴河沿岸一角的景象。画出各种人物五百多个；驴、马、牛、猪、骡、骆驼各类牲畜五六十头；各种车、轿二十有余；大小漕运舟船二十多只；楼台、农舍、店铺三十余栋。人物活动有赶集的、贩卖的、饮酒的、问卦的、剃头刮脸的、骑驴的、乘轿的、买药的、闲谈的、打盹的，还有推车拉舟、探亲上坟、说书杂耍、井边汲水等，形形色色，生动活泼。此画从郊外起首，渐渐接近繁华闹市。郊外水塘、小溪、小桥、茅舍、古柳、丛林，清新寂静。赶集的人群和驮运的骡马，沿着乡间小路渐次奔赶市街。汴河流贯市街，河内船只有的停靠岸边，有的在激流中行驶。再向前到了拱桥，这是长卷的高潮处，一只船放下桅杆正待过桥，桥上的人群在两侧扶栏为船工呐喊加油；一个人站在船篷上提醒船工，船篷下还有两人伸手呼叫。过了拱桥便是街市中心，街道两旁的酒楼店铺、达官宅府各异其趣。街市上熙熙攘攘，热闹非凡。画家运用散点透视法，让观众观赏了北宋社会颇具代表性的一角。作为史料，北宋的农业、手工业、交通运输、商业贸易、建筑修造，以及世俗生活、文化活动等都可以在这帧长

图 7-15 《踏歌图》

卷里找到具体形象。作为艺术品，它以宏阔的场面、丰富的内容和纯熟的技巧，代表了中国风俗画的最高成就，浓缩着北宋市民艺术的审美趣味和审美理想，是中国古代绘画史上的伟大杰作。

五、马远《踏歌图》

马远（1140—1225），南宋画家，字遥父，号钦山。祖籍河中（今山西永济），生长钱塘（今浙江杭州），曾祖、祖父、父亲、伯父都是画院画家。他继承家学，光宗、宁宗时（1190—1224）历任画院待诏。擅山水，画山石用笔直扫，水墨俱下，见棱见角。后人把他与夏圭、李唐、刘松年合称"南宋四大家"。存世作品有《踏歌图》《水图》《华灯侍宴图》等。

图 7-16 《富春山居图》（局部）

图 7-17 《九峰雪霁图》

《踏歌图》，绢本，今藏故宫博物院。它从侧面反映了宋金对峙时期浙江山区农民健康的精神状态和奇丽的春光山色。田埂小桥上，四个酒后回家的农夫一路唱着山歌，头一个持杖老翁回首与后面的三个对唱，最后一个挑着酒葫芦，醉意正浓，农夫们边唱边用脚打拍子，画名即由此而来。巨石下躲着两个偷看的儿童，见状大笑。近处一角山石突兀，竹柳丛树掩映；远处高峰削耸，宫观隐现，朝霞一抹。整个气氛欢快、清旷。作品的上部有南宋宁宗赵扩"御题"的诗句："宿雨清畿甸，朝阳丽帝城。丰年人乐业，垅上踏歌行。"右下角署"马远"二字，是一件流传有绪的杰作。

《踏歌图》是马远山水画的代表作，技法上有许多突破前人之处。在构图上从某个最佳处截取自然景观，近景用特写方

式选取景物的一角，自然而紧凑，故人
称"马一角"。画面下紧上松，天空开阔，
又将近、中、远三景的空间拉开距离。
三景各有照应，融为一体。画中的点
景人物是作品的主题，描写农夫的游乐
活动，为山水画增添了世俗的喜庆色彩，
使人的感情与自然景物达到共融。点景
人物用减笔描，线条刚直挺健，方笔转
折，简劲明朗，各类树形皆尽其态，又
统一在一种风格中。画柳行笔瘦硬如屈
铁，画树枝向下增加长度，转折有力而
不病弱，十分抒情，被誉为"马远拖枝"。
而画中山石的笔墨更见古雄苍劲，用中
锋勾出岩石轮廓，再以浓墨渴笔卧笔斜
刷，即"大斧劈皴"。用不同的墨色渲染
出阴阳向背，增强山石的体积感，远山
则轻描淡写，笼于雾中。

六、黄公望《富春山居图》

黄公望（1269—1354），元画家。
本姓陆，名坚，平江常熟（今属江苏）
人。出继永嘉（今属浙江）黄氏为义子，
其父九十得子，有"黄公望子久矣"之语，

图 7-18　《墨葡萄图》

因姓黄，名公望，字子久，还有号一峰、大痴道人等。中年做过小吏，因受
牵连而坐牢，出狱后隐居不仕，皈依"全真教"，浪迹江湖，往来于杭州、松
江等地讲道卖卜。五十岁左右开始山水画创作，曾受赵孟頫影响，上师董源、
巨然等，晚年大变其法，自成一家。常常携带笔墨，在虞山、富春之间领略

江南风光，随时摩记。作水墨画，运用草篆笔法，皴笔不多，苍茫简远，气势雄秀，有"峰峦浑厚，草木华滋"之评。设色多用淡赭，首创"浅绛"山水。与吴镇、倪瓒、王蒙合称"元四家"，而"以黄公望为冠"。他对明清山水画影响甚大。存世画迹最著名的有《富春山居图》《天池石壁图》《九峰雪霁图》等。

《富春山居图》是黄公望最得意的作品。元至正七年（1347），他79岁时在富春山寓居创稿，历时三四年始告完成。至正十年（1350），他81岁题跋时，尚未最后完成。此图经明沈周、文彭、董其昌等题记，明清许多画家都从中得到启发。图卷于清顺治七年（1650）辗转传至吴洪裕之手，洪裕十分喜爱，临死前曾将此画殉之于火，被其侄吴真度从火中抢出。从此画分两段，前段已烧残，又经五次转手，现藏浙江博物馆；后段四次易主，从清宫内府转归故宫博物院，后又被转运至台湾，藏于台北故宫博物院。

此图描绘富春江两岸景色，采用平远、阔远、高远"三远"并用的构图法，重山复岭、坡陀沙渚、山外远景，变幻十分丰富。作者在为山川传神时，客观地表现了那里以土质山为主，以松、杉为主要植被的特征，画中的平坡、亭台、村舍、舟桥、渔家，静中有动，生趣盎然，都笼罩在初秋的氛围里。在笔法上虽取法董、巨，而又自出新意，山石多用披麻皴，以秃笔干墨，边皴边擦，极少渲染，丛树平林多用横点，笔墨纷披，林峦浑秀，似平而实奇。

七、徐渭《墨葡萄图》

徐渭（1521—1593），明文学家、书画家。字文长，号天池山人，晚年号青藤道人，或署名田水月，山阴（今浙江绍兴）人。幼时聪颖早慧，20岁中秀才，但至41岁八次乡试落第。中年在浙闽总督胡宗宪府上当过幕僚，亲身参加了东南沿海的抗倭斗争。胡宗宪后因官场失利下狱自杀。徐渭一度精神失常，终因杀妻获罪，入狱达七年之久。晚年以卖书画为生。诗文、戏曲著作甚丰，有《徐文长集》。中年以后开始学画，擅长花鸟，兼能山水、人物，用笔放纵，水墨写意，不拘绳墨，笔简意浓，形象生动，开启了明清以来水墨写意画的新途径。清郑板桥极崇拜他，自称"青藤走狗"，现代齐白石还恨"不生三百年前"，为他"磨墨理纸"，可见徐渭的水墨写意画不知震撼了多少艺术家的心。传世著名作品有《墨葡萄图》《荷蟹图》《梧桐芭蕉图》《牡丹蕉石图》等。

《墨葡萄图》，纸本，现藏故宫博物院。此画自右上写葡萄一枝，藤条纷披错落，向下低垂。以饱含水分的泼墨写意法，点画葡萄枝叶，清风袭来，墨点成的葡萄珠随蔓而舞，显得淋漓酣畅。状物不拘形似，取其神韵。左边的题字和垂落下的藤蔓，表现出险中求稳的构图。其画意远远超出了葡萄本身，作者从拟人化的角度表现了葡萄的性质，成为物化的自我写照。画上的行书题诗："半生落魄已成翁，独立书斋啸晚风，笔底明珠无处卖，闲抛闲掷野藤中。"前两

图 7-19 《荷花双鸟》

句说明此画创作的时间已是中晚年，后两句把不得志的心情表露无遗。这是作者通过状物抒发自己怀才不遇，屡遭磨难，最后困居书斋惆怅和烦闷的心情。状物拟人，表现手法独出心裁。画面的墨法不落陈套，浓墨落纸再点上清水，将浓墨冲散开，任其自由渗扩，借变幻的墨色层次引出墨韵以抒胸臆。这在技法上颇有创新意义。

八、朱耷《荷花双鸟》

朱耷（1626—约1705），清初画家，本名统𨨧。明太祖朱元璋第十六

图7-20 《山水清音图》

子宁王朱权的后裔，朱权封藩南昌，遂为江西南昌人。19岁，即清顺治二年（1645），遭国破家亡之痛，装哑扮傻，隐居山中，23岁落发为僧。法名传綮，字刃庵，别号雪个、个山、驴、驴屋、人屋等。朱耷为僧名，"耷"乃"驴"字的俗写。一度由僧转道，60岁左右还俗。书画署款八大山人，连缀为"哭之"或"笑之"，寓"哭笑不得"之意。他坚决反对清朝的民族高压政策，常借诗文书画发泄内心的不满。如画鱼鸟每以"白眼向人"，寄托其对清朝不肯妥协不甘屈辱的感情。擅长水墨花卉、禽鸟，笔墨简括凝练，形象夸张，而又含蓄蕴藉，痛快淋漓，独出新奇，自成一格。山水画亦构图险怪，多以荒岭怪石表现"残山剩水，地寒天荒"的冷寂境界。他的水墨技法，对后来的写意画影响很大。传世画迹甚多，1983年人民美术出版社出版《八大山人书画集》一、二、三集。

《荷花双鸟》是朱耷的代表作之一。纸本，现藏故宫博物院。画面从左角起画着扭扭曲曲但直攒而上的两根荷茎，荷花荷叶呈支离破碎状，其状表现了作者坎坷而高洁的人生。画中的岩石上大下小，怪诞变形，其险峻之态如向世间挑斗，似有一种不屈者的反抗意绪。石上双鸟一上一下白眼相互斜视，是作者发泄愤世嫉俗情绪的典型手法。整个画幅除两方印章，没有一点儿颜色，醋畅的墨迹证明作者一气呵成，倾泻出心中的块垒。可以把此画看作朱耷的自画像。他向人们讲述自己几度出入山门，亦释亦道的惨淡人生，在沉沦与毁灭的边缘仍然洁身自好的奋斗挣扎的遭遇。作品线条多呈曲线，但有连绵运动的力度，表现了纯熟的技法。

九、原济《山水清音图》

原济（1642—1707），清初画家。姓朱，名若极，广西全州人。明藩靖江王朱守谦后裔，父朱亨嘉于明亡后在桂林自称"监国"，被南明广西巡抚瞿式耜俘杀。时若极仅五岁，为避祸而削发为僧，法名原济，亦作元济，字石涛，号苦瓜和尚、大涤子、清湘陈人，晚号瞎尊者等。早年屡游安徽敬亭山、黄山，与梅清、梅庚等交往，相互影响，合称"黄山派"；中年住南京，曾在南京、扬州两次觐见康熙皇帝，并在北京滞留三年；晚年定居扬州，卖画为生。擅画山水，兼工花果、兰竹、人物，画名极盛。善于吸收前人所长，尤能体察自然景物，主张"笔墨当随时代"，画山水者应"脱胎于山川"，"搜尽奇峰打草稿"，进而"法自我立"，达到从古人入、从造化出的境界。所画力求独创，构图善于变化，笔墨恣肆，意境苍茫新颖，一反当时仿古之风，对扬州画派及近、现代中国画影响很大。他对绘画理论亦颇有研究，著有《苦瓜和尚画语录》。存世作品甚多，其山水画代表作有《山水清音图轴》《山林乐事图轴》，俱藏上海博物馆；《搜尽奇峰图卷》《清湘书画稿卷》《横塘曳履图轴》，均藏故宫博物院。其兰竹、花卉也很精彩，存世佳作有《梅竹图卷》《蕉菊图轴》《墨荷图轴》，均藏于故宫博物院。由于石涛的画非常名贵，出现了许多赝品，但大多技艺低劣，一望而知其伪。唯近人张大千，精研石涛，仿其笔法，几能乱真。然而张氏的笔力不如石涛厚重，线条也较光滑，细辨仍能分清真伪。

《山水清音图》，纸本水墨，现藏上海博物馆。这幅山水画最能体现石涛大气磅礴的气度。构图十分新奇，在错落纵横的山岩间，奇松突出，横亘在山岩之间，如龙飞凤舞；一股瀑布从山头直泻而下，穿过茂密的竹林和栈阁，一阶一阶冲出深山，奔流而去。飞瀑的巨响，丛林的喧闹，松风的吟啸，奏出了一曲山水清音。两位"高士"坐在栈阁里侧耳倾听着这一壮丽的乐章，默默相对，会心微笑。在山的正峰后面，丛林隐隐，浓云密布，一场骤雨即将到来。整个画面呈现出萧森茂密，苍茫幽邃，豪情奔放的壮美。用笔劲利而沉着，用墨淋漓而泼辣，山石以淡墨勾皴，以浓墨、焦墨破擦，特别是那满幅洒落的浓墨苔点配合着以尖笔剔出的丛草，使整个画面产生了惊风骤雨般的韵律。用墨极富变化，浓、淡、干、湿浑然一体，形成层次丰富的色阶，可视为国画"用墨如用色"的一个典型。画中勾勒的线条亦有特点，山峰的轮廓和峰体的肌理都用遒劲的长线，像一条条张满力的弓将峰体绷得紧凑严实，画的下方一道道斜向的横线有拖扫之痕，来去间交织成山峰的走势。

思考题：

1. 简述中国书法的发展历程与特色。

2. 举例说明中国书法作品与中国传统价值观念的内在关系。

3. 试谈影响中国国画创作与欣赏的基本美学原则和方法。

4. 以《清明上河图》为例，略述中国传统绘画的特色和生命力。

第八章

传统文化的珍品
——中国医药学
与养生学

第八章

传统文化的珍品——中国

医药学与养生学

第一节　中医学的分科和理论及药物学的发展

从周代起，我国医学已经分成营养科（食医）、内科（疾医）、外伤科（疡医）和兽医四科。到了唐代，医学分科更加细密，有内科（体疗）、外伤科（疮肿）、儿科（少小）、五官科（耳目口齿）、外治法（角法）、针灸科（针科）、推拿科（按摩科）、咒禁科。宋代医生更加专科化，在唐代分科的基础上，又添加风科、眼科、产科等。元、明、清时期基本上保持这些分科。分科的发展，使中医学向更深更广更细的方向发展。

一、基础医学理论

中华民族有着悠久的文明史。在历史的长河中，华夏祖先为了生存和健康，在与自然和疾病的斗争中发展起中医药学和养生学。中医药学和养生学的形成经历了漫长的岁月。远古时代，生息在东方大地上的中华先祖，在寻找食物的过程中，有可能误食有毒植物，导致上吐下泻，甚至中毒死亡。"神农尝百草，一日而遇七十毒"的传说就是这种历史的写照。当然，也发现某些食物吃后可使人体力增强，疾病减少，甚至使人体恢复健康。经过长时期的反复实践，人们逐步得出了一些经验。这些经验自然而然地逐代传递下来。这种十分朴素的经验积累，是我国最早的医药知识和养生知识的萌芽。这是医学史上的"医食同源"时期。

随着社会的发展、人类文明的进化和实践经验的不断积累，中医药学和养生学终于产生了。

夏朝已开始人工酿酒，并用于治病。商朝已产生汤液。西周时，出现专职医生，并分为食医、疾医、疡医、兽医四种。《周礼》有关于五药的记载，将药物分成五类：草、木、虫、石、谷。《诗经》中记载有 50 多种作药用的植物。《山海经》中记载的药物有 126 种。

西周时，人们认识到某些疾病的发生与季节的变化有关，并认识到气候失常能导致疾病的流行，流行病是因传染所致。

春秋时，秦国著名医生医和创"六气致病说"，认为六气（阴、阳、风、雨、晦、明）失调是造成疾病的原因。提出"天有六气，降生五味，发为五色，征为五声，淫为六疾"的说法，为后世六气（风、寒、暑、湿、燥、火）为病因的学说奠定了基础。

据考证，在原始社会末期，人们已知道用宣导、运动的方法来防治疾病。《吕氏春秋·古乐》记载："昔陶唐氏之始，阴多滞伏而湛积……筋骨瑟缩不达，故作为舞以宣导之。"这种"舞"，是人们活动关节，使气血通畅的一种导引术雏形。

公元前 380 年左右的《行气玉佩铭》上面刻着："行气，深则蓄，蓄则伸，伸则下，下则定，定则固，固则萌，萌则长，长则退，退则天。天几春在上，地几春在下。顺则生，逆则死。"生动地描述了气功锻炼的全过程及其作用，说明导引行气在战国初期就已流传较广了。《庄子·刻意篇》说"吹呴呼吸，吐故纳新，熊经鸟申，为寿而已矣。此道引之士，养形之人，彭祖寿考者之所好也"。这些为后世养生气功的形成与兴盛奠定了基础。

春秋战国时期，新兴的封建制生产关系使生产力迅速发展。在这种状况下，中医药学和养生学发展至系统的理论阶段。

我国第一部医学经典《内经》，编撰于战国时代并在西汉时写定，完成了中医药学和养生学的理论体系。

在《内经》以前，中医药学和养生学尚处在实践和经验的积累阶段。《内经》的问世，使中医药学和养生学成为一门系统的、具有自己独特体系的理论，为规范、指导、发展中医药学和养生学理论作出了贡献。《内经》是一部专论中医基本理论的著作，全称叫《黄帝内经》，托名黄帝所著，实际是战国时期诸多医学家共同完成的。《内经》包括《素问》《灵枢》两部分，共 18 卷，162 篇。《素问》的内容偏重中医人体生理、病理学、药物治疗学的基本理论。《灵枢》主要论述针灸理论、经络学说和人体解剖等。

《内经》的主要成就是：第一，引进阴阳五行学说，建立医学整体观念；第二，引进精气神学说，强调精、气、神是构成人体的三宝；第三，对人体生理进行了研究探讨，划分了人体生长、发育、衰老的不同时期；第四，强调早期治疗的预防思想；第五，提出天人相应的养生原则和创立经络学说，为中医养生和气功养生建立了理论基础。

其次，要提到《神农本草经》，托名神农所著，实际成书于汉代。《神农本草经》总结了秦汉以前人民用药的经验。全书共三卷，收载药物 365 种，根据毒性和药效，分为上、中、下三品。上品 120 种无毒，为补药。中品 120 种有毒或无毒，能遏病补虚。下品 125 种，能除邪，多具毒，是专用于治疗疾病的药物。这是中国药物最早、最原始的分类法。在药物理论方面概括出"君、臣、佐、使"的药物配伍说，以及"四气五味"的药物性能说，并明确了"疗寒以热药，疗热以寒药"的原则，使药物性能与病机更紧密地结合起来，完善了中医学的治疗理论，为我国本草学的发展奠定了基础。

还要指出，《伤寒杂病论》完成了中医从理论到临床实践的过渡。

东汉末年，我国医学发展史上杰出的医学家张仲景，勤求古训，博采众方，撰著《伤寒杂病论》一书。这部书共 16 卷，包括《伤寒》和《杂病》两部分。可惜原著由于战乱而失传。后经西晋王叔和整理编次，再由北宋孙奇、林亿等人校正后分成两本书：《伤寒论》和《金匮要略》。《伤寒论》主要论述各种急性热病的发病规律和辨证施治方法。《金匮要略》主要论述内科杂病，也涉及妇、儿、外、五官等科疾病。书中用药精炼合理，配伍精当，疗效确切，称为"经方"，被后世赞为"众方之宗，万方之祖"，至今仍在临床广泛应用。

张仲景在《伤寒杂病论》中首次提出，用望、闻、问、切的诊断方法了解病人的身体状况；由"八纲"（阴阳、表里、寒热、虚实）进行综合分析和归纳，根据所辨症候，定出适当的治疗方针。这就确定了"审证辨因，因证立法，以法系方，遣方用药"的中医辨证施治的原则，奠定了中医临床治疗学的基础。《伤寒杂病论》体现了《内经》基本理论与临床实践的密切结合，成为我国医学发展史上影响最大的著作之一，它对中医药学的发展影响深远，至今仍受到中外医学界的推崇和敬仰。

西晋医学家王叔和既精通中医经典方书，又洞识修养之道，他的贡献一是整理了张仲景的《伤寒杂病论》，使它得以流传下来；二是编著《脉经》一卷。《脉经》是我国最早的一部论脉专著，它深入地阐明脉理知识，结合生理病理及症候进行研究，把脉象归为24种，使脉学理论和方法趋于系统化并便于临床应用，将脉证治统一起来，在中医诊断方法上有很重要的地位。

到了隋代，医学家巢元方奉隋炀帝之诏，组织编撰了一部总结疾病病因、病理、症候的医学基础理论巨著《诸病源候论》。它是我国历史上第一部系统论述病因、症候的专著。《诸病源候论》分析了各种疾病发生的原因，并突破了前人的病因学说，有不少创造性的科学见解。

唐代王冰注《素问》时提到运气说。运气学说是以"五运六气"预测疾病发展及其轻重的一种学说，很像阿拉伯的占星术。这种学说到宋代有了很大发展。它将纪年所用的天干、地支和五运六气联系起来，根据纪年的干支推定岁气，更由岁气推定某年为某气胜，易得何种疾病，并定以施治的原则和方法。这一学说说明了疾病的发生和治疗都与环境、气候、时间有关系。

二、内科学理论

晋、唐时期，虽然还没有内科学的命名，但一些医学著作中对内科杂病的认识和防治已有大量记载。孙思邈的《千金方》和王焘的《外台秘要》是晋唐时期的两部综合性巨著，其中有不少关于内科病的阐述。

《太平圣惠方》和《圣济总录》是宋代由政府组织集体编著的大型方书，对疾病的论述比较系统而简洁，对许多疾病的归类也较为合理，很有临床实用价值。

明代著名内科杂病学家薛己的《内科摘要》是我国医学史上第一本以内科命名的医籍。书中理论均附有医案，以临床经验的例证来说明理法方药的依据。对内科杂病学的发展颇多助益。

明清时代内科的特点，主要是不同学术流派围绕医学理论与古代医家学说及其医疗经验展开的论争。

三、外科学及骨科学理论

被称为外科先祖的华佗是东汉末年的著名医学家，他的外科手术水平很高，并创造性地使用麻沸散作为临床麻醉剂，成为医学史上的创举。

《刘涓子鬼遗方》作者为晋代刘涓子，后来经过南北朝时期的南齐人龚庆宣整理而流传下来。《刘涓子鬼遗方》是我国现存最早的一部外科专著，内容主要是治疗有关金疮、痈疽方面的医术。

宋元时期，陆续出现了一些外科专著，如李迅的《集验背疽方》、齐德之《外科精义》以及陈自明的《外科精要》，都是当时较有影响的著作。

元代危京林的《世医得效方》是现存记述骨科最详细的书。该书记述了四肢骨折及脱臼、脊椎骨折、跌打损伤、箭伤及整复法等，并记有多种治疗手法和器械。特别是对脊椎骨折，第一次应用悬吊复位法，这是伤科史上的创举。其中对麻醉法的记述是我国较早的全身麻醉法文献。

明代汪机，对医学理论研究富有卓见，他于1531年总结自己对外科学研究心得，写成《外科理例》一书，是为外科理论继往开来的巨著。

王肯堂的《外科准绳》、陈实功的《外科正宗》都在外科学的理论和实践方面富有成就。

四、妇产科学理论

妇产科发展为独立的专科始于宋代。宋代国家太医局专设产科，说明宋代妇产科学已有长足的发展。

杨子建的《十产论》是一部产科专著，"十产"是杨氏根据经验总结出的十种正常或异常的胎儿分娩式。杨氏在《十产论》中详述各种难产的诊断要点和助产方法，尤其是记载的转胎手法，是产科学史上异常胎位转位术的最早记载。

陈自明不仅是外科专家，也是杰出的妇产科专家。他著的《妇人大全良方》，阐述了妇产科各种疾病病因、症候、治法与方药。

其余还有李师圣的《产论》、郭稽中的《产科经验宝庆集》、朱瑞章的《卫生家宝产科备要》等著作，都对中医妇产科学作出重要贡献。

五、儿科学理论

儿科学专著早已有之，如《颅囟经》等，但直至北宋，根据小儿科专家钱乙的经验和理论总结撰写出的《小儿药证直诀》一书，才使我国儿科学达到一个新的高度。该书成为我国现存第一部内容丰富的儿科专著。

《小儿药证直诀》是由钱乙的学生阎孝忠根据老师 40 年积累的临床经验和理论知识整理总结而成。书中强调小儿生理和病理特点，总结出以五脏为纲的儿科辨证方法，并创制出不少新方。由于钱乙在小儿科方面的突出贡献，后世尊他为我国儿科学的奠基人。

北宋医家董汲的《小儿斑疹备急方论》，为我国论述小儿痘疹证治的第一部专著。

六、针灸学理论

针灸学理论是中医学的瑰宝。

西晋医学家皇甫谧的针灸学巨著《针灸甲乙经》，既整理保存了以前的针灸学知识，又使针灸理论系统化、具体化，为以后的针灸学奠定了基础，不仅促进了我国针灸学的发展，在国际上也有很大影响。

宋元时期王惟一创针灸铜人和针灸著作《新铸铜人腧穴针灸图经》，使针灸学有较大发展。《针灸大全》是明代著名针灸学家徐凤的一本综合性针灸学著作。高武的《针灸聚类》反映了明代中期针灸学发展到较高水平，对发扬中医针灸学的优势作出新贡献。杨继洲的《针灸大成》更是明代针灸学的集大成之作，对后世影响很大。

七、药物学理论

先秦"方士"为迎合统治者"长生不死"的欲望，吸取了冶金技术，用于专门炼制"仙丹灵药"，从此出现了炼丹术。东汉时已经出现了有关"炉火"的书，魏伯阳著的《周易参同契》是世界炼丹史上现存最古的文献。现在公认炼丹术起源于中国，这一发明是对人类化学发展的一大贡献。

晋代，炼丹术盛行，葛洪著《抱朴子》，其中内篇中《金丹》《仙药》《黄白》部分是专门讨论炼丹的。记载了不少烧丹炼汞的实践、炼丹设备和丹方。

唐代炼丹术又有进展，已能炼制轻粉、红升丹、白降丹，它们为皮科、疮科药。这些药至今在外科仍常被采用。

制剂方法的发展也不能忽视。

药物炮炙是中医药学的一大特色，早在《黄帝内经》中就有关于炮炙内容的记载。《伤寒论》《金匮要略》中所用方药也有不少注明需用炮炙品。南朝刘宋时，雷敩总结了前人的炮炙经验，整理编著《雷公炮炙论》三卷，为我国最早的制药学专书。

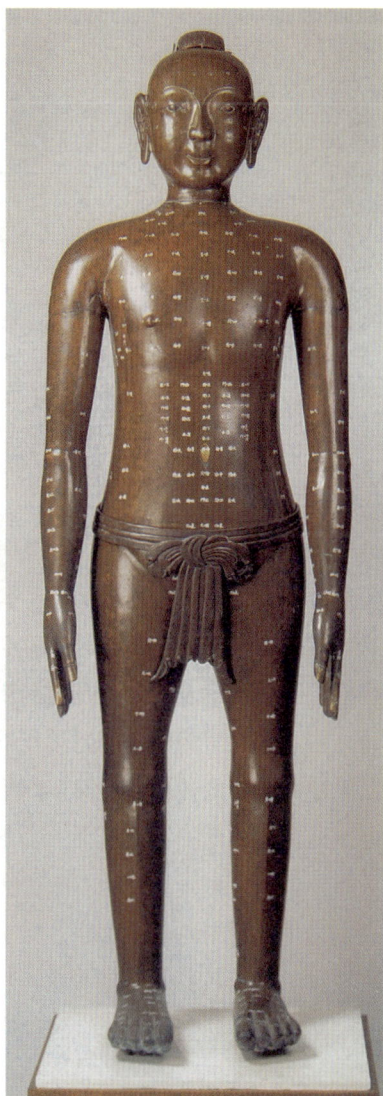

图 8-1 针灸铜人

雷敩是我国制剂学的鼻祖。他的《雷公炮炙论》对后世影响很大。中药传统炮炙的 17 种方法就是在其基础上改进发展的。中药制剂在此基础上逐渐形成了一门专门的学问。

图 8-2 《本草纲目》书影

本草学更是中国医药学的重要部分。

《神农本草经》以后，随着医药学的发展，本草学理论需要不断丰富、完善。南北朝时著名医药学家、养生学家陶弘景以《神农本草经》为基础，加入《名医别录》，进行注述整理，编成《本草经集注》三卷。唐《新修本草》即是在此基础上进一步补充、修订完成的。《新修本草》是我国由国家颁行的第一部药典，也是世界上最早的国家药典。

北宋统治者很重视医药，从开宝六年 (973) 起一百四十余年间，国家多次组织本草修订工作有《开宝本草》和《嘉祐补注神农本草》等成果。

《本草图经》是我国第一部刻版印刷的药物图谱。该书注重辨药，每药均附以药图及形态说明，是对药用植物形态学的一个发展。

明代伟大医药学家李时珍把本草学发展到一个新的高度。他在《本草纲目》中，详述每种药的性味、产地、形态、采集方法、炮制过程、药理研究、方剂配合。在药物鉴别方面，指出了前代本草著作中的许多错误，在分类方法方面，以药物天然来源及属性为纲分为十六部，在同一部下，则以相近之类别为目，分为六十个类目，条分缕析，一目了然。这对药物分类作出了创造性贡献，有较高的科学价值，在世界科学史上有一定地位。

清人赵学敏著的《本草纲目拾遗》，是对《本草纲目》的进一步完善。

第二节　中医学派与中医养生学派

北宋以后，医学界流行按证索方、不求病因病机的不良风气，医学界的有识之士开始重视理论研究，反对拘泥于"局方"的风气，主张临床治病必须强调疾病的具体病因和病理的分析研究。由于习医人员多种多样，他们观察问题的角度不同，所处的地域、气候、岁时及民族、习俗、职业、经历的差异，医疗实践中治疗疾病病种不同，使他们在医学、养生学理论上提出了种种学说，创造性地倡导各自的学术思想和理论，并总结出各自理论实践的经验和病案。使当时医学界出现了空前活跃的学术气氛。

一、金元医学学派

《四库全书总目·医家类》评论说："儒之门户分于宋，医之门户分于金元。"说明了文化和医学学派的争鸣。金元医学学派争鸣中最具代表性的是刘完素、张从正、李杲、朱震亨，世人称之为"金元四大家"。

刘完素提出"火热论"的病因学说，认为"六气皆从火化"，提出"降心火，益肾水"的治疗原则，后人称为"寒凉派"。

张从正提出"养生当论食补、治病专论药攻"，认为疾病病因不论外来还是内在的皆为邪气，主张治疗应以攻病除邪为首要原则。因他善用攻法，后人称之为"攻下派"。

李杲倡"内伤学说"。他提出"人以胃气为本"，"内伤脾胃，百病由生"之说。主张治疗多采用补益脾胃，升举中气的方法，被后世称为"补土派"。

朱震亨提出"相火论"，认为相火妄动必然损耗人之阴精，避免相火妄动，就要清心寡欲，节制情欲和色欲，以保养阴血。在临床上他擅长滋阴降火之法，被后世称为"养阴派"。

金元四家的争鸣，活跃了当时的学术气氛，改变了"泥古不化"的精神面貌，丰富了医学的内容，在国内、外有很大影响。

二、温补学派

金元四家中刘完素的"火热论"和朱震亨的"阳常有余，阴常不足"理论对明代医生影响很深。一些医生过多用寒凉药的弊病逐渐暴露出来。为了纠正这种倾向，明朝中叶以后出现了积极主张用温热药滋补病的温补学派。薛己、张介宾、赵献可是这一派的代表人物。首倡者是薛铠和薛己父子，他们认为风科杂症多属脾、肾虚损之证，故用药处方多注重温补药物。张介宾是温补派的中坚人物，创立"阳非有余，真阴不足"的学说，与朱震亨的"阳常有余，阴常不足"的学说相抗衡，对温补学说作了阐发。

与张介宾同时代的赵献可继承了薛己的学术思想，其突出贡献是发挥了中医学的命门学说。温补派的出现对纠正时弊有重要贡献。

三、温病学派

明朝末年，江南震泽（今江苏苏州）吴有性在其临床实践中深入观察当时传染病流行的特点，推究病情，总结经验，著成《温疫论》。它是我国传染病学的专门论著，记载了鼠疫、天花、白喉等传染病，为温病学派的产生奠定了基础。

清代中叶以后，温病学派日趋成熟，出现了像叶桂、余师愚、吴瑭、王孟英这样的杰出代表。他们力主温病不同于伤寒。各以自己的主张与经验著书立说，使温病学派最终形成，并创立了温病辨证施治的完整体系。这一学派中影响较大的有叶桂和吴瑭。

叶桂是温病学派的奠基人物，其代表作有《温热论》《临证指南医案》，其临床经验十分丰富，成为中医温病学派的一代宗师。

吴瑭对叶桂"河间温热须究三焦"的论点加以发展，提出温病三焦辨证理治的理论。著《温病条辨》，对温病的治法则根据叶桂的经验，总结出清修、清营、育阴等原则，使温病学说更趋系统完善。

四、医家养生派

我国历代医家在防治疾病的实践中，博取儒、佛、道诸家之长，并把养生方法纳入中医学的轨道，从而使养生学逐渐形成以中医理论为指导的中国传统养生学。

中医养生理论可分为两阶段，从秦朝到唐朝是第一阶段，这个阶段养生方法主要是服饵金石法、吐纳导引术、房中术；宋朝以后，服饵金石逐渐被抛弃，代之而起的是动植物类养生药的兴起和老年养生保健理论的确立。

秦始皇统一中国以后，企求长生不死，为适应这种需要，我国历史上出现了一批以专讲神仙之道，炼长生"仙丹"为职业的"方士"。

到汉代，汉武帝晚年发诏书到民间，搜集长生不老药，招纳方士筑炉开鼎炼丹。东晋元帝时，出现了道家兼医家的葛洪。他研习炼丹术多年，著有《抱朴子》内外篇，劝人学习炼丹术和服用"金丹"，对日后炼丹术和服丹风气的盛行起了很大作用。到了唐代，服饵金石之风愈演愈烈。由于唐代统治者认道家始祖李耳为祖先，大力提倡道教，所以炼"仙丹"以求长生不老之药、服金石以求长生不老的风气盛行一时。

与服丹同时盛行的还有服石，即长期服用由矿石类药物组成的方药。最初服石仅作为一种药物治疗手段，后来在一些士大夫中形成风气。由于服用丹石流弊颇多，到唐朝后就逐渐衰落了。

吐纳导引术也是这一时期发展起来的。其方法民间早已有之，战国时，方士的兴起使道家的"清静无为"思想糅合到吐纳导引术中。到汉代，导引术在理论和方法上有所创新。名医张仲景阐述了导引的养生防病意义。神医华佗创立"五禽戏"，把导引术向前推进了一步。

魏晋南北朝时期，导引在理论、内容和方法上又有了进一步发展。嵇康《养生论》阐述了"导养得理，以尽性命"的道理。葛洪则强调人与气的关系，指出气功的作用是"内以养生，外以祛邪"。他还提倡导引术应动静结合，不拘形式，对后世导引术形式多样化产生了一定的影响。晋代道士许逊在《灵剑子》中载有一些导引方法，提出"气若功成，筋骨和柔，百关调畅"。

这里可能是现存文献中关于"气功"的最早记载。南北朝的陶弘景是我国历史上第一个把导引资料辑录为专集的人。他的《养性延命录》把前人的养生理论和方法尽行收入，其导引内容十分丰富。有十二种调气法，六字诀吐纳法，八势动功等，至今仍广泛应用。

到隋唐时代，导引术得到朝廷的正式承认，被确定为一种养生及医疗手段。由于朝廷的重视及长期实践经验的积累，隋唐时代导引术的发展达到高峰。隋巢元方的《诸病源候论》、唐孙思邈的《备急千金要方》（简称《千金要方》）和《摄养枕中方》都记载了许多导引养生的内容。孙氏还是导引养生的积极推广者。他在前人"六字诀"的基础上，总结介绍了 12 种行之有效的调气法。他提倡健康人也应练用导引之术。

房中术也是适应这一时期封建上层社会需要而盛行起来的。

早在春秋时期，人们已注意到性生活对人体的影响。房中术的形成与道家学说的兴起有密切关系。房中术又名"玄素"之术，是当时道家的修炼内容之一。他们认识到节制性生活有助于心身健康。《汉书·艺文志》记载当时房中有八家，共有书 186 卷。

房中术形成后发展很快，唐代房中术达到鼎盛时期，这与唐代君主崇尚道教有关。另外，唐代前期社会比较稳定，上自君主、王侯，下至士大夫、富豪，纵欲成风，疾病随之而起，客观上需要正确的性医学知识。

宋代以后，养生保健的重点开始转变。药物食物养生成为养生主流，到明清时代，基本形成了独具特色的老年养生学体系。

药物养生在我国具有悠久的历史。《诗经》中就有关于药物养生的记载。《神农本草经》说的"上药养命，中药养性，下药治病"，是我国西汉以前药物养生的总结。魏晋隋唐盛行服饵金石，使养生越出正轨。到了宋代开始崇尚草木养生，许多养生方剂都以草木为药。到明代，李时珍《本草纲目》尖锐批评了服用金石长生不老的谬误，推崇动植物药养生，并批判了明中叶前药物养生中的不良倾向，提倡用无毒易食的补益类动植物药延年益寿，推崇用辨证施治的方法抗衰延年，使中医药物养生走上了正轨，为药物养生的发展打下了基础。清代药物养生无多大创新，较宋、元、明时期的发展显然迟缓了。

食物养生在《内经》中就有阐述，东汉唯物主义哲学家王充写有《养性书》16篇，是我国最早的养生学专书之一。唐代孙思邈的《千金要方》专列第26卷研究食养食治，是现存最早的食养专篇，有许多食养原则和方法，为中医食养食疗奠定了基础。孙思邈广泛收集民间所传及实践所见，汇集成册，名为《补养方》，后又由其门人增补为《食疗本草》，对食物的加工、烹调、食养价值皆予阐明，是我国第一本食养食疗专著。其后昝殷的《食医心鉴》、杨晔的《膳夫经手录》和陈士良的《食性本草》等都是对食养的研究。

宋代对医药事业特别重视。在《太平圣惠方》和《圣济总录》这两部医学巨著中记载了许多食疗的内容。陈达叟著《本心斋蔬食谱》研究蔬菜二十谱，别具一格。林洪著《山家清供》记载了各种食品102种。宋代的陈直，总结了唐宋以来在老年养生方面，特别是食养食治方面的成就，撰成《养老奉亲书》，分上下两卷，上卷专门介绍食养食疗的内容。该书所记载的食养食疗方剂，具有很高的科学价值和实用价值。陈直的贡献不仅在于收集了大量的食养方剂，更重要的是对食养的机理进行了深入的研究。

元代饮膳太医忽思慧著的《饮膳正要》，是我国古代食养史上一部学术价值很高的专著。该书继承了长期以来食养与食治相结合的传统，对一种食品既载其养生作用，又载其医疗效果，并详细注明所载食品的制作及烹调方法。尤其值得注意的是，它突破了以往食养书籍多注重治病的框框，而从健康人的饮食保健之路给中医食养学注入了新的内容。

明代的药物学巨著《本草纲目》也收录了许多食养方面的内容，为食养的进一步发展提供了大量资料。汪颖的《食物本草》、钟惺的《饮馔服食谱》都涉及许多食养内容。还有一些文人墨客也颇精于食养之道，何良俊的《四友斋丛说》、沈仕的《摄生要录》都阐述了许多食物养生的经验之谈。

清代王士雄编辑的《随息居饮食谱》比较有名，还有费伯雄的《费氏食养》三种、袁枚的《随园食单》、章杏云的《调疾饮食辨》、陈修园的《食物秘书》、董鹊的《粥谱·附广粥谱》都是研究食养的著作。

老年养生保健发展较晚，唐代孙思邈的《千金翼方·养性》提出了"养老大例"。宋代的陈直撰成《养老奉亲书》，为我国现存最早的一部老年保健医学著作。元代邹铉将《养老奉亲书》加以整理，增第二、三、四卷，更名为《寿亲养老新书》。该书在中医养生学史上是一本有名的老年保健养生专著，成为后来的"居家必用本"，并传至朝鲜、日本等国，影响较大。

明代的老年养生专著《遵生八笺》，为高濂著，书中内容多引道教养生之说，对四时顺养，饮食调治，起居全宜，药物补养的探讨有一定深度和广度，在民间广为流传。

明嘉靖年间，新安徐春甫撰《老老余编》两卷，讨论老年人的颐养问题，并把养生与"忠孝"联系在一起，对老年保健研究的开展起了推动作用。明代御医龚廷贤在《寿世保元》中不仅辑入了许多前人的养生理论和方法，而且收集了大量延年益寿的秘方。他写的另一部著作《衰老论》，对衰老的原因进行深入探讨，对老年养生具有重要意义。明代另一位御医龚居中著《福寿丹书》《红炉点雪》，从老年人的居住、调摄、保形、节欲、按摩、功药六个方面阐述老年人养生原理，并详细记录了十几种导引方法。

清朝乾隆年间，著名养生家曹廷栋撰《老老恒言》，主张从节饮食、调精神、慎起居、辅导引等方面养生，内容丰富，简便易行，受到欢迎。

明清时期，一些非医学性的书刊也讨论老年人养生长寿问题。如明代裴一中的《裴子言医》、王象晋的《清寤斋心赏编》，明代云沈仕撰、清代马大年录的《怡情小录》，清代袁润卿的《身世辑要》，都谈到了许多老年人颐养的内容。这也是明清时期老年养生保健的一大特色。

第三节　中华医学的文化特点

中医药学和养生学在其发展的历史长河中，逐渐形成了一套独具特色的医疗原则。这些原则充分体现出中国传统文化的背景与特点。

一、"人命至重，有贵千金"的救死扶伤精神

中医学家在千百年的行医实践中形成了良好的医德医风。他们把不为名利、全力救治、潜心医道、认真负责作为自己的医德标准。对此，孙思邈在《千金要方》中有全面总结。他指出，名利思想是"医人之膏肓也"，是医生最应忌讳的，如果行医以收取绮罗财物、食用珍肴佳酿为目的，那就是一种无视"病人苦楚"的"人所共耻""人所不为"的行为。他认为，医生的首要任务应当是维护和保障病人的健康与生命，把人的生命价值看作医学的出发点和归宿，把挽救病人的生命看作医生最宝贵的财富。所以，他反复强调，作为一名医生必须"无欲无求""志存救济"，对任何病人都要一视同仁，要有高度的同情心，处处为病人着想。"有疾厄来求救者，不得向其贵贱贫富，长幼妍媸，怨亲善友，华夷愚智"，都要把他们看作自己的亲人；对治疗中的风险，"不得瞻前顾后，自虑吉凶"，考虑个人的利害得失；对病人的痛苦"若己有之，深心凄怆"，不避"昼夜寒暑，饥渴疲劳，一心赴救"；对"有患疮痍下痢，臭秽不可瞻视，人所恶见者"，要不嫌脏臭。他说："如此，可为苍生大医，反此，则是含灵巨贼。"这种医学上的人道主义，正是儒家的"恻隐之心"、道家的"无欲无求"、墨家的"兼爱"、佛家的"慈悲"等人文观念的具体体现。

二、防重于治、未老养生的治未病思想

中医古典医著《黄帝内经》中就提出"不治已病，治未病"的观点，喻示人们从生命开始就要注意保健，防衰和防病于未然。《淮南子》说："良

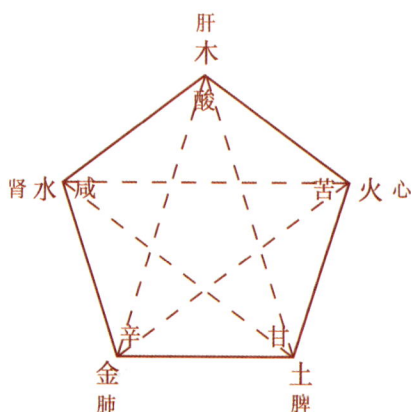

图 8-3 （实线相生、虚线相克）五行相生相克图

医者，常治无病之病，故无病；圣人者，常治无患之患，故无患也。"金元时期朱震亨亦说："与其救疗于有疾之后，不若摄养于无疾之先。"人不可能长生不老，也不可能"返老还童"，但防止未老先衰、延长生命是可以办到的，这种预防为主的医学思想告诉人们必须自幼注意调养，平时注意调养，尤其在生命的转折关头，更应高度注意调养。如能持之以恒，即可防衰抗老，预防衰老疾病的发生。这种防病抗衰思想与中国文化中的忧患意识一脉相承，《周易·系辞下》说："安而不忘危，存而不忘亡。"这种注重矛盾转化、防微杜渐的辩证哲学思想是中国文化的精华。

三、天人合一、形神一体的整体观

中国传统哲学强调自然界是一个普遍联系着的整体，提出天人相应、天人感应等思想。认为天地万物不是孤立存在的，它们之间都是相互影响、相互作用、相互联系、相互依存着的。中医文化中亦体现出这种原则。

中医学主张把天文、地理、人事作为一个整体看待。人既是自然的人，又是社会的人。人生活在自然界又生存在人类社会之中，不能离开社会群体而生存。影响健康和疾病的因素，既有生物因素，又有社会和心理的因素，这是自古以来人们已经感觉到了的客观事实。中医学从"天人相应"和"七情六欲"等观点出发，从人与自然、人与社会的关系中去理解和认识人体的健康和疾病，十分重视自然环境和心理因素的作用，并将其贯穿在病因考查、诊断治疗以及保健预防的各个环节中，强调要"顺四时而适寒暑"。

同时中医认为人体本身也是有机整体。把人的五脏与五体、九窍、五声、五音、五志、五液、五味等联系起来，组成整个人体和五个系统，在此基础上又把脏腑的表里关系通过经络联系起来，共同协调地完成人的生命活动。这种形神合一、以神统形的整体观来源于中国传统文化的大统一的整体观。

四、注意调整阴阳的平衡观

《素问·至真要大论》主张"谨察阴阳所在而调之，以平为期"。中医学认为阴阳分别代表人体内相对的双方。《内经》说"生之本，本于阴阳"，说明人的形成和生长发展的规律离不开阴阳。在人体正常生理状态下，阴阳相对平衡，如果出现一方偏衰，或一方偏亢，就会使人体正常的生理功能紊乱，出现病理状态。人无论是饮食起居，精神调摄，自我锻炼，药物作用都离不开协调平衡阴阳的宗旨。人的衰老，或为阴虚，或为阳虚，或阴阳俱虚。阴虚则阳亢，阳盛则阴虚，阴盛则阳病，阳盛则阴病。故防治衰老贵在调和阴阳，使阴平阳秘，精神乃治。这说明中国传统文化注重对称、强调和谐的哲学根底。

五、动静结合的恒动观

中国哲学对动静的辩证关系认识很早，《周易》中就提出"动静有常"，《吕氏春秋》提出"流水不腐，户枢不蠹"。自然界的物质是不断运动变化着的，只有运动，才发生变化，才产生万物。中医认为人的生命活动从发生、发展到消亡的全部过程，始终贯穿着一系列内部矛盾运动，这种运动就是升降出入。《内经》提出"高下相召，升降相因，而变化矣"。运动是自然规律，也是维持人体健康最基本的因素。生命运动的规律就是新陈代谢的过程。如果人体的升降出入运动发生障碍就是患病。所以中医学非常重视用运动变化的观点来指导防病治病。生命在于运动，因为运动是生命存在的特征，人体的每个细胞无时无刻不在运动着，只有保持经常运动，才能增进健康，预防疾病，以求延年益寿。

中国哲学亦有"主静"说。老子说，"清静为天下正"，"不俗以静"。明代蔡清说："天地之所以久者，以其气运于内而不泄耳，故仁者静而寿。"中国的道家、佛家思想都是主静的，禅宗的坐禅、道家的气功都对中国文化影响巨大。中医学也受此影响，发展成养性、修身理论，吸收道家气功作为医疗气功。

这里的"静"不是绝对的静止，而是另一种运动形式，运动是绝对的，静止是相对的，动静结合，相辅相成，是保健之大旨。

第四节　早期儒家的养生理论

中国古代的神仙家、古医学家、道家对养生学的形成与发展作出了重大贡献，这是毋庸置疑的事实。但早期儒家在这方面的学术成就却往往被忽略了。有的学者认为，儒家只讲人的社会价值，不讲人的生命价值，所以在养生学上没有什么建树。这种看法纯粹是认识上的误区。孔子说"杀身成仁"（《论语·卫灵公》），孟子说"舍生取义"（《孟子·告子上》），意思是说，当正义与生命两者不能兼得时，应毫不犹豫地为正义而牺牲生命。这里把正义放在第一位，生命放在第二位，其中没有任何否定生命价值的含义。还有学者认为，儒家只重视存养心性，而罕言存养形体，是所谓的"有内无外"，因而与养生学无学术上的渊源关系。这种看法不仅不符合儒家的实际，而且也对养生学作了片面、狭隘的理解，把"养生"等同于"养身"。

儒家创始人孔子曾提出了一个著名的命题叫"仁者寿"（《论语·雍也》），

这是中国古代最早的具有理论形态的养生学命题。这个命题的特点是从"仁"与"寿"的辩证统一上全面思考养生问题。他在这里所说的"仁"有其特定的含义。东汉包咸的解释是"性静"，唐孔颖达的解释是"少思寡欲，性常安静"，这个意义类似北宋苏轼所说的"心平气和"（《菜羹赋》）。在孔子看来，心平气和才能延年益寿。这里，既讲了人的修养，又讲了人的健康，并把人的修养水平、精神状态作为健康的首要因素。这种"仁者寿"的思想，以及孔子关于心性修养的论述，奠定了中华养生学史上的第一块理论基石。

继孔子之后，曾子、子思、孟子、荀子等人都提出了许多与养生问题有关的论述，他们的著作是中华养生学史上所不可缺少的重要理论篇章，其中，孟子是中华养生学史上最早提出"养生"范畴的两位（另一位是庄子）学者之一。他在《孟子·离娄下》把"养生"与"送死"作为人生所面临的两个问题。他认为"养生"就是侍奉父母，使其身心健康，颐养天年，而人人都有父母，人人也都将成为父母，从这个意义上说，孟子把养生学推向了社会，进一步促进了养生学的学术下移。

早期儒家养生文化的学术内容包括养心与养身两个方面。养心就是进行心理建设，以便从中产生出延缓衰老的积极效果。养心的具体要求很多，其中与养身有密切联系的大致可归纳为以下几项。

第一，掌握"中庸"原则，以保持平衡的心态。孔子认为"中庸"是一种最完美的品德（《论语·雍也》），它的含义就是要信守其"中"（《论语·尧曰》），"过"与"不及"都是错误的（《论语·先进》）。他认为具备了这种品德，在处理天人关系、人际关系时，就能符合物理人情，无过无不及，就不会因处理不当而引起烦恼，从而使"天禄永终"（《论语·尧曰》）。子思则进一步把"中庸"与人的情感相联系。他在《中庸》中说：人人都有喜怒哀乐的情感，无论这些情感是潜藏在心里，还是表现出来，都应使其适当适度，这就叫"中"与"和"，凡是能以"中和"规范自己的人，就不会喜怒无常，哀乐失控，从而创造出一种使人与人、人与物相互统一的和谐气氛。这种和谐气氛下的心态平衡，对健康极其有益。西汉董仲舒曾经评论说："能

以中和养其身者，其寿极命。"（《春秋繁露·循天之道》）

第二，掌握"无怨"原则，以培养宽广的胸怀。孔子在《论语》中讲"无怨""不怨""远怨""匿怨""又何怨""又谁怨"的文字，见于《里仁》《公冶长》《述而》《颜渊》《宪问》《卫灵公》《尧曰》等7篇，共12处。可见，孔子对"无怨"的重视程度。他要求在基本利益相一致的条件下，对家国，对上下，对父母兄弟，对朋友，以至对不同性别的人和不同修养的人，都"无怨"，做到"不怨天，不尤人"（《论语·宪问》），人人都培养出"坦荡荡"（《论语·述而》）的宽恕胸怀。对此，曾子赞叹说："夫子之道，忠恕而已矣。"（《论语·里仁》）他还根据孔子的上述思想在《大学》中提出了一个千古传颂的名言叫"心广体胖"。这既有伦理学上的意义，更有养生学上的意义，可以说是一句养生名言。它向人们揭示出一条养生的真理：人的胸怀舒坦宽广，身体就安泰健壮。

第三，掌握"三戒"原则，以节制超常的欲望。孔子说："君子有三戒，少之时，血气未定，戒之在色；及其壮也，血气方刚，戒之在斗；及其老也，血气既衰，戒之在得。"（《论语·季氏》）这里，孔子根据人生的不同阶段和生理的不同特征，总结出处理各种欲望的具体经验，把好色、好胜、好贪作为有碍身心健康的三个因素。所以早期儒家不主张无欲养生，他们所考虑的是怎样合理地"给人之欲""养人之求"，他们希望确定人们欲望正当不正当的界限。在这方面，孔子也有一句名言，叫"欲而不贪"（《论语·尧曰》），欲望是允许的，贪得就超过了限度。孔子认为，迷恋富贵（"乐骄乐"）是贪，生活无节（"乐佚游"）、追求享乐（"乐宴乐"）是贪，不以义取也是贪。对贪欲的危害，孔子说了两个字："损矣。"（《论语·季氏》）这是"自损之道"，自己走上了损害自己的道路。《左传》把贪欲的人形象而又辛辣地比喻为"封豕"（即大猪），越是贪婪就越为自身准备了灭亡（被屠宰）的条件。《国语·晋语八》也有反对"贪得无艺"（艺，即准则）的记载。上述这些论断，从不同方面说明贪欲不仅伤生，甚至会杀身。所以孟子说"养心莫善于寡欲"（《孟子·尽心下》），这里的"寡欲"是针对"多欲"而发的，目的是防止欲望超出正常的需求。

所谓"养身"，就是在"养心"的基础上进行多层次的身体保健。早期儒家在衣食、体育、医疗保健领域，提出了许多开创性的见解。

第一，早期儒家总结了春秋前及春秋时衣食保健方面的经验，写出了中华养生学史上最早的衣食保健名篇《论语·乡党》。孔子对衣食保健非常重视，在衣着上，他认为穿衣要讲求适时、适体、以及色彩的搭配。所谓适时，就是不同季节穿保暖程度不同的衣服。"当暑，袗絺绤"（袗，单衣；絺绤，粗、细葛布），夏天穿粗或细葛布做的单衣；而篇中所说的"羔裘"（紫羊皮皮袄）、"麑裘"（小鹿皮皮袄）、"狐裘"（狐皮皮袄），显然是为冬天准备的。所谓适体，就是不同场合穿剪裁式样不同的衣服，例如，"必表而出之"，外出时一定要加一件合体的罩衣；在家穿的衣服要"短右袂"，右边的袖子要剪裁得短一点；"必有寝衣"，睡觉时要穿比较宽大的睡衣。黑色的罩衣配"羔裘"，白色的罩衣配"麑裘"，黄色的罩衣配"狐裘"。衣着的寒暑适时，大小适体，并配以悦目的颜色，这就是孔子对衣着保健的要求。在饮食方面，孔子很注重饮食卫生，提出了八种饭菜"不食"。例如，食物变味发霉（"食饐而餲"）的不食，鱼肉腐烂变质（"鱼馁而肉败"）的不食，气味难闻（"臭恶"）的不食，饭菜夹生或太过（"失饪"）的不食，不到吃饭时间（"失时"）不食，不得其酱不食等。不得其酱的"酱"，据有的学者依《尔雅翼》考证，可能是指当时的一种白芍酱，白芍的根具有抗菌消炎的作用，孔子食酱具有调味与制毒的双重目的。此外，孔子还提出食不过饱、肉不过量、酒不致醉等告诫，都包含着科学的进食原理。

第二，体育保健。体育早在商、周时就已经在贵族和民间开展起来，但那时主要是伴随田猎与军事活动进行的，还缺乏用以健身的自觉意识。春秋战国时期，早期儒家的贡献是把体育保健制度化和社会化，使之成为促进生命运动的一个重要组成部分。其方法之一，是把体育保健与学校教育相结合，在学校设立必修的体育课程。在西周，体育主要是指"六艺"（礼、乐、射、御、书、数）中的射（射箭）、御（驾车）和舞蹈。西周是"学在官府"，不是贵族子弟就没有受教育的权利，所以直到孔子开创私学，向学生讲授"六言""六蔽"（《论语·阳货》），体育才被广泛列入学校的教育内容。《孟子·滕文公上》描述当时的情景说："设为庠序学校以教之。庠者，养也；校者，教也；序者，射也。"说明当时的学校既是教育机构，又是体育场所。儒家经典之一的《礼记·内则》还根据年龄的差别制定不同的锻炼项目和标准，其中说："十有三年学乐、诵诗、舞勺，成童舞象，学射、御。"即13岁的少年学舞勺（各种文舞），做一些比较轻微的健身活动；15岁的成童学舞象（各种武舞），还要学射箭和驾车。这样就通过学校教育的途径，把广大青少年引入体育保健的行列。方法之二，是把体育保健与仪礼制度相结合，在政府和民间举行的各种仪式中，使更多的人接受有关项目的训练与实践。例如"射"，除了在学校设科以外，还在庆典、祭祀等仪式中进行，《仪礼》的《射礼》、《礼记》的《射义》等篇，就是儒家在这方面的专著。《射义》说，射者必须"内志正，外体直"，然后才可用力张弓发矢，并以"中"的结果，检验射者专注的程度。又如"御"，孔子对驾车者和坐车者都有仪礼上的要求，即必须精力集中，姿势端正，不左顾右盼，不急于言谈（《论语·乡党》）。这些仪礼制度有利于"射""御"的规范化，确保运动的质量与安全。

由于早期儒家通过学校教育和仪礼制度开展体育保健活动，使得越来越多的人逐渐认识到体育保健对养身的积极作用。例如，战国赵国的左师触龙说，他原来不运动时饭也吃不下，后来由于每天坚持慢走或快跑三四里，食欲增进，身体也壮实起来。荀子从理论上总结了这些经验，他说"养备而动时，则天不能病"，"养略而动罕，则天不能使之全"（《荀子·天论》），明确指出，养护得法并经常运动，身体就能健康，不注意保养又极少运动，肯定会生病。早期儒家所倡导的体育保健，在当时就得到养生家的肯定，《文选》李善注引的《养生经》，就总结了儒家"六艺延年"的经验。

第三，医疗保健。提到医疗保健人们往往会想到战国晚期成书的《黄帝内经》和专门的医学家，而很少提到儒家经典《周礼》。

《周礼》一名《周官》，是战国时儒家收集古代和当代的政治制度、经济制度以及医疗保健制度等编定而成。其成书时间略早于《内经》。《周礼·天官》中的"医师"等章，是中国现存最早的由儒家编订的儒医结合的作品，集中反映了早期儒家有关医疗保健的基本观点。

《周礼·天官》首先提出了医疗保健的医学分科制度，根据人体保健的需要，把医学分为"疾医"（内科医生）、"疡医"（外科医生）、"食医"（营养医生）等科，"使医分而治之"。"医师"是众医之长，他的职责是掌管医药卫生的政令，管理药物，并负责众医的技术考核，以提高人体保健水平和减少医疗事故。

《周礼·天官》根据季节和气候变化提出了发病趋势和预防措施。《疾医》说："四时皆有疠疾。春时有痟首疾；夏时有痒疥疾；秋时有疟寒疾；冬时有漱上气疾。"就是春天多头痛感冒，夏天多皮肤疥疮，秋天多寒热交替的疟疾，冬天多咳嗽气喘。提醒人们注意季节和气候变化，预防流行病与传染病的发生。

《周礼·天官》还继孔子之后从食疗角度提出了四时饮食搭配和饮食宜忌。例如，对饮食温热程度的要求是：饭宜温，羹宜热，酱宜凉，饮宜寒。对饮食性质的要求是：春多酸，夏多苦，秋多甘，冬多咸，调以滑甘。对饮食搭配的要求是，牛肉味甘平，要用温苦的食物搭配烩作；羊肉味甘热，也要用温苦的食物搭配烩作，等等。

此外，《周礼》还要求定期逐疫，除蛊，灭鼠，清扫房屋，淘井疏渠。这些措施都是为了保持环境卫生与水源清洁，创造出一个有利于养身的外部环境。

早期儒家的养生实践，对先秦道家和医家都产生了影响。庄子写有养生名篇《庄子·养生主》。所谓"养生主"，就是养生以何为主，首先要解决什么问题。庄子以"庖丁解牛"为喻，庖丁熟悉牛体固有的自然纹理，能够顺着纹理进刀，所以解剖起来得心应手，游刃有余。按照这个道理，人们养生首先也要懂得"自然"，思想上顺其自然，才能"保生""尽年"，活到生理极限的年龄。孔子讲"仁者寿"，庄子讲"自然"者寿，两者的具体内容虽有不同，但其目的与方法却有许多相同之处。例如，他们都希望人们长寿，都要求把人的精神状态作为长寿的基础，都认为养生学包含着心理养生和生理养生两个方面。这些相同点在一定程度上说明孔子的养生思想是庄子养生思想的理论来源之一。人们常说儒道互补，在养生文化上也是如此。

中华医学在经历了巫医结合和儒医结合这两个阶段以后，才发展为独立的医学学派，其间，早期儒家对医学的影响是不言而喻的。仅就养生文化而论，《黄帝内经》中的儒家印记比比可见。兹举几例说明如下：

《黄帝内经》吸取早期儒家关于天地人相协调的思想，提出了养生的整体观念。《素问·著至教论》说："上知天文，下知地理，中知人事，可以长久。"在《黄帝内经》的作者看来，人是"天地之气"的产物，又是社会的一员，明确了人在宇宙中的地位，才能熟悉并处理好人与自然、人与人的关系，在此基础上才能延长人的寿命。具体说，就是要顺四时而避寒暑，和喜怒而安居处，节阴阳而顺刚柔，"如是则僻邪不至，长生久视"（《灵枢经》卷二《本神》）。

《黄帝内经》吸取早期儒家"过犹不及"的中庸思想，提出了养生的辨证观念。《素问·至真要大论》有一个专门名词叫"平气"，或叫"平气之道"，是指五行相生相胜的正常情况，也就是人体的动态平衡，如果这种动态平衡失常，那就会出现"太过"或"不及"的异常现象，就会生病。所以在得病之前，就要防止人体动态的不平衡，某些方面"太过"，就要加以节制，"不及"就要加以补充。这就叫"胜至则复"，"复已而胜"。《素问·示从容论》举例说，老年往往贪味，贪味则伤"腑"；少年不堪劳役，多劳则伤"经"；壮年容易纵欲，纵欲则伤"脏"。所以对老年要求之于"腑"，以察其病；对少年要求之于"经"，以察其伤；对壮年要求之于"脏"，以察其衰（参见王冰、马莳注）。这种区别情况，消盈补虚，辨证预防和治疗的思想，有利于恢复肌体的平衡，达到保健的目的。

《黄帝内经》还吸取早期儒家重视心理健康的养心思想，提出了养生的主导观念。《内经》的作者认为，治病要先治心，养生要先养心，只有树立这个主导观念，才能祛病健身，否则，"精神内伤，身必败亡"（《素问·疏五过论》）。所以养生者在做自我保健时，应在养生的基础上进行身心双养；行医者在做医疗保健时，应先了解对象的心理障碍，再了解其生理障碍，然后对症下药用针，这就叫"一曰治神，二曰知养身，三曰知毒药为真，四曰制砭石小大，五曰知府藏（腑脏）血气之诊"（《素问·宝命全形论》）。由此可见，在养生文化上儒医更是互补的。

从对早期儒家养生论的分析中，可以得出以下两个结论：

1. 早期儒家养生理论和实践是以各个年龄层次的人为对象的，因此，它是儒家人学不可分割的组成部分。

2. 中华养生学是一门综合性的、多门类的交叉学科，只有对各相关学派的养生文化进行深入分析以后，才能洞悉它的全貌，过早地说这个学派是主干，那个学派是支流，似乎不太适宜。

思考题：

1. 结合自己的专业特点和兴趣，试从中医药学与养生学、内科学、外科学、妇产科、儿科学、针灸学、药物学、传染病学等中选择一至两个方面，简要论述中国传统医学的贡献和现代意义。

2. 试述中华医学的文化特点，并简要地谈谈自己的学习体会。

3. 试论儒道文化对中国养生学基本理论的影响。

第八章

传统文化的珍品——中国

医药学与养生学

第九章

饮食文化的优良传统

第一节　中国饮食文化的特色

　　饮食是人和动物都具有的本能需求，但人类的饮食毕竟不同于动物，其根本不同就在于人类以自己的智慧和技能，创造了丰富的食物和文明的饮食习惯，使饮食成为一种文化活动。饮食文化是中国传统文化的重要组成部分，内涵十分丰富，它包括饮食资源、烹调技术、食品制造、食物治疗、饮食民俗、饮食文艺等方面的内容。中华饮食文化一枝独秀，曾博得"食在中国"的美誉。孙中山在《建国方略》中说："中国近代文明进化，事事皆落人之后，惟饮食一道之进步，至今尚为文明各国所不及。中国所发明之食物，固大盛于欧美；而中国烹调法之精良，又非欧美所可并驾。"

　　中国自古以农立国，农业是古代最具特色的物质文化。饮食文化和农学有密切联系，只有从农学角度去分析饮食文化，才能了解其价值。没有农业，饮食文化就成了无米之炊。在农业产生之前，人类的饮食处于自然饮食阶段，食物主要来源于天然食库，基本上没有脱离动物的饮食状态，食物以兽肉和植物的块根为主。自农业产生以后，种植业所获得的五谷杂粮成为人们的主要食物来源。种植业需要垦荒、播种、施肥、收获等一系列工序，耗费了人们绝大部分时间和劳力，它在人们心目中占有无可取代的重要地位。因此，《汉书·食货志》说："辟土植谷曰农。"班固对农业"辟土植谷"的定义就是人们这种观念的反映，它相当于现在所说的狭义的农业，可能那时天然食库还没有完全枯竭，人们主要致力于作为主食的谷物的种植。其实，我国古代并不只限于把种植谷物作为获取食物的主要手段，人们很早就注意到要全面地、因地制宜地开发食物资源，今天所说的农、林、牧、副、渔各项生产在当时都得到了发展。

　　早在夏、商、周三代，在井田制农业发达的基础上，畜牧、园艺都有一定规模的发展。春秋战国时期，铁器牛耕的使用推广，水利工程的兴修，小农家庭如雨后春笋般勃兴起来，农民更有条件灵活多样地开发食物资源。成

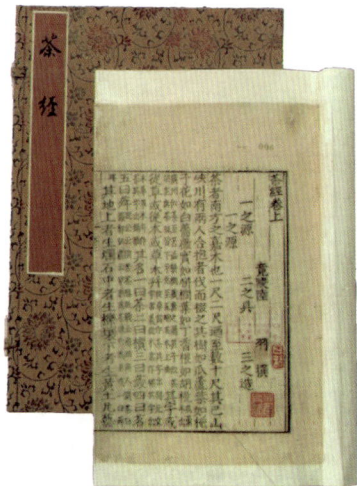

图 9-1 《茶经》

书于战国时期的《管子》，常常将"五谷""六畜""桑麻"并提，这反映了在战国时期的农业结构中，谷物、畜牧具有同等地位。当时的农业生产，粮食生产占总收入的 60%，园艺收入占 20%，畜牧收入占 20%，这还没有把桑、麻、渔、采包括在内。可见，这是一种以谷物生产为中心的多种经营的规划方式。

汉代因地制宜地发展农业，使农业不仅得到了进一步发展，还被上升到理论高度加以总结。西汉政府出于对匈奴战争的需要，对畜牧业非常重视，尤其重视马政，鼓励民间养马，重视马种的选育。武帝时不惜动用武力掠取西北大宛汗血马。此外，汉代还大规模实行屯田，边地的军屯、民屯同时进行。屯田由政府管理，种植业、畜牧业都很兴盛，出现了"人丁兴旺，牛马布野"的繁荣景象。有时内地遇到饥荒，大司农就把屯田积谷、牲畜运往内地救荒。

魏晋以后，我国经济重心逐渐南移。水稻在南方普遍种植，种植技术也有了进步。据唐末《四时纂要》记载，当时已出现水稻移秧种植的方法。除了番薯、烟草等少数作物，现在的作物，唐代基本都有，尤其种茶业在唐代相当发达，产生了一代"茶圣"陆羽。他所著《茶经》一书对于茶的产地、种植、采制、煮、饮等方法都作了详细介绍。南方种茶相当普遍，"江淮人什二三以茶为业"，荒瘠的丘陵上种满了茶树，如祁门"山且植茗，高下无遗土"。当时茶商极多，"每岁二三月，赍银缗缯素求市，将货他郡者，接踵而至"。为此，唐中叶开始征收茶税，并建立了榷茶制度。唐代养鱼业比较发达，除了传统的渔网、水鸟以外，还发明了一些新的捕鱼方法。北方和南方以池养鱼比较普遍，岭南还出现了稻田养鱼。《岭表录异》记载，岭南人民买小鱼放入稻田中，鱼在田中食草根，一二年就长大，稻田又无稗草，这样既收稻又获鱼利，真是一举多得。

明、清以来，我国这种多方位发展农业、开发食物资源的方法，越来越细密。清代《知本提纲》一书，对此有进一步规划："水草之地，宜修鱼塘；高燥处多牧牛羊；鹅鸭畜于渠潦；鸡鸽养于平原。因此之所产，而广其种类，随物之所利，而倍其功力。"这样全面合理地开发食物资源，用现代话来说，就是在大农业范围内实行农牧结合与农畜互养，建立高效率的物质再循环和资源再利用的生态农业系统。这种生态农业系统在长江下游杭嘉湖平原和珠江三角洲地区最具代表性。

在嘉湖地区，"五谷丰登"和"六畜兴旺"达到了真正的结合。五谷、六畜之间相互促进。首先，农民用农副产品养猪，猪肉人食，猪粪肥田，当地农谚云："养猪不赚钱，回头望望田。"猪不但为人们提供了肉食资源，还为庄稼提供了肥料。嘉湖地区盛产蚕桑，在穷冬初春季节，人们用枯桑叶饲养湖羊，那里湖羊以繁殖力强，生长发育快，羔皮优美而著称，这样以桑叶喂羊，以蚕粪、羊粪壅桑，又是一种合理的资源再循环方式。

珠江三角洲地区，很早就以桑基鱼塘、蔗基鱼塘、果基鱼塘而闻名。当地农民经过长期探索，积累了"四大家鱼"的经验，成书于清中叶的《广东新语》总结道："凡池一亩，畜鲩三十，鳊百二十，鳙五十，土鲮千，日投草三十余斤，鲩食之，鳊、鳙不食，或食草之胶液，或鲩之粪，亦可肥也。"人们已经认识到鲩食草，鲢鳙食胶液（即浮游生物）和鲩粪的取食特点，并掌握了它们之间的比例关系。

总之，我国古代因地制宜地发展农业生产，不仅为人们提供了丰富的食物资源，还保持了自然生态的良性循环，取得了多种经营、地力常新的生态效益。这种生态农业又称复合农业，是我国物质文化史上的重要成就之一。

还要提到，我国是多作物品种的故乡。如水稻、大豆等与人类密不可分的食物就起源于我国。我国人民在漫长的历史过程中培育了许多植物品种，与此同时，也从国外引进了不少优良作物品种。这些作物，有的是作为主食用的粮食作物，有的是作为副食用的蔬菜瓜果。

汉、唐时期，国力强盛，中原与外域的农业文化交流颇为频繁。西汉武帝在位时期，凭借汉初几十年的"休养生息"所积累的雄厚国力，对西域各国主动通使，先后两次派遣张骞出使西域，打开了中原同西域各国的交通通道，开辟了举世闻名的"丝绸之路"。从此，"驰命走驿不绝于时月，商胡贩客，日款于塞下"（《后汉书·西域传》）。张骞带去了中国的丝绸等产品，也从西域各国带回了许多中原没有的物品，大多是植物的籽实。蔬菜瓜果驮在驼背上，经由漫漫的黄沙戈壁，从西域辗转来到中原。据史书记载，当时"殊方异物，四面而来"。这些作物种子被带回后，先后采取园艺试验的方式植之于帝苑、离宫，待掌握栽培要领后再推广于关中，然后再普及于中原。

据统计，在汉代从西域传入中原的食物原料有葡萄、石榴、苜蓿、胡麻（芝麻和亚麻）、胡桃（核桃）、大蒜、胡豆（豌豆、蚕豆）、西瓜、甜瓜、胡瓜（黄瓜）、波斯草（菠菜）、莴苣、胡荽（香菜）、芹菜、胡萝卜、扁豆、胡葱（大葱）、蓖麻、胡椒、波斯枣、无花果、茴香、巴旦杏、木犀榄等。当然，这些作物品种不一定都是张骞从西域带回的，有些是中西使者、僧侣、商人在长期来往跋涉中随身携带的。这些蔬果、香料的传入，极大地丰富了我国内地菜肴的品种。

与陆上"丝绸之路"并存的还有一条海上丝绸之路。从广州出发，航行于南海和印度洋，由于这条商路贩运的货物主要是中国的丝绸和海外的香料，又称为"海上丝香"。由丝香之路从南洋运到中国的作物，有茉莉、益智、海枣、槟榔、金鸡纳树，等等。

明、清时期，中国进入封建社会晚期，这时的农业生产达到了很高水平，但人口增长很快，人均耕地急剧下降。明洪武十四年（1381），人均耕地为14.56亩，到清道光十四年（1834）为1.65亩，比洪武年间减少了88.7％，从而在全国范围内形成了一个人多地少、耕地不足、粮食奇缺的矛盾。一些平原老农业区人满为患，许多农民不堪忍受封建政府的压迫，流入山区，沦为棚户、寮客。这一时期，中西交通相当发达，华侨和商人从海外引进了许多高产作物品种，对解决饥荒问题作出了贡献，也使我国的粮食、蔬菜的结构发生了新的变化。

明清时期，从海外引进的粮食作物有：

番薯：又名甘薯、红苕、山芋、白薯，原产美洲大陆，哥伦布发现新大陆后，甘薯随之引入欧洲和东南亚殖民地种植。甘薯传入中国还有一段曲折的过程，当时西班牙殖民者统治菲律宾，严禁甘薯外销。居住在菲律宾的华侨陈振龙知道甘薯是一种保丰补歉的备荒作物，决心把它引入中国。1593年，他把薯藤秘密缠绕在航船的缆绳上，表面涂上污泥，巧妙地躲过了殖民者的检查，到达福建。此后，甘薯在福建试种成功，那时闽、广等地常遭台风侵袭，连年饥荒，甘薯以其高产味美被人们视为备荒珍品。17世纪，江南大水成灾，五谷不收，饥荒严重，人们流离失所。当时著名科学家徐光启因父丧在上海居住，他在福建的学生"三致其种"，于是，他在上海郊区试种，甘薯长得很好。当时，农业生产中存在一种"风土论"，成为甘薯在国内推广的障碍，为此，徐光启写了《甘薯疏》，总结种植甘薯13种优点，竭力倡导种植。

玉米：玉米又叫苞米、苞谷、棒子、珍珠米等。大约在16世纪传入中国，当时外国使节把玉米果穗作为觐见皇帝的礼物，因而有"御麦"之称。据明万历年间田艺蘅所撰《留青日札》记载，玉米是从东南沿海首先传入我国的。又有人记载是从西域传来的。因此，玉米何时、何地传入我国，还是一个尚待继续探究的问题。

甘薯、玉米这两种作物，高产耐瘠，尤其甘薯味美可口，营养丰富，繁殖力极强。玉米强大的根须适合山区种植。这两种作物有助于解决饥荒和棚户的粮食问题，对山区的开发起了很大的促进作用。

花生：花生原产于美洲，在16世纪初期，从南洋群岛引入我国，最初只在沿海各省种植，后迅速在长江、黄河流域推广开来，成为我国人民喜爱的食物。

马铃薯：又名土豆，我国有些地方称洋芋、山药蛋、薯仔，原产于美洲，清代前期从南洋传入我国。康熙三十九年（1700）《松溪县志》说："马铃薯，叶依树生，掘取之，形有大小，略如铃子，色黑而甘，味苦甘。"马铃薯硕大丰满的块根里含有大量淀粉、蛋白质，作为主食可做成馒头和面包。马铃薯传入我国后，很快就在华北和南方部分地区种植。山西一带农谚云："五谷不收也无患，只要有二亩山药蛋。"

明、清时期，还从海外引进了许多蔬菜品种，主要有：

辣椒：时称蕃椒，引进时间为 16 世纪末，见于《草花谱》，其上记载"蕃椒，丛生，白花，子俨似秃笔头，味辣，色红，甚可观，子种"。

番茄：时称蕃柿，1621 年《群芳谱》记载其"一名六月柿，茎如蒿，高四五尺，叶如艾，花如榴，一枝结五实或三四实，一树二三十实，缚作架，最堪观，火伞火珠，未足为喻。草本也，来自西蕃，故名"。

菜豆：时称时季豆，见于 1760 年《三农纪》记载。

甘蓝：时称葵花白菜，见于 1848 年《植物名实图考》。

向日葵：大约在 17 世纪末从南洋传入，最初用来美化庭院，点缀风景，后来用作食用、药用、榨油。

花菜：当时叫椰菜花，清光绪时传入我国。民国七年（1918）《上海县续志·物产》中记载，"花菜，欧洲种，光绪八年传入，试种于浦东"。

外来作物丰富了我国人民的物质生活和饮食文化。它和其他文化一样，也是在中外文化交流中发展起来的。

综上所述，可以看出，中国饮食文化绝对不是仅仅表现于菜肴品种的丰富、味道的鲜美，而是建立在农业发展的基础上，吸收了外来农业物质文化的成果。

再来看看中国饮食的结构状况。

饮食结构是指饮食中主食、副食和饮料的搭配方式，即配餐方式。饮食结构是饮食文化中的一个重要问题，它和经济的发展、民族的习惯、社会的变化有着密切的关系。我国自进入农业社会以后，饮食结构就受农业生产水平的制约，不同的历史时期饮食结构也不尽相同，但整体上说，形成了以谷物为主食，其他肉类、蔬菜瓜果为副食的饮食方式。这种饮食结构一直延续至今，与西方以肉食为主，无主副食之分迥然不同。

中国历史上长期形成的谷食多、肉食少的饮食结构，与中国古代的国情相符合，维持了中华民族两千年的繁衍，并保证了炎黄子孙的身体健康，因为这种饮食结构符合营养卫生的原则。肉食固然可口且富有营养，但它缺乏其他食物的营养成分。人体需要多种营养素：蛋白质、脂肪、维生素、碳水化合物等缺一不可。谷物、蔬菜，甚至野菜，其中含有肉食所没有的营养成分。食肉为主，不食或少食谷物、蔬菜，对人体健康不利。中医一向认为酒肉肥甘是烂肠腐胃之物。现代医学也认为肉类所含的高蛋白和脂肪消化后的尾产物呈酸性，吃肉过多的人，由于肠液和食物中的碱性中和力长期失去平衡，就有可能患酸血病；血压高的人多吃肉更是危险。

我国古代的食物结构比较复杂，主食以五谷杂粮为主，而副食则是异彩纷呈，上自山珍海味，下至虫蛇、野菜、常蔬。在皇帝官僚那里，高档的副食可能要超过主食，而在平民百姓那里，副食则含有大量的糠麸蔬菜，所谓"糠菜半年粮"。但山珍海味如果不经过良好的加工，口味不一定令人满意，平民的五谷常蔬也需要加工处理才能顺利进入腹中。因此，我国古代十分重视食品加工，并自然地分成两个层次的食品加工方法。一是贵族阶层，那里集中了最好的原料和厨工，制作方法也是奇技百出，许多古代名菜谱就是例证；二是大众层次，普通百姓对日常的粗茶淡饭也重视加工，使之合乎口味，以增加食欲。再就是充分提高食物营养成分的利用率，主食、副食经过细加工以后，都对身体健康大有裨益，这不能不说是中国饮食文化的一大优点。

所谓"加工"，首先是对主食进行加工。先秦时谷物主要是粒食，如豆饭、麦饭。战国至汉代发明了石磨，有了粉碎食物的工具，粒食便被面食代替。面食易于消化、吸收，也合乎口味，无疑对健康有益。汉代以后，北方旱作农业区几乎都以面食为主。人们还可以根据口味和需要制成各种不同的食品，用面粉制成饼，称为"高（糕）来高（糕）去"。发酵业也是我国古代食品加工中一项系统工程。人们用发酵的方法制酒、酿酱。酒、酱无论在筵

图 9-2 酿酒图，汉画像砖（现代经济学理论认为，酒的出现，是社会财富相对繁荣和农业技术高度发达的标志）

宴上还是在日常生活中都不可缺少。人们还用带酸味的甜酒和煮熟的米汁作为酵剂，投入面团中，再加适当的温度使其发酵，制成馒头、包子。发酵的作用，使得面团在成熟时形态饱满，膨松多孔，富有弹性，软糯可口，而且酵菌本身含有丰富的营养，面粉中的蛋白质、淀粉、脂肪、维生素，经过酶的作用大大提高了营养价值，成为人体易于吸收的营养成分。

食品的加工对中华民族有重大意义。秦汉以前，大豆是五谷之一，主要作粮食用，但豆子粒食，不易被消化吸收，浪费很大。石磨发明以后，人们把它磨成浆来利用。汉代淮南王刘安在炼丹过程中发明了豆腐。豆腐的发明是食品加工中的一大创举，大豆经过这一加工，使人体对植物蛋白的吸收利用率大大提高了。据研究，大豆粒食，其中蛋白质吸收率只有 65%，制成豆腐，蛋白质吸收率可达 92%—96%。豆腐发明以后，很快形成了一系列豆腐制品，家喻户晓，老少咸宜。我们祖先发明了豆腐，开辟了一条利用植物蛋白弥补当时食物结构中动物蛋白不足的缺陷，这对中华民族两千多年来的繁衍起了重大作用，功不可没。

根据以上所述，可见我国饮食结构具有明显的中国特色，是我国人民长期创造发明的优秀文化成果。

第二节　饮食文化的保存与发展

在我国古代种类繁多的文献中，饮食著述占有一席之地。我国很早就出现了关于饮食生活的专题著述，《汉书·艺文志》上就有《神农食经》七卷，记载了先秦的饮食烹饪经验。据《隋书》《旧唐书》二书的《经籍志》和《新唐书·艺文志》记载，魏晋南北朝及以前的饮食烹调著述，如"食经""食饮""食法"等著作不下数十种，仅以"食经"命名的就有五部。《淮南王食经》《崔氏食经》《食经》《四时御食经》《马琬食经》，其中《淮南王食经》是一部含 130 篇的鸿篇巨制。虽然这些著作都已散佚，但它们所总结的烹饪经验已部分地留存于其他著作中。

除了这些专题的饮食著述以外，还有许多饮食内容以篇、章形式存在于诸子百家及其他著述中，有待于进一步整理发掘。其中，《四民月令》《齐民要术》有很大一部分内容总结了北方人民的饮食烹调经验。

关于《齐民要术》（以下简称"《要术》"）的内容，其作者贾思勰在自序中说："起自农耕，终于酰醢资生之业，靡不毕书。"该书是一部从五谷、瓜果、蔬菜的种植和家禽、家畜、鱼类的饲养开始，一直谈到食物的储藏、酿造、加工、烹饪，全面系统地论述了饮食生产的整个过程的百科全书式专著。《要术》对烹饪技术的研究不仅总结了传统的经验，还吸收了北方少数民族的烹调技法，如"胡炮肉""羌煮法"等。《要术》的另一贡献是保存了许多散佚的饮食著作，它采集百家之言，引用各种古文献 140 余种，采录谚语歌谣 30 余首，许多已湮没的饮食著述被《要术》保存下来。

《齐民要术》具有方便平民生活的特点。"齐民"就是封建国家的编户齐民，即普通百姓。在此之前的饮食著述大多记载贵族阶层制作的奢侈高级食品，平民百姓鲜能问津。而《要术》考虑到百姓的生活需要，除了烤乳猪这样高档次的菜肴，更多的是平民日常食用的中低档荤素菜，如"芋子酸臛法"的配料比例是"成治芋子一升，猪羊肉各一斤，粳米三合"，可"得臛一斗"，

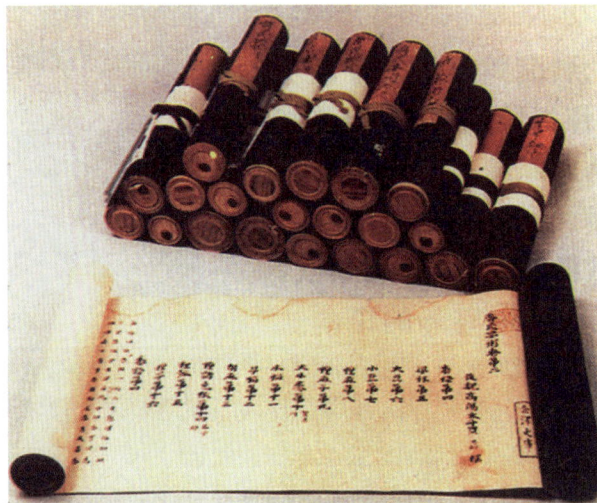

图 9-3 《齐民要术》书影

再加盐、豉、醋等佐料，对于大家庭平民，完全有条件吃上这样的肉菜大锅粥。此外，保持蔬菜、瓜果、肉类常鲜不败，是人民迫切需要解决的大事，《要术》研究和总结出许多储藏方法，有窖藏、密藏、封闭藏、腊肉藏、晒干藏等种种便民措施。《齐民要术》不愧是中国古代饮食文化的集大成者。

唐、宋以后，江南、岭南、两湖地区得到了开发。大运河的开凿，极大促进了南北农业文化的交流。北方传统的饮食技法伴随着大运河的桨声帆影传到南方，再结合南方的自然条件，形成了不同风格的各大菜系。因此，唐宋以后反映南方饮食烹饪技术的著述越来越多。唐代刘恂的《岭表录异》就是记述岭南物产、饮食、风俗的著作，其中涉及饮食的内容，或记饮食原料，或述特异馔馐，或录餐饮器具，或谈饮食风尚，记述了南方的食物加工、烹调技艺和食用方法，内容丰富，类似于《齐民要术》。

还要提到，南宋时期林洪《山家清供》一书，它记述了山区居民的饮食原料和食品制造方法。重点介绍蔬食，共包括栽培作物、烹制方法四十多条，还有其他山林野味的制作方法，"涮兔肉"最早见于此书，后来在此基础上又出现了涮羊肉等烹调方法。北宋高僧赞宁的《笋谱》是专门介绍竹笋的采掘、食用的方法，首先介绍了竹的本草学，接着写了煮的方法，强调食笋要食其"本味"，要连笋皮一起煮用。他自己的食用方法是：在竹林里取鲜笋和山泉水，用笋皮慢慢煨熟，坐在林中享用，认为如此才能吃出"本味""真味"。其次，他还介绍了竹笋的贮藏方法（鲜、腌、干燥等）。元末明初倪瓒著《云林堂饮食制度集》，介绍其故乡无锡一带的饮食方法，可以从中窥测出苏系菜的源流。

明、清以降，土地兼并严重，天灾频仍，饥民失所。一些知识分子为了解决百姓的果腹问题，致力于救荒著述。朱橚的《救荒本草》、王磐的《野菜谱》、周履靖的《茹草编》、屠本畯的《野菜笺》、姚可成的《救荒野谱补遗》、黄省曾的《芋经》等都是这方面的代表作，还有徐光启的《农政全书·荒政部》收录了许多救荒著作。这些著作保存了许多野生植物资源的采掘、食用方法。最著名的当推明宗室周定王朱橚的《救荒本草》。作者说，他写作的目的是防止百姓在饥饿时无选择地吃一些有毒的野菜而中毒。书中收录了数百种植物，并绘有图，指出其可食部位及如何食用。此外，李时珍在其巨著《本草纲目》中也对许多野生植物的可食与不可食加以分析说明，以避免百姓误食而中毒。这些救荒本草类著作对我们今天开发野生植物资源有一定的参考作用。

俗话说"民以食为天"，这是中国历代一直遵循的古训。林语堂在《吾国吾民》一书中说，西方人对待吃，仅把它看成是给机器加油料，而中国人则视吃为人生至乐。

我国最早的诗歌总集《诗经》，以及《楚辞》里所记载的食单就可以开一个不小的宴筵。《诗经》里许多歌谣就直接反映出平民百姓的食物来源和饮食习惯。《楚辞》反映了楚地的饮食风俗。古代以花入馔最早见于《离骚》中"朝饮木兰之坠露兮，夕餐秋菊之落英"。《招魂》中的食单足以开一个筵席。

汉代文人对饮食感兴趣的更多。在扬雄、东方朔、枚乘的骈偶对仗的文赋中也含有食单。例如，扬雄《蜀都赋》就反映了四川盆地各色食物的品种和食用方法。枚乘赋文中重点记载了汉代宫廷中的饮食规模。汉代保留下来的三张食单，其中之一见于枚乘《七发》中，另两张分别见于长沙马王堆汉墓出土的帛书和《盐铁论·散不足》篇。

唐宋迄清，不少文人雅士精于烹调艺术。他们不仅是美食家，而且自己动手创制名馔珍馐，给后人留下了许多食谱。

宋代文学家苏东坡从不隐瞒自己是美食家。一般人对自己嘴馋是不肯轻易承认的，他却坦率得很，曾风趣地作过一篇《老饕赋》以"老饕"自居，盼望吃到由"庖丁鼓刀，易牙烹熬"而制出的佳肴，真有点惊世骇俗。苏东坡生长在有"天府之国"美誉的四川盆地，虽一生宦海沉浮，屡遭贬谪，足迹遍历全国，却也尝遍了南北的名馔佳肴。他处处留心观察各地名厨的烹调方法，积累了丰富的烹饪经验，写出的饮食著述有《酒经》《黄州寒食诗帖》《老饕赋》。苏东坡还善于亲自动手做菜，创制出许多名馔，最拿手的是烧肉。宋代人吃猪肉，大多不把肉煮烂。苏东坡却发现猪肉烧烂既好吃又易消化，在烧的过程中自有心得，用他的话说就是："慢著火，少著水，火候足时它自美。"苏东坡常用这款菜招待朋友，与人共享，于是"东坡肉"便在江南一带流传开来，直至今日。

宋代词人陆游的饮食观与苏东坡相反，他喜欢素食，对于素食有独到的见解，到了晚年几乎不吃荤菜。他虽无"素食谱"之类著述留下，但在《陆游集》中可以看到数十首赞叹素食的诗。他喜爱的素食很多，五谷杂粮是他主要的饮食原料，他尤喜食粥，曾有一首《食粥》诗："世人个个学长年，不悟长年在目前。我得宛丘平易法，只将食粥致神仙。"古代粥品丰富多样，食粥在营养、味美方面都有很高的价值。

还要提到明末清初之际的剧作家李渔，他的《闲情偶寄·饮馔部》专谈饮食文化。他不是介绍一菜一点的制作方法，而是对菜肴进行理论探讨。李渔的一个精辟论点是强调"鲜"是食物的本味。他说从来最好吃的物料，大都宜于单独烹调，例如笋与其他佐料合烹，再调上香油，好吃倒是好吃，但笋的本味却不见了，这是最大的失败。鱼也以鲜取胜，像鲟鱼、鲫鱼、鲤鱼等都更宜于清煮或做汤，只有草鱼可以做成厚味菜。

清代文士袁枚对烹饪也有研究，且极自负。他说："眉公（陈继儒）、笠翁（李渔）亦有陈言，曾亲试之，皆阕于鼻而蜇于口，吾无取也。"他自己编著《随园食单》，包括"须知单""戒单""海鲜单""江鲜单""特牲单""杂牲单""羽族单""水族有鳞单""杂素菜单""小菜单"点心单""饭粥单"等共 14 个部分。真可谓集古代饮食烹调之大成。

中国饮食文化讲究色、香、味、形、意的完美统一，视食品为艺术品，将绘画、雕塑、乐舞乃至诗词等艺术作品运用于饮食菜肴，在构图、色调、造型乃至命名等方面刻意求美、求精，创造出像"八卦五牲盘""镂金龙凤蟹"等名目繁多的名馔佳肴。

综上所述，作为中国传统文化组成部分的饮食文化具有这样的特点：首先，它是中国农业发展的必然结果，它开始就和农学联系在一起，不但要求以富于营养的食品维持人的生活，而且更加着重于通过食物的消化和吸收保障人们的身体健康。因此，中国的饮食文化具有科学性。其次，中国饮食文化始终存在着两种倾向，一种是富豪们刻意追求的奢侈和珍稀食品，一种则是适合平民百姓生活要求的、多种多样的普通食品。自古以来，有识之士都主张在饮食上注重适用和节俭，这才是中国饮食文化的主流。最后，中国饮食文化和其他艺术作品相通，使中国饮食成为享誉中外的真正艺术，其菜系的特色、烹饪技巧的复杂和深奥、外在美与内在味的完美结合，使中国饮食文化呈现绚丽多彩的风貌，给人以强烈的美感和高雅的文化享受。

思考题：

1.　略谈中国饮食文化的源流与特色。

2.　以两到三部记载中国饮食文化的历史文化典籍为例，简述其主要内容并评价其意义。

3.　试分析中国独特饮食文化形成的原因。

第九章

饮食文化的

优良传统

第十章

古建筑与传统文化

第一节　古建筑中体现的传统文化精神

中国传统建筑是传统文化的重要组成部分。它从一个侧面反映出传统文化的特点。

传统建筑随着传统文化的发展而演变。在旧石器时代，距今约 50 万年前居住在我国的原始人已会利用天然崖洞作为居住处所，那时还谈不上有建筑存在。新石器时代，黄河中游的氏族部落利用土穴、木架和草泥建起简单的穴居和浅穴居，又逐步发展为地面上的房屋。而长江流域地区则出现了架离地面的干栏式建筑。公元前 21 世纪的夏朝，出现了夯土建筑，有了建于高大夯土台上的宫室。更为重要的是，在建筑中逐渐开始体现人与人的关系和等级制度："天子之堂九尺，诸侯七尺，大夫五尺，士三尺。"（《礼记·礼器第十》）同时，还出现了专门管理工程的官职——司空。从春秋到秦汉，建筑进一步发展，形式不断变化，逐渐形成一套完整的建筑制度，形成了质朴开放的早期建筑风格。

魏晋至南北朝时期的社会动荡造成国家分裂，佛教在这种社会条件下得到广泛传播。由于佛教文化的影响，石窟、寺院、塔等佛教建筑大量出现，来自印度及西域的佛教艺术与中国传统艺术融合。到了唐代，这种文化的交融与糅合在范围上进一步扩大，在内容上不断加深，在建筑方面则形成了雍容华贵的盛唐风格。

宋以后，城市经济发展起来，文化面貌发生了很大变化，建筑在功能上更注重与文化生活相适宜，在形象上趋向柔和绚丽。到了元、明、清时期，各民族、各地域文化进一步融合，外来文化影响日益增加，逐步产生了以清代建筑为代表的晚期风格。此时建筑在形式上已趋向程式化，手法纯熟，繁缛细密。

从整个传统建筑的发展史可以看出，建筑一直是随着社会物质文化和精神文化的发展而变化的，反映着传统文化演变的进程。首先，传统建筑体现出传统的伦理观念。从庶民的宅院到帝王的宫殿，从院落的经营到城市的布局，处处以严整的格局、井然的秩序来反映社会生活中人与人的关系，以及应当遵守的政治伦理规范。以都城的规划为例，成书于战国时期的《周礼·考工记·匠人营国》中规定："匠人营国，方九里，旁三门，国中九经、九纬，经涂九轨，左祖右社，面朝后市，市朝一夫。"这就是说，祖庙居东，社稷坛在西，朝廷在前，商市居后，宫室居于中心。这种布局十分讲究秩序，重视"礼"制，表达出封建社会的伦理观念。在北京故宫的布局中，则依"前朝后寝"的古制沿南北轴线布置建筑。前朝主要布置象征中心的大殿，是帝王发号施令的地方。后寝主轴线上布置帝后居住的寝宫。而太上皇、太后、太妃、太子居住的建筑，只能以从属的形象布置在后寝侧面位置。这里也明显体现出传统文化中的等级观念，突出了封建社会统治者至上的权力和地位。又如，传统的北京民居四合院，轴线清晰，院落分明。前院不深，以"倒座"的建筑形式作为客房，其后才进入建筑的主要部分。中轴线上坐北朝南布置正房，东西侧对称布置厢房，正房为长辈起居处，厢房为晚辈居所。这种布局方式，既体现了长幼有序、尊卑有定、内外有别的观念，也反映出现实生活中人的伦理关系。

其次，中国传统建筑很重视传统文化中"天人合一"的思想，强调人与自然的统一，建筑与自然的有机结合，在自然环境中糅入人的思想感情和精神风貌。

"师法自然"，是中国园林艺术的基本法则。无论是追求气势的皇家园林，还是讲究再现自然美的山水园林，都十分注重对园内自然环境的发掘、整理和再创造。在空间处理上，小园注重以少胜多，小中见大，组景强调逐步展开，使人余意不尽；大园则依山就水，因借自然，形成层次分明、主次相成的景色。特别是在私家山水园林中，更是利用多种手法，将天地自然浓缩到小小的园林中，与建筑结合在一起再现出一个意趣盎然的自然天地。在人和自然的亲和之中，自然的一切都被人格化，实现人与自然的相互因应。

"天人合一"的观念，在城市宫殿和一般的民居建筑中也得到充分体现。在城市布局方面，《管子》一书论述选择都城位置时就十分强调自然因素，指出"非于大山之下，必于广川之上，高勿近旱而水用足，下无近水而沟防省，因天材，就地利"。在宫殿建筑中，古人重视将宫殿建筑与城市布局、自然景观结合在一起，如北京的明清宫殿紫禁城，利用贯穿北京城的轴线，将景山的自然景色与紫禁城规整方直的布局格式协调起来，借助气象万千的自然景色，烘托出紫禁城的宏伟壮丽。同样，在以祭祀为主的"礼"制建筑中，也处处注意运用自然的因素，以增强建筑的艺术感染力。北京天坛运用大面积柏林作为背景，借助古柏的形态和庄重的色彩，使规模有限的祭祀建筑群获得了巨大的艺术感染力。

传统民居建筑形成了多种多样的建筑形式。北方民居布局规整封闭，色彩强烈朴拙，造型稳重严肃。南方民居布局自由灵活，色彩明快淡雅，造型轻快活泼。山地民居则随山势起伏转折，高低错落。水边建筑处处充分利用水的优势，通过桥、埠等与水密切结合，融为一体。

再次，中国传统建筑还体现出传统文化追求多样性统一的特点，即所谓"和而不同"、奇偶结合。中国传统建筑重视建筑群体的组合，重视空间序列的安排，善于将功能多样、风格迥异的建筑单体根据使用要求组织起来，既具有实用价值，又能取得和谐统一的艺术效果。

在建筑组合中，大小、曲直、繁简、抑扬、虚实等手法相辅相成，相互渗透，相互补充，被发挥得淋漓尽致。如苏州拙政园的入口部分，先经过宅间狭小的夹弄，曲折前行而入腰门，空间狭促却置一黄石假山，使人不能将全园景物一览无余。循廊绕山转入远香堂前，空间才豁然开朗，清澈的池水，叠嶂的山石，茂密的树林，错落的楼阁尽收眼底。这种抑扬顿挫、大小空间对比的手法，在古代园林，特别是私家山水园林中经常使用，产生不断变化的空间感受。又如北京故宫的布局，在巍峨雄伟的太和殿前，庭院两侧整齐的朝房之间各有一座二层楼阁，两阁都以较小的体量，略有变化的外形，与太和殿形成大小、繁简的对比，整体形象处处与太和殿统一呼应，使太和殿既突出而又不显得孤立。

图 10-1　太和殿

　　在空间序列的安排上，中国建筑注意平缓流畅而又富于对比变化，肃穆
而深沉，时刻注意体现建筑的内在联系，反映出等级和秩序的要求。这点，
在紫禁城建筑群的布局中体现最为明显。北京故宫从大清门至太和殿，先
后通过五座门、六个庭院，在长 1700 米的距离内布置了三个高潮——天安
门、午门、太和殿，而这三个高潮随空间序列的发展逐步强化，建筑的级别
逐渐提高，给人以严整的秩序和太和殿凌驾一切的视觉冲击。

　　最后，中国的传统建筑还体现着传统文化与其他文化的交流与融合。这
种"会通"精神体现于古建筑中，就是建筑技术和艺术在不同地域和不同民
族之间的交流，以及传统建筑对外来优秀文化的兼容并蓄。传统建筑既重历
史，又求创新，表达出中华民族宽阔的胸怀，也反映出中华文化的成熟与丰
满。这种兼容并不是简单地照搬照抄，而是经过消化吸收和创新改造，成为
具有鲜明民族特色的外来文化。不同地域之间和不同民族之间的文化，在建
筑历史的演变过程中不断糅合，不断发展。宗教建筑在对外来文化的吸收上
表现得尤为明显。它的初期形式都是随着宗教文化的传入形成的。如西汉末
传入佛教，唐代传入伊斯兰教，明清时期传入基督教，这些宗教建筑形式传
入后，就与中国传统文化相结合，经过演变、发展，熔铸成为具有中华民族

风格的宗教建筑形式。

　　塔就是其中最为突出的形式之一。它形式多样，造型丰富，表现出中国建筑在艺术上兼收并蓄和勇于创新的精神。塔是一种以精神功能为主的佛教建筑。它的概念和型制源于印度的"窣堵坡"。窣堵坡主要藏置佛的舍利和遗物，性质类似坟墓，是佛教信徒顶礼膜拜的对象。塔传入中国后，得到了改造和创新，演变出了楼阁式塔、密檐塔、单层塔、覆钵式塔、缅塔和金刚宝座塔等几种形式。其中楼阁式塔是仿照我国传统的多层木构架建筑而

图 10-2　妙应寺白塔

建造的，它出现最早，数量最多，是我国佛塔的主要形式。在功能上，除藏置佛的舍利、遗物、经卷和佛像外，楼阁式塔还可以供人登临远眺。在材料上由于木材易燃、易腐，唐以后逐渐由砖塔取代了木塔。密檐塔多为砖石结构，一般不供登临远眺，意义与楼阁式塔不同。元代提倡藏传佛教，它所特有的瓶形喇嘛塔得到建造与传播。现在最大的喇嘛塔是北京妙应寺白塔，它建于元代，尼泊尔匠师阿哥尼参加建造，是中尼两国人民友好和文化交融的象征。云南的傣族、佤族等地区建造的缅塔，形制与缅佛塔相同，是从窣堵坡演变而来的又一种形式。见于明、清两代的金刚宝座塔则是在高台上建塔五幢，以象征佛经中的须弥山。

图 10-3　殷墟遗址全貌

第二节　传统建筑的四种主要类型及其文化内涵

一、宫殿与城市

宫殿与城市是传统建筑的一个重要类型。

我们现在所知较早的宫殿，是商代初期（也有学者认为夏代晚期）的偃师（今河南偃师）二里头宫殿。从残存的宫室遗址可看出当时筑有夯土台基，台上有建筑，四周有回廊，并有广阔的庭院。商代建都于殷（今河南安阳西北小屯村）后的宫室遗址是现存比较完整的，一般称为"殷墟"。从遗址的发掘来看，殷墟建筑群已沿南北轴线，按祭祀、施政、居住功能由南向北分三区布置。这种前殿后寝和沿南北向纵深对称布局的基本模式，一直为后来历代宫室所采用。

早期的都城是在宫城的基础上扩展而来。西周都城丰镐（今陕西西安

西）和东都洛邑（今河南洛
阳）的布局体现了"礼"的
要求，这种"周王城"式的
布局模式一直影响着以后历
代都城的规划和营建。

秦始皇统一六国后，营
建咸阳（今陕西咸阳）城，
建造了规模宏大的阿房宫。
汉代在秦咸阳兴乐宫的基础
上建立都城长安，包括长乐
宫、未央宫、建章宫，同时
在洛阳建北宫、南宫，分别
组成规模庞大的帝王宫苑。
隋都和唐都长安是当时世界
最大的城市，隋仁寿宫，唐
大明宫、兴庆宫都是气势宏

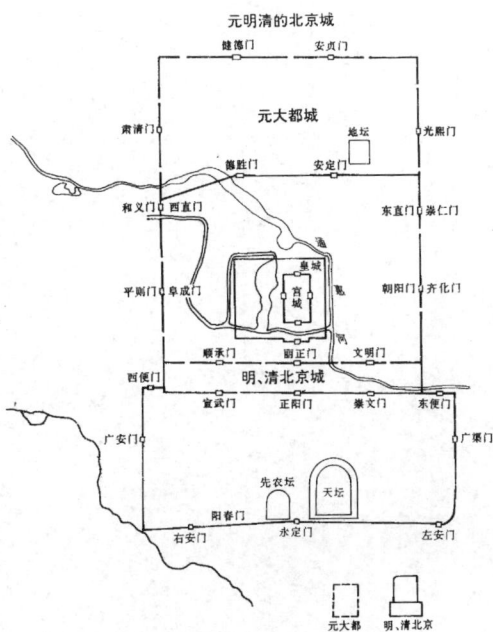

图 10-4　北京城的变迁与概貌

伟的建筑。宋建都东京（今河南开封）修筑大内，元附会《周礼》建立大都
（今北京市），宫殿更加豪华壮丽。在改朝换代中前代宫殿多被付之一炬或拆
毁重建。现在比较完整地保存下来的只有两处：一是北京的明、清故宫，二
是沈阳的清故宫。

明北京城是在元大都的基础上改建和扩建而成的，分为宫城、皇城和
大城三部分。为加强京城的城防，嘉靖年间曾准备增修外城以包住整个北京
城。后因财力所限，只在城的南面加筑了一段外城。外城东西 7950 米，南
北 3100 米，东西各一门，南北各三门，北面三门（宣武门、正阳门、崇文
门）通往内城，东西两角还有通向城外的两座门（东便门、西便门）。外城内
主要有手工业区、商业区和天坛、先农坛。外城以北的内城就是原先的大城，
东西 6650 米，南北 5350 米，南北开有三门，即外城北面三门，东、北、

图 10-5 紫禁城

西各有两座城门。内城的中心偏南筑有皇城，东西 2500 米，南北 2750 米，
呈不规则方形，四面开门，南门就是天安门。皇城内主要布置了宫城、庙社、
寺观、衙署、仓库等。宫城，也就是我们说的紫禁城，在皇城之内，南北长
960 米，东西宽 760 米，四周各有一门。

纵瞰整个北京城，我们可以发现一条统领全局的南北轴线。这条轴线
南起外城正门永定门，北端以钟、鼓楼为终点，全长达 7.5 公里。而与这条
轴线平行，一东一西各有两条南北向大道，如同脊椎，将形如栉比的胡同串
联起来，胡同之间又配有南北向或东西向的次干道，共同构成了网格状的道
路结构，形成了方块式的内城风貌。

明宫城紫禁城是从明永乐四年 (1406) 起，经过 14 年建成的。清朝沿
用以后，总体格局没有什么改动。围绕着宫殿的宫城整个平面呈矩形，大体

上可分为前朝、后庭两部分。前朝位于南部，占据宫城大半部分面积，后庭位于北部，占少部分面积。总体上，以建筑为主形成庭院，各庭院又按地位等级的不同，沿轴线南北纵深发展，对称布置。紫禁城轴线与城市轴线重合，沿这条轴线上，在其前朝部分布置了象征政权中心的太和、中和、保和三大殿，在其后部内庭部分主轴线上，布置有乾清宫、交泰殿和坤宁宫，构成帝后居住的寝宫。寝宫西侧以太上皇居住的宁寿宫为主，东侧以太后太妃居住的慈宁宫为中心，有两条次轴线，平行于主轴线，又分别组织起两组建筑群。这两条次轴线又和东起文华殿西至武英殿之间的一条东西向轴线相呼应，而主轴线上的太和门则将主轴线与这条东西向轴线有机地联系了起来。这两条次要轴线和主轴线之间，设有斋宫及养心殿。它们的后面，是嫔妃居住的东西六宫等建筑群。此外，在这几条轴线之间，还穿插布置了一些宫殿及附属建筑。这种以南北轴线为主，由点定线、以线带面的空间布局方式，突出了太和、中和、保和三大殿，反映出居中为尊的传统观念。在功能上把宏大富丽的紫禁城有条不紊地组织起来，满足了帝王勤政议事和居住休憩的要求；在形式上取得了统一协调、相得益彰的空间效果。

　　故宫的设计从空间布局到建筑细微部分的处理上，体现了帝王的绝对权威，试图以此激起臣民们的臣服心理。让我们沿着这条主轴线，游览一下紫禁城，去体会一下其中蕴含的文化精神吧。南起永定门的中轴线，以一条宽直大道的形式将我们引至天安门。在天安门前，空间突然向东西横向展开，在湛蓝的天空下，一道暗红色的高大城墙，暗示着后面世界的神秘莫测。在城墙上，高大的天安门门楼，以雄浑的姿态、强烈的色彩，与周围低矮、青灰的城市背景形成极大的反差。天安门前的空间里，只有一条外金水河逶迤而过，五架汉白玉石桥跨河而置，一对华表，两对石狮，分列左右，后面便是幽深的门洞。这一切都收敛了人们的视线，触动了人们的心灵，一种肃穆之感油然而生。

　　过天安门，是一条两侧排列着整齐低平朝房的御街，节奏舒缓。前行过端门，空间变得狭长而深远，将我们的视线引向空间的尽头，那里，一座体量巨大、形式复杂的建筑，在两旁低矮的朝房衬托下，震慑了我们的心境，这就是宫城正门午门。午门城台平面呈"冂"形，中间的宫廷广场，在明代曾用作廷杖触犯龙颜的官员，在清代是凯旋献俘之地，凡颁诏宣旨及百官常朝，也集于此。

过午门，空间再次横向展开，院中形如弓形的内金水河自金方（西方）来，至巽方（东南方）而去，隐喻了"帝王阙内置金水河，表天河银汉之义也，自周有之"的古老传说。河上亦有石桥五座。过桥，入太和门。

出太和门，空间变得开阔。一座巍峨的大殿坐落在高高的汉白玉台基之上，台基由三层重叠而成，每层均有栏杆，装饰繁复，造型精美，色彩洁白，把大殿衬托得分外高大雄伟，这就是皇帝举行登基、祝寿、大婚、册定皇后大典的太和殿。它面阔 11 间（63.9 米），进深 5 间（37.7 米），以一切无所不用其极的最高规格表现着大殿的至尊无上。大殿前陈设的铜龟、铜鹤、日晷和嘉量，象征着江山的永固和国家的统一。当太和殿举行大典时，铜龟、铜鹤们腹内燃松香、沉香、松柏枝，口吐袅袅香烟，更为太和殿渲染上一层神秘和肃穆的气氛。

过太和殿，在同一台基上，依次排列着五开间体形较小的中和殿和九开间体形略次于太和殿的保和殿。中和殿是皇帝参加大典前暂坐的地方。保和殿、中和殿是皇帝宴请王公、举行殿试之处。这三座大殿都突出了一个"和"字，这正是中国传统文化的基本价值观念。早在先秦，中国文化就推崇"和而不同"（《论语·子路》），主张和谐发展，反对独断和盲从。"和"的观念两千多年来一直为中华民族所重视，被运用于社会、政治、人生各个方面，具有丰富的文化内涵。三大殿取名太和、中和、保和，表达了追求祥和昌盛、长治久安的社会政治理想。

三大殿之后，轴线将我们引入内庭。内庭的正门叫乾清门，坐落在石基之上。过乾清门，沿庭院高起的甬道，可达乾清宫。明代这里是皇帝的寝宫，清雍正皇帝将此处改为接见外国使者的场所。其后的坤宁宫原是皇后居住的地方，后改为萨满教的祭祀场所和皇帝结婚的洞房。位于这两宫之间的是交泰殿。这二宫一殿也建于同一台基上，不过台基只有一层而不是三层。整个布置与外朝相似，只是体量略小了一点，虽不如外朝那样雄伟，却仍不失应有的壮丽。

坤宁宫后便是帝后的御花园。园内有斋、堂、亭、叠山、水池，建筑华丽，都均衡对称或左右呼应，虽为人造自然景观，但在处理手法上依然与整个内庭风格相吻合。

坐落在紫禁城以北的是景山。在御花园中，在内庭宫殿楼阁的间隙中，都能或多或少地看到景山那映衬在蓝天下清晰的轮廓，在庄严肃穆之中增添了一点自然的乐趣，也使人们在对帝王威严的感受中产生了对自然景观的崇敬。景山还是全城的制高点，登上景山，鸟瞰京都，灿烂的阳光下，紫禁城内建筑密布，院落重重，黄色的琉璃瓦顶如金黄色的波浪，熠熠生辉，在整个北京城青灰色的衬托下，格外庄严华丽。

古代城市建筑中帝王祭祀祖宗与天地的太庙、社稷坛、天坛等也很有特色。作为帝王主持祭祀的"社稷坛"，一般都遵从《周礼·考工记》"左祖右社"之制，建于宫城前西侧，如北京的社稷坛就在紫禁城前的皇城西侧，与东侧的太庙沿轴线对称布置。社稷坛内总体布局，由北向南展开。坛北设正门三间，进入正门后又有大戟门，再南是拜殿，最后是矮墙围绕的方形社稷坛。

社稷坛为三层方台，最上层表面覆以五色土。依据天干地支和阴阳五行学说，分别为东方青土、南方红土、西方白土、北方黑土、中央黄土，象征全国的疆土。方坛围以低矮的围墙，向内墙面的四方色彩与坛面五色土的四个方位色彩一致，用琉璃贴面，进一步加强了这种象征意义。矮墙的外表面为黄色琉璃砖贴面，东、南、西、北每一方的中部，均直立一樘汉白玉雕的棂星门。再往外便是一片苍翠的古柏，将整个社稷坛衬托得庄重肃穆。

北京的天坛是明、清两代皇帝祭天祈年的地方，遵从"郊祭"古制，建在都城近郊，位于正阳门外东侧，占地面积约四倍于紫禁城。祭天是中国历史上每个王朝重要的政治活动。帝王的父母去世时暂时停止宗庙之祭，但

图 10-6　天坛

不能停止郊祭，表示不敢以父母之丧废弛事天之礼。可见祭天重于祭祖，天坛比宗庙更加重要。因此，天坛也就成为最高等级的礼制建筑。

天坛始建于明初，几经改建，才形成目前的格局。在总体布局上，天坛舍弃了在宫殿建筑中使用的沿轴线布置多道门与院落的传统方式，而是采用"以少总多"的手法，在一望无际的柏林中，由南北沿轴线布置了体形扁平的圜丘坛，小巧精美单檐攒尖顶的皇穹宇和高耸向上三重檐攒尖顶的祈年殿，南北轴线则是林海中的一条高宽的甬道，称"丹陛桥"。由于天坛位于北京城主轴线东侧，因此主要入口在西面，并通过一条笔直的辇道与丹陛桥相连接。

走在茂林深处的辇道上，气氛十分肃穆宁静，空间由于南北轴线突破常规的东移而显得越发深远幽邃，使人感到自己已经逐渐远离了喧嚣的人间，融入蓝天绿树的自然。踏上高高的丹陛桥，天地豁然变换：人们的视点被升高了，两旁的柏林被压得很低，仿佛在凛冽的大风中呜咽着，翻滚着，如同奔腾的大海；而天空却变得异常开阔，格外深邃。这给人一种特殊的感受：我们距离神秘的天是那么近，载着芸芸众生的大地已经退得很远很远。

南端的圜丘是一个白石砌成的二层圆形台子，周围由两重矮墙环绕。内墙为圆形，外墙为方形，象征天圆地方。两重矮墙的四面正中都建有白石棂星门。由于台基将人们的视点升高，又有低矮的围墙衬托，使人们感到这儿的天穹格外辽阔、高远。每年冬至日，皇帝都要到这里举行祭天仪式。

北端，在三重宽大的坛基上，兀立着圆形的祈年殿。三层蓝色琉璃瓦的屋顶直接天穹，把人的视线一下子提得极高。回首南望，由圜丘、皇穹宇、祈年殿和丹陛桥组成的天坛仿佛置身于一个超尘的世界，领略了天穹的宏大。

二、园林

园林艺术是中国建筑中又一重要部分。中国自古以来就有崇尚自然的文化传统。热爱自然，亲近自然，推崇自然成为中国传统文化的一大特色。在这种传统文化的影响下，"师法自然"的造园活动得以发展，讲究诗情画意的园林艺术取得了光辉灿烂的成就。

汉代以前的园林以供帝王、贵族游猎苑囿为主。商纣王建有鹿台，周王建有灵囿、灵台、灵沼，都是以狩猎为活动内容的游乐场所，未对景观进行自觉的艺术加工。稍后的园林中修筑了"高台榭，美宫室"，如吴王阖闾的姑苏台，但仍以自然风貌为主。

汉武帝建的上林苑，已经成为汇集居住、娱乐、休息等多种功能的综合性园林。特别是苑中建池，池中筑岛，岛上造台榭，以此比拟东海蓬莱、瀛洲、方丈三座仙山，象征仙境的"一池三山"，在自然景物中融入了人的心灵和意识追求。

独树一帜的私家山水园则起源于魏晋南北朝时期。从这个时期起，中国园林就朝着皇家园和私家园两个方向发展。由于私家园的主要使用者士大夫是封建时期拥有高水平文化的主体，因而私家园也往往成为古代文化精神的缩影。

魏晋之际，由于政治动荡和统治者的争斗，士族阶层常叹生死无常，贵贱骤变，他们隐逸于江湖，寄情于山水。这时造园开始注意对自然的发掘，追求再现自然，并赋予自然至善至美的人格，于是园林变成了真正的建筑艺术。作为私家园主题内容的人工堆山，开始着意于再现山林意境。松以其偃强不屈的形态，梅以其傲立春寒的形象，竹以其挺拔纯洁的秉性，受到人们的喜爱。

唐代国力强盛，经济繁荣，思想开阔，造园活动进入一个全面发展的时期。士大夫的山水园兴造日趋繁荣，且多集中于长安、洛阳两地。园林日趋小型化，与生活结合得更加紧密。白居易在洛阳履道坊的宅园，可称得上是这个时期山水园的代表。白氏山水园占地 17 亩，其中屋室三之一，水五之一，竹九之一。园的布局以池为中心，池中有三岛，岛上有亭，有桥与岛相通。池内有白莲、紫菱。池岸曲折，掩映于茂竹之中。池西岸有亭、楼和游廊，供宴饮、观月、听泉之用。池北有书库，是子弟读书之处。池东的粟仓，是贮粮之所。池南和住宅相接。引水入园，作小涧于西楼下以听水声。园内还置有太湖石、天竺石，用以观赏；青石用以坐卧，甚至还有一对鹤，以和丝竹之韵。整座园意境之高，情趣之雅，堪称一绝。

两宋时期，文化活动频繁，造园活动已深入到地方城市和富裕的士庶阶层。这时的园林更多地和人们的生活结合，形成细致精巧的风格。另外，城郊公共风景点发展迅速，甚至私家园林也定期向公众开放。

明、清时期的造园活动主要集中于以北京为中心的北方和以苏州为主的江南。这一时期造园理论与手法渐趋成熟，出现了一批从事造园活动的专家，如计成、李渔等，还出现了《园冶》等造园名著。在造园手法上巧于因借，善于使用对比统一的手法。注重以少总多，小中见大，主次相成，虚实相生，形成步移景异的艺术效果，体现了"源于自然，高于自然"的艺术追求。

最能体现"源于自然，高于自然"的私家山水园，是苏州园林。

苏州的留园，占地五十余亩，分四部分，中部为明代所造，是全园的精华，东、北、西三部分为光绪年间所加。在空间的处理上，留园堪称江南私家山水园的典范。此园位于住宅的西北，除与前部居室相通外，还另辟不经住宅的通道进入园中。入门后曲径透迤，经两重小院至一小阁，透过小阁的漏窗，隐约可见园内山池亭阁，由阁西面空窗望去，绿荫及楼阁层次重重，画面深远，气氛恬静而幽雅。

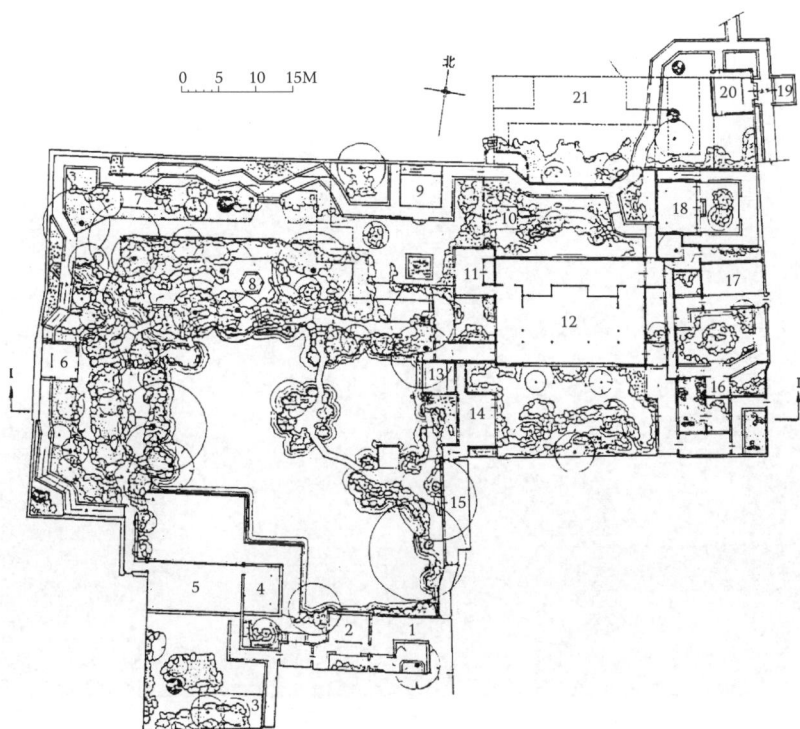

1. 寻真税（今古木交柯）；2. 绿荫轩；3. 听雨楼；4. 明瑟楼；5. 卷石山房（今涵碧山房）；6. 餐秀轩（今闻木樨香轩）；7. 半野堂；8. 个中亭（今可亭）；9. 定翠阁（今远翠阁）；10. 原为佳晴喜雨快雪之亭，今已迁建；11. 汲古得修绠；12. 传经堂（今五峰仙馆）；13. 垂阴池馆（今清风池馆）；14. 霞啸（今西楼）；15. 西奕（今曲溪楼）；16. 石林小屋；17. 揖峰轩；18. 还我读书处；19. 冠云台；20. 亦吾庐，今为佳晴喜雨快雪之亭；21. 花好月圆人寿

图 10-7　苏州留园平面示意图（局部）

　　转出阁去，进入园中部，一泓池水映入眼帘，池水清澈明静。环顾四面，人们可感到中部大约分为两部，西北以山池为主，东南以庭院建筑为主，情趣各异。北山以可亭为构图中心，西山正中为闻木樨香轩，两座建筑坐落在嶙峋山石之上，掩映于林木之间，造型与尺度都很适宜。园内还有柏、杨等高大乔木，与突兀的山石一同形成林木森郁的气氛，使人感到一丝山林野趣。池水东南成湾，临水有轩，隐于绿荫之中，称绿荫轩。池东以小蓬莱岛和平

图 10-8　苏州留园一隅

桥划出一块水面，与东侧的濠濮亭、清风池馆组成一个小景区。

自曲溪楼东去，庭院深深。主厅五峰仙馆，因梁柱均用楠木，又名楠木厅，宽敞精美。院内选有湖石，气势雄浑，与厅东两处玲珑幽静的小庭院（揖峰轩及还我读书处）产生鲜明的对比。环庭院四周有回廊，廊与墙若即若离，似乎在不经意间构成了许多小院。院极小，甚至不能容一人，却被精心地布置了湖石、石笋、竹、蕉，使整个大庭院空间变成浑然一体的艺术品。

自揖峰轩东去，一组建筑围绕着一块玲珑剔透的湖石布置。这块名叫冠云峰的湖石，相传为宋徽宗的"花石纲"，它以其特有的"瘦、皱、漏、透"的形象而被人们欣赏和赞美。石峰以北的冠云楼如同屏障，将冠云峰衬托得越发秀丽。登楼可远眺城外的虎丘山，借山色扩大了庭院的空间视觉。

西部之北为土阜，是全园最高处，可远眺城外虎丘、天平、上方、狮子诸山。追山云墙起伏，枫树茂密，秋叶红醉，和中部山林相映，色彩缤纷。

综观此园，空间大小相间，明暗有致，收放自如，高低错落，参差对比，形成有节奏的空间序列，突出了各庭院的特色，使全园富于变化和层次感。如从园门进入，先经过一段狭窄弯曲的廊院，视线封闭而收敛。到古木交柯处，略微扩大，并从北面漏窗隐约透出一点园中的山池亭阁，给视线作一引导。但只有绕至绿荫轩，空间才变得豁然开朗，不大的山池景物在前段压抑的气氛对比之下，使人感到格外开阔明亮，这便是园林中常用的"先抑后扬"手法。又如，五峰仙馆回廊边上的小庭院，与大庭院相互流通穿插，将大庭院衬托得更为宽阔，这是一种对比手法。这些手法都起到了小中见大、以少总多的空间效果，创造出极其优美的空间意境，表达了人们对自然生活的追求，以及"独与天地精神往来"的内心寄托。

三、宗教建筑

宗教建筑是传统建筑的又一类型。我国历史上曾出现过多种宗教，比较有影响的有佛教、道教和伊斯兰教。佛教对我国古代传统文化的发展产生过深远的影响。从佛教建筑的演变和发展中能看出传统文化汲取融合外来文化的会通精神。

最早见于史籍的佛教建筑，是东汉明帝时的洛阳白马寺，它是由当时的官府改建而成的。及至两晋和南北朝时期，佛教在中国传播开来。这时期来中国传教的僧人甚多，他们将印度等国的佛教建筑形式和艺术风格传入中国。这个阶段中国的佛寺、佛塔建筑基本上是以印度佛教艺术为范本。《魏书·释老志》中描述："自洛中构白马寺，盛饰佛图，画迹甚妙，为四方式。凡宫塔制度犹依天竺旧状，而重构之。"这时佛寺的布局方式是以塔为中心，四周环绕着僧房而形成独立的院落。这种受印度佛寺形式影响而成的廊院式寺院，构图特点是向心的，突出了中间的佛塔，形成特色鲜明的建筑面貌。

中国的传统建筑式样与印度佛寺式样的融合，至魏晋时已十分明显。虽

图 10-9 洛阳白马寺

然佛寺仍以佛塔为主，却已有在塔前或塔后加筑大殿，构成"前塔后殿"或"前殿后塔"式的廊院式寺院。北魏洛阳的永宁寺，由塔、殿和廊院组成，其核心是一座三层台基上的九层方塔，塔北又建佛殿，四面环以围墙，形成一宽阔的矩形院落。塔藏舍利，是佛教徒崇拜的对象，所以居于寺院中央，成为寺院的主体。建殿供佛像，供信徒膜拜，重要性次于佛塔。

另一类寺院，是由贵族官僚捐献府第或住宅改建而成的。它们往往"以前厅为佛殿，后堂为讲堂"。这些府第或住宅的建筑形式融入佛寺建筑，使佛寺拥有许多楼阁和花木，更多保留了中国传统建筑的形式，具有浓郁的中国文化气息。

这一时期，开辟石窟寺也十分盛行。石窟原为佛寺的一种形式，是僧侣为了静修在山中开凿的洞窟寺庙。这种石窟寺自魏晋传入后，很快就与中国传统建筑相结合，与原来的形制大不相同：洞窟中一般只有佛像和壁画，作为膜拜之用，而在窟前或旁边另建寺院，供僧侣住宿诵经。中国的石窟寺院是收藏雕塑、壁画和文物的宝库。甘肃敦煌莫高窟、天水麦积山石窟，山西大同云冈石窟，河南洛阳龙门石窟，都是著名的石窟寺院。

隋、唐、五代至宋，佛教发展进入鼎盛时期，这时的佛教建筑也完全变成了中国佛教建筑。最突出的特点是：寺庙的布局逐渐向宫室建筑形制转变，在建筑群中引入了中国传统建筑中轴线的概念和手法，以塔为中心变成了以佛殿为主体，建筑群向心布置变成了沿南北轴线展开的布局。原来作为整个寺院中心的佛塔的地位已被供奉佛像的佛殿所代替；以佛塔为中心的廊院式布局，变成以大殿为主，左右各置一座配殿，形成三合或四合院的形式，佛塔退居到后面或一侧另成塔院，或作双塔置于大殿及寺门之前。这种排列体现了中国传统建筑重视群体组合，精于空间经营的特点。现存的河北正定隆兴寺便是这种寺院类型中优秀的一例。这一时期寺庙在泥墙上绘制壁画的风气极为流行。另外，由于出现了许多大型佛像，推动了多层楼阁的建造。佛塔已由木结构向砖石结构转变，平面形式和外观都更加丰富多彩，几种主要的佛塔类型都已出现。总之，这个时期，外来的佛教文化与民族传统文化已经紧密地融合在一起，形成了完全中国式的佛教建筑艺术。

元、明、清时期，藏传佛教特有的佛塔形式，即类似瓶子式样的覆钵式塔在全国各地建筑起来。清代还出现了佛塔中的另一种类型——金刚宝座塔，这种塔的基本型体肇源于印度，但到中国后有了很大变化。此外，藏传佛教的寺院多建于山区，依山就势，布局自由，规模宏大，气势恢宏，出现了与过去传统佛寺不同的布局方式。寺院外观上又多高台座，红白外墙粉刷，金瓦顶，梯形窗，装饰效果强烈，也与传统的寺院建筑形成了极大差别。寺院经堂的室内空间巨大，光线昏暗，加强了神秘气氛的渲染，与充满人间世俗情趣的传统寺院艺术拉开了较大距离。这都是由于不同文化相互影响，相互融合而在建筑上增添的新颖意趣。

道教是中国本土的宗教，道教建筑称为观或宫。观原是一种楼阁建筑，本为观览瞭望之用。因为道教有"仙人好楼居"之说，所以楼阁成了道教建筑的特点之一，其建筑也以"观"为名。到了唐代，不少皇帝崇信道教，将"观"易名为"宫"，以示尊重，以后人们便以"宫""观"来称呼道教建筑。道教建筑为地道的木构架建筑体系。它与其他类型的中国传统建筑一样，在建筑布置上以轴线为主，左右对称。在空间安排上，沿轴线布置层层院落，形成一定的秩序和节奏。在建筑装饰上，除了有作为道教标志的八卦太极，象征神仙和吉祥到来的暗八仙外，还有表示长生不老和长寿的鹤、鹿、龟、灵芝、仙草。道教的宫观还多建于名山大川之间，体现了道教崇尚自然、追求清静脱俗的文化色彩。现存道教宫观著名的有江苏苏州玄妙观三清殿、北京的白云观等。

伊斯兰教约在唐代传入我国。其建筑形式与布局，与我国历史悠久的佛寺、道观有所区别。如伊斯兰教的清真寺常建有召唤信徒礼拜的邦克楼或尖塔，以及供膜拜者净身的浴室。殿内不置偶像，仅设朝向圣地麦加的神龛，装饰纹样只用古兰经文或植物纹样、几何纹样等。唐、宋、元时期的清真寺，在建筑上仍保持了较多的外来影响，有高矗的光塔、葱形尖拱券门和半球形穹窿结构的礼拜殿。元代，伊斯兰教建筑已吸取了中国传统建筑的木架构体系和平面布局，不过仍保留了许多阿拉伯建筑风格，带有过渡性的成分。至明、清时期，伊斯兰教建筑除了神龛和装饰题材外，所有建筑的结构与外观，都已完全采用中国传统的木架构形式，形成了以木结构殿堂楼阁为主体的中国伊斯兰教建筑风格。西安市化觉巷清真寺就是这一类型的典型实例。化觉寺总平面狭长，进深达 246 米，分为五进院落。每一院落都有隔墙与其他院落分隔，各有不同于其他院落的主题建筑。其中一院为木排楼，二院为石牌坊，三院为省心楼，四院为一真亭，五院的大殿既是本院的主题建筑，也是全寺的主题建筑。这些主题建筑丰富多样，又都布局于主轴线上，将局部与整体统一起来。前四院的建筑体相对较小，衬托出大殿的宏伟气势。它的布局构思与中国传统宫殿建筑完全融会贯通了。但一些信仰伊斯兰教的少数民族地区，如新疆维吾尔自治区的伊斯兰教清真寺，则基本上还保持着本地区和本民族在建筑风貌、结构和材料上的原有特点。现存比较著名的伊斯兰建筑除陕西西安市化觉巷清真寺外，还有北京牛街清真寺、新疆喀什艾提尕尔清真寺等。

四、民居

民居是传统建筑的重要类型之一。我国不同地区、不同民族的居住点在自然条件和风俗习惯，以及文化传统方面是有差异的。与人们日常生活关系紧密的民居最能够体现这种差异，表现出多姿多彩的风貌。

云南地区的水族、侗族、傣族、佤族、景颇族，生活在潮湿的亚热带丛林中，采用干栏式住宅。居室用支柱架离地面，居室下面的空间饲养家禽、家畜及作仓库之用。这种形式有利于防水防虫蛇毒害。

北方草原的蒙古、哈萨克、塔吉克等民族采用帐幕式住房，这类民居平面多为圆形，骨架枝条用皮条绑扎，形成一个网架，外覆羊皮或毛毡，再用绳索束紧。架设时，地面铲去草皮，略加平整，铺上沙土、皮垫、毛毡即可。这类住房可装可卸，对于经常迁移的牧业生活非常适宜。

分布于西藏、四川南部、青海和甘肃南部一带的藏族的厚壁台阶式平顶民居，则主要为石构筑，一般分为三层：底层为牲畜房及仓库；中间一层为居住所用，分卧室、厨房和储藏室；上层有经堂、晒廊晒台及厕所。藏族民居完全暴露材料本色，黄土、青石、红木，形成朴拙强烈又很协调的色彩风格。外形富于变化。现在四川阿坝还保留着许多富有特色的藏族住宅。

分布在天山南北广袤地区的维吾尔族的拱廊式平顶民居也具有鲜明的特点，如喜好庭院，喜欢用壁炉、火墙、土炕采暖，屋顶开窗或面向天井开窗。维吾尔族住宅室内注重装饰，清洁整齐。壁挂地毯十分精美，色彩明快清丽，与维吾尔族人民欢乐好客、能歌善舞的豁达性格一样，给人留下鲜明印象。喀什地区常见的"阿以旺"，就是维吾尔族住宅的典型。

黄河中游一带的窑洞住宅，有靠山窑、地坑院和锢窑三种。靠山窑依山势开洞，层层叠叠，气势磅礴；地坑院在地上挖掘深坑制造人工崖面，形成庭院，别有风味。锢窑是用砖或石加固的窑洞，往往成四合院式布局。这种窑洞住宅，壁厚顶高，冬暖夏凉，建筑材料简单经济，施工便利，成为因地制宜、因材致用的典范，极富人与自然的亲和感。

福建南部龙岩地区的新罗、上杭、永定一带所散布的客家土楼，是客家

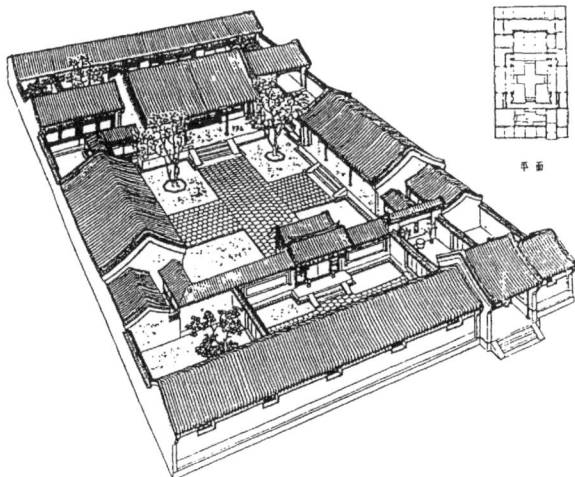

平面

图 10-10　北京四合院

人最初迁徙至此时，为了防卫而建造的一种对外封闭对内开放的建筑。这种堡寨式土楼，以其特有的夯土技术和传奇式的历史令人们惊叹不已。它们或方或圆，以夯土墙承重，墙厚达一米，高可达五层，圆形平面直径最大可达七十余米，共三环，三百余间房，形成聚族而居的堡垒式住宅。这类建筑以体形巨大，稳重粗犷，成组聚集，给人以深刻的印象。

以木结构体系为主的汉族民居，从南到北，随着地形与气候的变化而千差万别。一般来说，北方墙厚，屋顶厚，院落宽敞，造形粗犷质朴。南方屋檐深，天井狭小，讲究通风与蔽光，造形秀丽轻盈。而西南地区，往往强调风向而不强调日照，不采取南北朝向。

北京的四合院可视作华北地区传统住宅建筑的典型。这种住宅布局的特点是严格区别内外，尊卑有序，讲究对称，对外隔绝，自有天地，体现了封建宗法制度的影响。

四合院的大门一般位于住宅东南。这是受以阴阳五行学说为基础的风水观影响而形成的。入门折西，则为前院。前院很浅，以倒座为主，用作门房、客房、客厅，外人只可到前院。过前院北侧的中门则进入内院，内院由正房、耳房和两侧厢房组成。正房为长辈起居之处，厢房为晚辈起居处。正房以北有时仍辟有小院，布置厨、厕、贮藏、仆役住室等，称后罩房。这种内外有别、尊卑有序、等级分明的方式，充分体现了传统伦理观念。大型四合院，则沿纵深方向增加院落，各院落之间以过厅相连，但每个院落的正房中心定在中轴线上。规模更大的四合院，则再增加平行的几组轴，在厢房位置辟通道开门相通，形成跨院，向横向发展。四合院有房屋垣墙围绕，对外不开敞，面向内院，院内栽花植木，形成安静闲适的居住环境，庭院面积较大，各房通风日照条件都很好。四合院防风沙，防噪音，防干扰，是十分理想的居住环境。

以江、浙民居和湘西民居为代表的广大南方地区的民居建筑，则表现出对与自然完美结合的居住环境的重视。在这里居住的人们已不再被限定在由人工筑成的六面体中，而是扩展到整个有机环境中去了。

江、浙的村镇多依水网而置，以河道为骨架，建筑沿河道两岸伸展，临水设码头联系水陆交通，"街市萦回长溪旁"是许多江南小镇的布局特征。小河是小镇的生命线，整个小镇倾注着对小河无限的依恋和遵从。夹河道而成的长街蜿蜒而行，成为小镇的公共中心，两边排列着宗祠、作坊、店铺、茶馆、酒肆。这里的店铺都是面街临水，货从河上进，人从街中来。这里的街巷狭窄，逶迤曲折，犹如园林小径，行走其中让人们感到惬意，来回浏览街两旁的店铺又十分方便。在商贩的声声吆喝之中，在来往人群的喧闹声中，店铺、茶馆、酒肆、街道渐渐融合，呈现在人们面前的是其乐融融的生活方式。街道空间不仅是交通空间，更是人们公共交往的空间，它网织的是人们在日常生活中纷繁的社会关系，孕育着小镇安适而质朴的文化境界。

跨河有形态各异的桥相连通，桥把狭长的河道分成富有节奏的空间。泛舟而行，空间蜿蜒，两岸店铺林立，人流熙熙，沿岸汲水的男子，堤旁浣洗的妇女，树荫嬉戏的儿童，组成了一幅生机无限的画面。

弃舟登岸，一条条与河道相垂直的、夹在高墙之间的里弄出现在人们面前，曲径幽幽，两边青瓦屋顶鳞次栉比，头上的天空被压得很窄。轻叩柴扉，一个被一道厚墙封闭的小院出现在人们面前。通幽的小径，厚实的围墙，阻隔了外面的世界，却邀住了一方蓝天，一片白云，暖人的阳光，满院的春意。

文化内涵丰富多彩的传统建筑艺术，真是令人惊叹，回味无穷。

思考题：

1. 举例说明中国古代建筑的基本形式和划分标准。

2. 简要叙述中国古代建筑的历史沿革与启示。

3. 试论中国古代建筑与中国传统文化的关系。

第十一章

节日与中国传统文化

中国传统文化与社会生活、风俗民情紧密联系在一起并在中国形成了悠久的节日传统。汉代应劭的《风俗通》等就已有反映，宋明清以来的笔记、小说都不乏相关介绍。在众多节日中，以春节、清明、端午、中秋四大节日最为典型，具有浓郁的中国传统文化特色。同时，这些节日的起源与内容往往与节气相关，反映了古代天文学家对自然气象、气候的朴素认识，如二十四节气（包括立春、雨水、惊蛰、春分、清明、谷雨、立夏、小满、芒种、夏至、小暑、大暑、立秋、处暑、白露、秋分、寒露、霜降、立冬、小雪、大雪、冬至、小寒、大寒），是人们长期对天文、气象、物候进行观测、探索和总结的结果。把握中国传统节日的文化内涵，了解一些节气知识是有意义的。

第一节　春节与中国传统文化

春节是中华民族最富有民族特色的节日，俗称新年，百节"年"为首，足见其重要。直至今天，最具有凝聚力的节日依然是春节，所以它是传统的，又是现代的。对炎黄子孙而言，无论身在天涯海角，春节前夕都会返乡与家人团聚，因为种种原因不能回家的，也会通过各种方式表达对亲人的思念和祝福。春节期间，人们共享天伦之乐，中国传统文化中浓郁的人文气息和亲情表现得尤为明显。之所以说春节是中华民族最富有民族特色的节日，是因为它不仅是汉族欢度的节日，也是不少少数民族生活中的重要节日，如蒙古族、朝鲜族、藏族、回族、白族、侗族、傣族、彝族、壮族、土家族、景颇族、水族、德昂族、拉祜族、傈僳族、普米族、独龙族、珞巴族、基诺族、仡佬族、苗族等。随着现代生活节奏的加快，国际交往日益频繁，春节的节日庆典内容和日程虽有不少改变，但是春节前后两三天依然是炎黄子孙珍视

图 11-1 神荼、郁垒

的日子。春节习俗同时也被游子带到海外，影响日益扩大。

春节主要包括除夕、元旦、元宵等几部分，过去在农业社会，春节要持续一个月左右，直到农历二月二才正式宣告结束，随着社会的变迁和生活观念的变化，这种习俗也在发生着变化。现在，元宵（正月十五）后，春节也就完全结束了。

（一）除夕

除夕，旧称"除日""除夜""岁暮""岁尽""暮岁"等，是农历腊月的最后一天，是辞旧迎新的日子。新年的正式活动在这一天已经基本准备就绪。旧俗还有一系列前奏（如腊八等）。除夕伴有贴门神、贴年画、贴春联、祭祖等活动。贴门神习俗始于汉代，古人认为天地间有鬼，行踪不定，与人杂处，除夕时，首先要防鬼进门，削桃梗，挂桃符，张贴能够降妖伏魔的神仙或英雄画像（如神荼、郁垒、钟馗、尉迟敬德、秦琼等），目的都是抵御灾难，防凶避邪，以免将灾难带入新的一年，反映了人们对美好生活的憧憬。门神、年画、春联等即由此演变而来。

贴门神：在汉晋时期，主要张贴神荼、郁垒的形象。东汉应劭《风俗通·祀典》引《黄帝书》说，上古居住于度朔山下的神荼、郁垒两神仙兄弟，捕捉恶鬼以喂老虎，救助百姓。东汉文学家蔡邕《独断》中也提到类似的故事，并强调度朔山上有桃木，枝叶茂盛，冠盖荫蔽三千余里。树枝东北的鬼门是世间诸鬼出入的门径，神荼、郁垒把守，专用苇索捆缚害人的恶鬼饲虎。汉人削桃木像神荼、郁垒以御凶，同时悬挂苇索，以备急用，称为"悬苇"。东汉张衡《东京赋》描写这种风俗为："度朔作梗，守以郁垒，神荼副焉，对操索苇。"魏晋南北朝时期，这种风俗有所演变，在桃木上刻写神荼、郁垒的名字，即可起到同样的效果，称为"仙木"或"桃符"。直到宋代，这种悬挂"桃符"的风俗依然存在，王安石《元日》诗："爆竹声中一岁除，春风送暖入屠苏。千门万户曈曈日，总把新桃换旧符。"其中的"新桃""旧符"都是指"桃符"。唐末五代时，门神形象变为钟馗。宋代时，门神形象又演变为初唐秦琼和尉迟敬德，二人系唐太宗的名将，传说因二人替太宗守门，祛除邪祟，后渐传到民间，代替了钟馗的门神地位。直至今天，春节人们张贴的门神仍是秦琼、尉迟敬德的形象。

贴年画：年画题材最初源于门神，后来日渐丰富多彩。唐代雕版印刷术发明以后，绘画与印刷术相融合，促进了雕版印刷年画的丰富和发展。年画的辟邪功能得到延续的同时，审美功能日益突现。在年画中，木版年画尤具特色，可着色、套色，直至今天，在有些民间工艺中依然有影响。明末清初，民间年画形成了成熟的流派和风格，主要有天津的"杨柳青"、苏州的"桃花坞"和山东潍县（今潍坊）年画。"杨柳青"年画纤巧细腻，优美典雅，线条圆润，构图讲究，栩栩如生；"桃花坞"年画和潍县年画线条单纯，朴实厚重，色彩浓艳，风格热烈。各地年画又有鲜明的地域特色，与当地的风土民情和区域思想文化有明显的联系。传统年画多系木刻水印，线条简明，色彩鲜丽，构图饱满，富于喜庆色彩，题材以历史人物、花鸟风景、五谷六畜、民间习俗为主。

贴春联：也是由贴门神、挂"桃符"等演变而来。春联，又称对子、对联、门对、门贴等。据北宋黄休复《茅亭客话》载，五代时期，后蜀宫门桃符，一般都改题"元亨利贞"字样，相传当时蜀太子给自己府第桃符题写"天垂余庆，地接长春"，被认为是中国最早的对联。当然也有人认为最早的对联是孟昶自题的"新年纳余庆，嘉节号长春"（《蜀梼杌》）。宋代题写对联成为文人的爱好。他们的对联往往别出心裁，风格各异，如当时周密《癸辛杂识》记载了一副对联："宜人新年怎生呵，百事大吉那般者。"明清时期风气更盛。清代陈尚古《簪云楼杂说》记明太祖朱元璋除夕微服外出观赏春联，并为一无春联的阉猪之家题写对联："双手劈开生死路，一刀割断是非根。"清代对联已由春联发展为其他各种形式，成为婚丧嫁娶、庆典贺赏、表志抒怀等的途径，贴对联已不限于春节了。这种形式一直影响到现在。

守岁：这是除夕之夜最重要的活动，直至今天还受到人们的重视。除夕之夜，亲人团聚，友好满座，通宵达旦，这就是"守岁"。守岁也给人们提供了回顾一年生活和工作、展望新一年美好前景、相互表达祝福的机会。历史上，从魏晋至隋唐盛行守岁的风俗，诗文多有记载。唐太宗《守岁》诗："暮景斜芳殿，年华丽绮宫。寒辞去冬雪，暖带入春风。阶馥舒梅素，盘花卷烛红。共欢新故岁，迎送一宵中。"当然守岁也容易让人感受到岁月易逝、韶光不再的生命紧迫感。张说《钦州守岁》"故岁今宵尽，新年明旦来。愁心随斗柄，东北望春回"，白居易《小岁日对酒吟钱湖州所寄诗》"一杯新岁酒，两句故人诗。杨柳初黄日，髭须半白时"，高适《除夜作》"旅馆寒灯独不眠，客心何事转凄然。故乡今夜思千里，霜鬓明朝又一年"等都是代表。宋代苏轼在《守岁》诗中描写当时"儿童强不睡，相守夜欢哗"，"坐久灯烬落，起看北斗斜"，这种守岁风俗延续到明清，也伴有诗文赠答、饮酒娱乐等活动。金朝诗人杨无咎《双雁儿·除夕》"劝君今夕不须眠，且满满，泛觥船。大家沉醉对芳筵，愿新年，胜旧年"，就描写了守岁时人们相互祝福的情景。与此相关，南北朝时期兴起了一种"乞如愿"的风俗，有些地方在元旦或元宵节进行，也是寄托人们希求生活幸福如意的美好愿望。

赠压岁钱：这是除夕很重要的风俗，也是少年儿童最为关心的活动，一直流传至今。《燕京岁时记》记载了两种压岁钱，一种是"以彩绳穿钱，编作龙形，置于床脚，谓之'压岁钱'"；另一种是"尊长赐小儿者，亦谓之'压岁钱'"。这是流行于北方的风俗，其中第二种一直保存到今天。南方还有些丰富多彩的"压岁"活动。如用竹篮盛糕果赠亲友的"压岁盘"，长辈用红绳系钱币赏孩童的"压岁钱"，以橘子荔枝（谐音"吉利"）放置枕畔的"压岁果"等。其中，"压岁钱"是除夕压岁活动中常见和重要的风俗，反映了人们对新年幸福生活的展望和希冀。清代孔尚任《甲午元旦》诗就描写了守岁分压岁钱的生动情景："萧疏白发不盈颠，守岁围炉竟废眠。剪烛催干消夜酒，倾囊分遍买春钱。听烧爆竹童心在，看换桃符老兴偏。鼓角梅花添一部，五更欢笑拜新年。"

古代在新年来临之时，还有逐傩的风俗，目的在于将凶鬼恶疾驱除干净，已不仅仅满足于防范了。这种风俗往往以击鼓舞蹈的形式进行。从先秦两汉到魏晋南北朝，形式和内容时有更新，但总体上相沿不衰，脉络分明。唐代演变为傩戏，艺术气息增强，成为供娱乐的歌舞。民间还保存有"跳灶神""打夜胡""跳钟馗"的习俗，宋明清均很盛行。作为节日风俗文化的演变和发展，逐傩的实用功能日益减弱，而审美娱乐功能不断增强，体现了节日文化自身的变迁规律。近代以后，这种风俗在许多地方已逐步消失。

（二）元旦

元旦是新年伊始，一岁之首，古人称为"上日""元日""朔旦""元正""正日""正旦"等。元旦，是一个欢乐祥和、充满喜庆的时刻。

从汉代开始，在宫廷，元旦有百官、妃嫔朝贺帝王王后的制度和礼仪。元日朝贺礼制很严，百官稍有失礼处，即有罚俸贬官的危险。唐宋明清尤为严格。但是唐代元日朝贺还有给群臣赠柏叶、赐御酒、宴饮同乐、应制作诗的活动，富有生活情趣。后来逐渐演变成向皇帝拜年的专门仪式。

在民间，元旦最重要的活动是拜年，但也有祭祖的习俗。这些活动往往是在放完爆竹后进行的。从魏晋到隋唐明清，元旦风俗活动间有变化，但燃爆竹却是贯穿前后的共同风俗。特别是宋代，从除夕到元旦，通宵达旦，爆竹声不绝于耳，新旧岁交替时尤甚。孟元老《东京梦华录》载"是夜，禁中爆竹山呼，闻声于外"，吴自牧《梦粱录》载"是夜，禁中爆竹嵩呼，闻于街巷"，并伴有各式各样的焰火奏兴。爆竹声声，热闹欢快，在人们看来，既能驱除邪祟，又能增添节日的喜庆气氛。春节祭祖保留了原始社会祖先崇拜的观念，体现了对祖先恩德的追忆和感念，也体现了中华传统文化慎终追远的思想。汉代人们在元旦时还有饮椒柏酒的习俗，以延年益寿、去除疾病；同时要喝桃汤，目的也在于压邪气、制百鬼。祭祖、饮酒、喝汤，反映了中国节日浓郁的人文色彩和伦理特征，天伦之乐是其中重要的内容。

拜年是新年来临、祭祖饮酒后人们的重要活动。大家穿着讲究，走街串户，拜访亲友，互致节日问候。宋人笔记、小说显示，宋代拜年大概有三种类型，即同宗族拜尊长，包括拜家长与同族长者，一般在元旦当日进行；亲族间拜访，有远近亲疏的差别，反映了"爱有差等"的观念；同僚友朋拜访，形式和时间相对自由。明代文徵明《拜年》写道："不求见面惟通谒，名纸朝来满敝庐。我亦随人投数纸，世情嫌简不嫌虚。"在一些地方，拜年的时间延续很长，甚至到元宵节才告结束。有些民俗中不同的时间有不同的拜年对象，比如外甥拜舅、女婿拜丈人等都有严格的日程，有条不紊；有的地方则是各村各寨明确规定一个时间，集中拜年，像赶集一样，场面盛大，热闹非凡，也方便了人们的出行。当然，随着社会生活的变迁，现在这种习俗已经不甚严格，但是还基本保留着清晰可辨的面貌。拜年不仅增进了人们的交流和了解，维系了亲情和友谊，而且带给人们闲暇和休息。人们相互鼓励，沟通信息，促进了中国人文文化的丰富和发展。

元旦的娱乐内容也很丰富多彩，历时也愈来愈长。唐宋时期就流行舞场歌馆、纵赏观赌、入店饮宴、猴戏木偶、皮影杂耍等，其中杂耍诸戏就包括高竿、走索、吞剑、弄刀、弄瓮、舞盆、踩高跷等，异彩纷呈，惊险动人，扣人心弦。从元旦到元宵节，一直洋溢着节日的气氛。除一些规模较小、相对独立的娱乐活动外，这期间还有一种规模较大、组织严密、内容丰富、人数众多的表演形式，这就是"行春之仪"。它起源很早，主要目的是迎春，期盼风调雨顺、国家太平、生活富足。宋代《梦粱录》中记载，"以镇鼓锣吹妓乐迎春牛"，"街市以花装栏，坐乘小春牛，及春幡、春胜，各相献遗于贵家宅舍，示丰稔之兆"。明代"行春之仪"近乎行春游行，袁宏道《迎春歌》中有了精彩的描写："东风吹暖娄江树，三衢九陌凝烟雾。白马如龙破雪飞，犊车辗水穿香度。绕吹拍拍走烟尘，炫服靓装十万人。罗额鲜明扮彩胜，社歌缭绕簇芒神。绯衣金带衣如斗，前列长官后太守。乌纱新缕汉宫花，青奴跪进屠苏酒。采莲盘上玉作幢，歌童毛女白双双。梨园旧乐三千部，苏州新谱十三腔。假面胡头跳如虎，窄衫绣裤槌大鼓。金蟒纩身神鬼妆，白衣合掌观音舞。观者如山锦相属，杂沓谁分丝与肉。一路香风吹笑声，千里红纱遮醉玉。青莲衫子藕荷裳，透额裳髻淡淡妆。拾得青条夸姊妹，袖来瓜子掷儿郎。急管繁弦又一时，千门杨柳破青枝。"当时，行春仪仗规模盛大，人物打扮讲究，衣着鲜艳，气氛热烈，生动活泼，观者云集，极富生活气息，是春节大型的娱乐活动。清代民间的行春之仪已为社火代替，包括踩高跷、舞龙灯、耍狮子、扭秧歌等，娱乐性更强，迎春祈福的色彩日益减淡。现在，这种行春之仪还在某些城市乡村保留着，是人们欢度春节的重要方式。

元旦还有一些特殊的禁忌。实际上，在新年来临前后，已经有些禁忌约束人们的语言和行为，有些则采用更换说法的方式进行。如煮饺子，皮"破"了，不能称"破"，而是"绽"，音 zhèng，谐音为"挣"等。诸如此类的禁忌习俗很多，不少具有丰富的民俗学和文化学意义。《帝京景物略》记载，元旦五更时，不能在床上说话，门外有人呼唤也不能答应，即"呼鬼"，"鬼"与"归"通，不吉利的；起床洗漱后要吃年糕，寓意"年年糕"，"糕"与"高"相通。《怀宁县志》记载，元旦这天，如果有小孩到来，一定要赠给糖果之类东西，称作"赐福"；元旦当天不能用生米做饭，要食用除夕前做好的食物，不能在地上倒水，不能洒扫庭院，以免将新年的福气扫地出门。《武进县志》记载，元旦如果要扫地，则不能向外扫，而是要向内扫，唯恐将如愿（吉鬼）扫出去。有的地方还要在门前插置芝麻秆，以祈求生活节节高；或插置冬青柏枝，寄托长久平安的寓意。

（三）元宵

元宵节，也叫"上元节"，即农历正月十五。这一天是新年的第一个月圆日，是一年幸福团圆的开始，在人们心目中占据十分重要的位置。元宵节的重要活动是观灯、赏灯，因此，元宵节也是灯节。灯的布置，有时刚过元旦就已经张罗了。宋代更早，宋朝诗人范成大《灯市行》诗就有这样的描写："吴台今古繁华地，偏爱元宵灯影戏。春前腊后天好晴，已向街头作灯市。"

相传元宵节的起源与汉武帝祭太一神、汉明帝礼佛有关，形成了正月十五夜张灯结彩的传统节日。《西域记》载印度摩喝陀国正月十五日有观佛舍利放光雨花的风俗。汉明帝则在这天"燃灯表佛"，逐渐演变为皇宫内外挂灯庆祝的习俗和节日。汉代实行宵禁制度，但是在元宵节却是例外，允许人们踏月观灯。隋代元宵节大闹灯火，风气甚健，《隋书·柳彧传》描述"充街塞陌，聚戏朋游，鸣鼓聒天，燎炬照地，人戴兽面，男为女服，倡优杂技，诡状异形"；"高棚跨路，广幕凌云，炫服靓妆，车马填噎，肴醑肆阵，丝竹繁会"。虽不免夸张与讥诮，但也从侧面反映了隋文帝时期元宵节的盛况。经过长期的演变和发展，元宵节也由汉代的敬神礼佛变为游玩行乐，节日观念的变化促进了元宵节活动内容和方式的变革。元宵节也成为展示百戏的重要节庆。百戏中既有传统的百兽舞、五禽戏，又有少数民族的乐舞。唐代元宵节也一改宵禁制度，允许放三夜花灯，被称作"放夜"。唐诗人崔液的《上元夜六首》中有"谁家见月能闲坐，何处闻灯不看来"的描述。其他如张祜的《正月十五夜灯》："千门开锁万灯明，正月中旬动帝京。"韩仲宣的《上元夜效小庾体》："他乡月夜人，相伴看灯轮，光随九华出，影共百枝新。"崔知贤的《上元夜效小庾体》："月下多游骑，灯前饶看人。欢乐无穷已，歌舞达明晨。"苏味道的《正月十五夜》："火树银花合，星桥铁锁开。暗尘随马去，明月逐人来。游妓皆秾李，行歌尽落梅。金吾不禁夜，玉漏莫相催。"白居易的《正月十五夜月》："灯火家家市，笙歌处处楼。无妨思帝里，不合厌杭州。"这些诗句将元宵夜灯火辉煌、游人如织、热闹非凡的状况描绘得栩栩如生。宋代元宵节变化较大，宫廷张灯有了明确的礼制，皇帝观灯也有相应的日程安排，特别是延长了放灯的时间，由唐代的"上元前后各一日"（即正月十四、十五、十六）扩展为包括十七、十八在内的五日，据《宋史·礼志》记载，张灯五夜当起源于宋太祖。宋明时期，放灯日有时也略加延长或提前，以至明代有放灯十夜的说法。宋代的灯笼制作技艺进一步提高，涌现出"万眼罗""白玉灯""无骨灯"等，花样翻新，规模扩大，并出现了层叠如山林的"灯山"。当然，这种奢华的花灯耗资巨大，特别是灯油需求量很大，甚至给百姓生活带来困扰，奢华的风习不免具有一定的消极作用。北宋陈烈做了一盏长灯，上书文字讽刺道："富家一盏灯，太仓一粒粟；贫家一盏灯，父子相对哭。"（丁传靖辑《宋人轶事汇编》卷九）宋代以后，汉民族的元宵节习俗对少数民族也产生了深刻的影响，契丹、女真等也有观灯等元宵节习俗。

明代灯市进一步繁荣，出售各色花灯，有人物类，如老子、美人、钟馗、刘海、八仙等；花草类，如葡萄、杨梅、橘柿、栀子等；禽虫类，如鹤、鹿、鱼、虾等。奇巧的琉璃灯、云母屏、万眼罩、水晶帘等，质料华贵，构思新颖，做工考究。刘英的《上元十五夜》写道："一派春声送管弦，九衢灯烛上薰天。风回鳌背星毬乱，云散鱼鳞碧月圆。逐队马翻尘似海，踏歌人盼夜如年。归还不属金吾禁，争觅遗簪与坠钿。"唐寅的《元宵》："有灯无月不娱人，有月无灯不算春。春到人间人似玉，灯绕月下月如银。满街珠翠游春水，沸地笙歌赛社神。不展芳樽开口笑，如何消得此良辰。"也状写了元宵节张灯观赏的盛况。清代放灯时间又有所减少，以十五为正日，称作"正灯"，其中最具特色的灯饰是"冰灯"。清代焰火技术较高，门类诸如花盆、盒子、烟火杆子、穿越牡丹、水浇莲、金盘落月、旗火、葡萄架、二踢脚、飞天十响、五鬼闹判等，爆竹也有双响震天雷、升高三级浪、地老鼠、水老鼠等。《清嘉录》载："看残烛火闹元宵，划出旱船忙打招。不放月华侵下界，烟竿火塔又是桥。"

元宵节期间，人们在欣赏花灯的同时，还展开丰富多彩的文化娱乐活动，其中很重要的就是猜灯谜。灯上贴着谜语，因为谜底难猜，如老虎难以被射中一样，灯谜又被称作"灯虎"。灯谜是谜语的一种，谜底多单纯简明，如一个字、一句诗、一件物等。大约到宋代，猜谜语成为元宵节游戏活动的主要内容，宋仁宗时期出现了将谜语书写在纸条上贴在元宵彩灯上的风气，北宋灯谜大兴，苏轼、秦观、黄庭坚、王安石等都是制作灯谜的高手。宋明清猜灯谜风习历久不衰。不少皇帝也擅长制作灯谜，相传乾隆制过一个数字谜，极具特色："下珠帘焚香去卜卦，问苍天侬的人儿落在谁家？恨玉郎全无一点知心话，欲罢不能去，吾把口来压！论交情不差，染成皂难讲一句清白话！分明好鸳鸯却被刀割下，抛得奴力尽才又乏，细思量口与心俱是假。"谜面以女性的口吻描写了男女情断义绝的感受，采用了析字的方法，每句的关键字分别是"下""天""玉""罢""吾""交""皂""分""抛""思"，谜底是一、二、三、四、五、六、七、八、九、十等十个数字，设计巧妙，情节委曲，有词曲的意境。近现代，灯谜活动有了新的发展，具有知识性、趣味性、娱乐性，是元宵佳节人们喜闻乐见的娱乐形式。灯谜的制作格式也有继承创新，缤纷多彩，争奇斗艳，如粉底格、秋千格、卷帘格、白头格、谐音格、求凰格等。

元宵节是春节的重要部分，围绕赏灯形成了各种各样的风俗，除制灯、赏灯、灯会等活动外，在民间还有给小孩送灯（或叫缀灯）、完灯（十二或十四岁时最后一次送灯），给出嫁姑娘结灯等礼俗，时间在正月初五与十五之间，以初六、初八两日最为常见。

有些少数民族地区元宵节也盛行赏灯活动。正月十五是藏族的酥油花灯节，也叫"花灯会"。民间艺术家和寺院喇嘛用酥油和色彩捏塑成人物、花鸟、虫兽等各式花灯形象，供人们赏玩，同时伴以歌舞，彻夜达旦。酥油花题材丰富，如"唐僧取经""文成公主进藏""嫦娥奔月"等，元宵之夜，寺院组织举行规模盛大的酥油花作品展示活动，称作"观灯"，与其他地区的元宵节花灯相比，这种形式富有民族特色。毛南族在元宵节时举行"放鸟飞"活动。人们以菖蒲编织"百鸟"，充以糯米，煮熟后系以麻绳，置于正堂神龛前，头朝大门，表示百鸟归巢、福庆吉祥。元宵节时，熄灭神灯，请下"百鸟"，全家聚餐，以"鸟"当饭，即"放鸟飞"，也意味着春节结束，春耕将要开始。景颇族的目脑节，也称"木脑节"，或"总戈"，意思是"大伙跳舞"。它大都在元宵节后几天中的双日举行，也是颇富民族特色的节日。

第二节　清明及其文化内涵

清明大约始于周代，已有两千五百多年的历史。清明本是节气名称，指春分后十五日，《淮南子·天文训》说："春分后十五日，斗指乙，则清明风至。"清明一到，气温升高，正是春耕春种的时节，民间流传"清明前后，种瓜种豆"，"植树造林，莫过清明"的谚语。后来，由于清明与寒食的日子接近，而寒食是民间禁火扫墓的日子，渐渐地寒食与清明就合二为一了，而寒食既成为清明的别称，也变为清明时节的一个习俗，清明之日不动烟火，只吃凉的食品，清代诗人王士禛的《真州绝句》写道："江乡春事最堪怜，寒食清明欲禁烟。"汉代以前寒食节禁火的时间较长，以一月为限。汉代确定寒食节为清明前三天。南朝梁宗懔的《荆楚岁时记》载："去冬节一百五日，即有疾风甚雨，谓之寒食，禁火三日。"唐宋时期减为清明前一天。作为节日形态，清明节形成于唐代，它是由"清明"节气、寒食节、上巳节三者融合而成的节日，唐诗人王维在《寒食城东即事》一诗中说："少年分日作遨游，不用清明兼上巳。"这是寒食、清明与上巳三者融合为一的佐证，体现了中华民族对生命的热爱和关怀。

清明由节气演变为节日，经历了漫长的过程，在这个过程中，进一步反映了中华民族天人和谐的基本观念，将自然与人生联系起来，在自然中体味丰富的文化内涵。自然、政治和心灵的清明状态成为人们的理想追求。在春天感受万物复苏、生机勃发的生命活力，将传统文化中生生不息的精神通过节日的形式凝固下来，成为人文文化的有机组成部分。这使清明节的人文文化内涵更加丰富和深邃。

清明节的节日内容丰富多彩。最初主要是因为"寒食节"与春秋时期介子推拒仕遭误焚相关，具有纪念意义。唐卢象的《寒食》诗云："子推言避世，山火遂焚身。四海同寒食，千秋为一人。"祭奠亡灵是清明节的重要内容，后逐渐稳定为祭奠祖先与英烈，清明节也就成为缅怀先辈与先烈的节日。唐朝初年在民间习俗中已经形成寒食节扫墓与郊游的风气，但是受到朝廷的禁止。坟前享用祭品的习惯，在民间起源很早，反映了人们朴素的鬼神观念。由祭扫坟墓、食用祭品、墓前设宴，到演奏乐器、踏青游玩等，演进脉络比较清晰。明代《帝京景物略》载："三月清明日，男女扫墓，担提尊榼，轿马后挂楮锭，粲粲然满道也。拜者、酹者、哭者、为墓除草添土者，焚楮锭，次以纸钱置坟头。望中无纸钱，则孤坟矣。哭罢，不归也，趋芳树，择园圃，列坐尽醉。"祭罢，人们或围坐聚餐畅饮，这叫"吃清明"；或放飞各种各样的风筝；或开展多种游戏比赛，一般主要是娱乐活动。妇女和小孩还会就近折些杨柳枝，用柳条将撤下的蒸食供品穿起来。禁火寒食期间的食物，除了果品外，多是预先做好的美食，食用起来很方便。宋代就有"寒食十八顿"的说法，不是说非要吃足十八餐，而是强调用食不拘时间，随心所欲，谚语"馋妇思寒食，懒妇思正月"就形象地揭示了这种饮食风俗的特点。

清明节整合的另一古代节日是上巳节。上巳节形成于春秋末期，开始日期在农历三月上旬的巳日，魏晋以后改为三月三日。从先秦到两汉，上巳节的习俗活动主要有祓禊、招魂、踏青等。魏晋以后，水中沐浴、招魂续魄风俗逐渐消失，临水祓除转为临水酒会，即"曲水流觞"，与会者坐于溪流两边，将盛酒之杯浮于水上漂流，杯至则饮酒赋诗。唐宋时期，上巳节活动丰富多彩，成为人们游春踏青的欢乐节日，唐代杜甫的《丽人行》写道："三月三日天气新，长安水边多丽人。态浓意远淑且真，肌理细腻骨肉匀。绣罗衣裳照暮春，蹙金孔雀银麒麟。"就描绘了当时的盛况。唐代羊士谔在诗中描绘道："别馆青山郭，游人折柳行。落花经上巳，细雨带清明。"则反映了上巳节与清明节的融合。

清明节是一个悲喜交加、内涵丰富、相反相成的节日。一方面，追忆故人、纪念先烈令人们悲从中来，难以掩饰内心的悲伤和痛苦；另一方面，面对逝去的生命，反思和审视现实人生，在春天的明媚和清新中，人们也会有更多的欢愉和对美好生活的憧憬。这些看似矛盾的方面都在生死问题上被有机地统一起来，充分反映了关注现实人生、珍爱生命的人文意识。因此，清明节还有一系列形式多样的娱乐活动。

清明期间，民间有寒食禁火、祭祖扫墓、踏青郊游等习俗，另外还有荡秋千、蹴鞠、放风筝、植树、插柳、拔河、走绳等活动。

荡秋千：这是我国古代清明节的重要习俗。秋千，意即揪着皮绳而迁移，最早叫千秋，后改为秋千，历史很古老。起初秋千多用树桠枝作支架，拴上彩带做成，《荆楚岁时记》记载："春时悬长绳于高木，士女衣彩服坐于其上而推引之，名曰打秋千。"后逐渐发展为用两根绳索系上踏板的秋千。唐代韦庄的《长安清明》诗云："紫陌乱

图 11-2 明 杜堇 《仕女蹴鞠图》（局部）

嘶红叱拨，绿杨高映画秋千。"春风杨柳，三五女子成群在郊野树下荡秋千，确实充满诗情画意。明代《灯宫遗录》载 "人称清明节为'秋千节'"，宫廷各设秋千一架，相邀嬉戏。宋代苏轼在《蝶恋花·春情》中写道："墙里秋千墙外道，墙外行人，墙里佳人笑。"足见当时民间也盛行"荡秋千"的娱乐活动。荡秋千不仅可以增强体质，而且可以培养勇敢精神，至今为人们特别是儿童所喜爱。

蹴鞠：鞠是一种皮球，球皮用皮革做成，球内用毛充塞；蹴鞠，就是用足去踢球。相传由黄帝发明，本用来训练武士。唐朝诗人韦应物有一首诗："晴明寒食好，春园百卉开。彩绳拂花去，轻毬度阁来。"描绘了人们在清明寒食之际，在园中荡秋千、蹴鞠的情景。唐人徐坚撰《初学记》说蹴鞠之球："古用毛纠结为之，今用皮，以胞为里，嘘气，闭而蹴之。"唐代的另一位诗人仲无颜的《气球赋》生动地记录了人们蹴鞠嬉戏的场景："寒食景妍，交争竞逐，驰突喧阗，或略地以丸走，乍凌空以月圆。"形象传神，栩栩如生。

踏青：古时又叫探春、寻春等。清明时节，春意盎然，生机勃勃，正是郊游的大好时光。我国民间长期保持着清明踏青的习惯。宋代程颢《郊行即事》写出了清明踏青流连忘返的感受："芳原绿野恣行事，春入遥山碧四围。兴逐乱红穿柳巷，困临流水坐苔矶。莫辞盏酒十分劝，只恐风花一片飞。况是清明好天气，不妨游衍莫忘归。"宋代诗人吴惟信在《苏堤清明即事》中写道："梨花风起正清明，游子寻春半出城。日暮笙歌收拾去，万株杨柳属流莺。"也是清明节踏青春游的生动写照。

放风筝：风筝不仅白天可放，夜间也可放。夜里在风筝下或风筝拉线上系上彩色的小灯笼，闪烁不已，被称为"神灯"。民间旧俗，把风筝放飞后，剪断牵线，任凭清风吹拂，任凭风筝遨游，据说可以除病消灾，招来好运。唐代高骈的《风筝》诗云："夜静弦声响碧空，宫商信任往来风。依稀似曲才堪听，又被风吹别调中。"描绘了一幅风筝竞放、余韵袅袅的生动图画，并给人以视听享受。

植树：清明前后，春阳照临，春雨飞洒，种植树苗成活率高，成长快。因此，自古以来，我国就有清明植树的习惯。民间有"栽树莫要过清明，种上棒槌也发青"的说法。清明植树风俗一直延续至今。

插柳：插柳有多种形式，最常见的是将柳条插在门楣上。南宋诗人陆游有《春日绝句》："忽见家家插杨柳，始知今日是清明。"古代寒食（后与清明合一）这一天，家家折柳条插在门上、屋檐上，称"明眼"。古诗还有"满街杨柳绿似烟，划出清明三月天"的诗句，也是对插柳风俗的写照。与插柳风俗相关，民间还有折柳、戴柳的风俗。人们在清明节把柳条折成环状戴在头顶，这是人们生活中很重要的风俗，谚语有："清明不戴柳，红颜成皓首"；"清明不戴柳，死后变黄狗"等。清人杨韫华写有《山塘棹歌》："清明一霎又今朝，听得沿街卖柳条。相约比邻诸姊妹，一枝斜插绿云翘。"插柳戴柳除了据说有辟邪的功用外，在某些地方还有"纪年华"的意思，青年男女和儿童戴柳预示着长大成人或岁齿增加。

拔河：拔河活动起源于春秋时期。当时有一种名为"牵钩""藏钩""拖钩"等，相传本为军事战争中"退则钩之，进则强（拒）之"（《墨子·鲁问》）的战术装备，军队用这种装备训练和作战。后来这种军事训练作战形式逐渐演变为一种竞技性的体育活动。南北朝时成为寒食节的重要活动，参加人数众多，场面宏大，气势雄浑。但是，也有一种观点认为，古代的拔河与今天人们所说的拔河略有不同，明代田艺蘅的《留青日札》记载："今小儿两头曳索对挽之，强牵弱者而扑，以为胜负，喧笑为乐。即唐清明节拔河之戏也。"

走绳：走绳也叫"走索"，是经过专门训练的艺人们在高空悬挂的绳索上表演各种惊险动作的文娱活动。这种杂技兴起于汉代。唐代刘言史写有《观绳伎》一诗："泰陵遗乐何最珍，彩绳冉冉天仙人。广场寒食风日好，百夫伐鼓锦臂新。银画青绡抹云发，高处绮罗香更切。重肩接立三四层，著屐背行仍应节。两边丸剑渐相迎，侧身交步何轻盈。闪然欲落却收得，万人肉上寒毛生。危机险势无不有，倒挂纤腰学垂柳。下来一一芙蓉姿，粉薄钿稀态转奇。坐中还有沾巾者，曾见先皇初教时。"这首诗对当时走绳者的高超技艺作了绘声绘色的描写，将充满惊险、变化的杂技表演状写成一首跌宕起伏的歌曲，婀娜多姿，余韵袅袅，令人回味无穷。走绳是一种高难度的专业杂技，虽说并非人人皆可尝试戏乐，但通过专业艺人的表演也更增添了清明节欢快的节日气氛。

此外，在江苏、上海一带，有些地方在清明时节还有吃青团的习俗。将艾草汁和糯米一起舂合，青汁和米粉相互融合，然后包上豆沙、枣泥等馅料，用芦叶垫底，放到蒸笼内。蒸熟出笼的青团色泽鲜绿，香气扑鼻，是清明节最有特色的节令食品之一。

我国的满族、赫哲族、壮族、鄂伦春族、侗族、土家族、苗族、瑶族、黎族、水族、京族、羌族等少数民族，也都有过清明节的习俗。

清明的文化内涵主要体现在三个方面：气候的清明，政治的清明，心境的清明。清明时节，万物复苏，气象更新，天气晴朗，空气宜人，适合于人们踏青游玩，这是气候的清明，它只是对自然节气特征的一种模拟和描述。

由自然环境的清明，联系到所生存的社会环境、政治环境，于是在古人那里，清明还有一种更深刻的文化内涵，就是政治清明，当然，当时的思想家、政治家所渴求的政治清明不过是圣君贤相的政治局面，但这也有助于减少统治阶层对人民的盘剥和压迫，在一定的历史阶段体现了社会大众向往和谐的理想，客观上有助于维护社会安定团结，促进社会生产力的发展和文明的进步。除外在的自然环境和社会环境的清明，在古代关于心物相互作用关系认识的影响下，人们日益发现，心境的清明洒脱，不受名缰利锁的束缚，没有异化的困扰，淡泊自然，保持内心的和谐，才能真正感受到人生的真谛和美妙。如果每个人都能不断陶养自己的身心，达到心境的清明，那么对社会和自然的清明都会有积极的促进作用。所以，清明节不仅仅是祭奠先祖先烈，同时也是生命娱乐的节日，还是富有哲学反思的节日。

第三节　端午与民风习俗

端午节，即农历五月初五，是中国重要的传统节日。端午节有不少名称，如端阳节、重午节、端五节、天中节、女儿节、苦瓜节、菖蒲节、浴兰节、香包节、粽包节、解粽节、采药节、送药节、采花节等。纷繁的名称揭示这个节日丰富多彩的文化内涵，这些节日名称各有侧重，形象地反映了端午节的民风习俗。

端午节，是五月的第一个午日，按天干地支推算，五月本身也是午，所以称为重午、重五。古历，端即初，所以，端午也就是初五。古人认为，五月是恶月，阴气达到极点，害虫萌生，其中五月初五尤甚，因此，人们要喝雄黄酒、做艾人、避五毒。这种认为五月五日不吉祥的看法起源很早，战国中晚期就已有了，《史记·孟尝君列传》载孟尝君生于五月五日，其父田婴不想养育他，是孟尝君的生母偷偷将他养大。这反映了当时对五月五日的忌讳，认为此日所生之人害己害人，于父母不利。从汉代到魏晋时期，关于五月的禁忌越来越多，"五月俗称恶月，多禁，忌曝床荐席，及忌盖屋"（《荆楚岁时记》）。唐以后，这种禁忌就日益减弱。

端午节起源于纪念屈原的说法，大概到六朝时期才出现。但是这种晚起的说法却是目前比较盛行的。在民间传说中，屈原投江后，老百姓争相划舟抢救，龙舟竞技即源于此；救助未果，又以竹筒盛米投江，以防鱼鳖吞噬屈原，于是出现了端午节吃粽子的习俗。这些传说反映了人们对屈原节操的敬仰和怀念，将屈原与端午节习俗联系起来也具有一定的必然性。此外，端午节起源于纪念越王勾

图11-3 龙舟夺标

践，或纪念吴国大将伍子胥，或纪念东汉孝女曹娥等，也是端午节起源诸说中有影响的几种。

端午节的重要娱乐活动是赛龙舟与吃粽子，这两项活动与南方吴越民族的图腾和生活有关，其核心是"龙"的意象。实际上，粽子和龙舟竞赛，不仅是人们节日活动的习俗，其中更蕴含着深刻的文化内涵，这同古人对端午节的节令认识有关。在节日演变中，原有的宗教、巫术、神话、历史和人们的生活风俗逐渐融合起来。五月五日正是人们认为阴阳和合、春夏交替的时节，所以所谓的粽子和龙舟竞赛都带有这种阴阳和谐的烙印。粽子常用菰

图11-4　明　陈洪授　《斗百草》

叶包糯米、大米，菰叶象征阴气，糯米或大米象征阳气，形象地表达阴阳交感的节令特征。龙舟竞赛也是人们形象地表达这一观念的方式，因为人们认为端午节是天地交会、阴阳和合的时候，所以天龙易降人间，地龙也易升天，群龙也会趁机追逐和合，这样凡间才会风调雨顺、国泰民安，因此，龙舟竞赛是对以龙诱雨巫术的模仿，具有深远而复杂的文化内涵。

端午节除了食粽子、赛龙舟的重要节俗外，还有饮雄黄酒、避五毒、射柳、斗百草等节俗。

饮雄黄酒，就是饮用以雄黄泡制的酒。古人认为，雄黄具有驱邪的功能，端午节是恶日，正是雄黄显示威力的时候。李时珍在《本草纲目》中认为雄黄味辛温有毒，具有解虫蛇毒、燥湿、杀虫祛痰功效，人们除饮用雄黄酒避毒外，还用雄黄酒或雄黄水涂抹儿童头额、耳鼻、手足等，或洒在墙壁、床帐上，用以驱毒。雄黄虽然具有解毒杀虫的作用，但毕竟雄黄本身是有毒的，饮用、涂抹雄黄酒都缺乏科学道理，有时甚至会适得其反。

避五毒，又称辟五毒、驱五毒、禳五毒、避毒虫、辟邪等。五毒指蛇、蝎、蜈蚣、蜥蜴、蟾蜍。避五毒的方法很多，最简单的是在端午日那天，将石灰撒在屋角以及其他阴暗潮湿的地方，石灰具有干燥的功能，可减少五毒滋生。复杂的就不胜枚举了，如悬艾、插菖蒲、佩香囊、戴五彩丝、采药等，还有悬挂五毒符、桃印、把门猴、用五毒扇，食五毒饼等。当然这些都是印有五毒图案的符印、扇子和食物，并非将五毒捉来制作加工，行为本身就含有以毒克毒、以食用来消灭五毒的交感巫术的色彩和观念。

射柳，也叫斫柳、剪柳，古代在北方一些少数民族（如契丹、女真等）地区比较流行。《大金国志》卷一六载"重五则射柳祭天"，即端午节有射柳祭天的习俗。据《金史·礼记》记载，射柳大概包括这样几个环节：插柳，即在拜天礼仪结束后，在球场（鞠场）置柳两行，射者按照尊卑的顺序，各自在柳枝上系帕作为标志，柳枝离地面约数寸处被削去皮露出白杆；射箭，射者乘马，用无羽横镞箭射，射断柳枝并用手接住驰离的为赢，凡是射断但未能接住，或从柳枝青色处断开，或射中但柳枝未断，或未能射中的，都算输。每次射柳时，周围的人都会击鼓助威，气氛热烈。

斗百草，是端午节最重要的节俗，大概在南北朝时就已形成。《荆楚岁时记》记载"五月五日……四民并踏百草，又有斗百草之戏"。对照史书、戏剧、小说中的相关内容可知，斗百草的方法主要是斗知识、斗韧劲、斗运气。斗知识，是比赛植物知识的广博和准确；斗韧劲，是通过绞合撕拉双方草茎的方式比赛输赢，并判断草茎的坚韧程度；斗运气，是双方分别撕拉同一草茎，根据所形成的图案判断运气好坏、吉凶祸福、生男生女。斗百草是一种流行范围广泛，具有知识性、趣味性和艺术性的娱乐活动。

第四节　中秋与团圆意象

中秋节是中国传统节日中最具诗意的节日之一，并被赋予了家庭团圆、和睦如意、亲人相思的文化内涵。赏月是中秋节的重要活动，所以中秋也被称为"月节"或"月夕"。《梦粱录》："八月十五日中秋节，此日三秋恰半，故谓之中秋。此夜月色倍明于常时，又谓之月夕。"直至今天，中秋节依然是炎黄子孙最为珍视的节日之一。

"中秋"一词起源较早，《周礼·夏官·大司马》有"中秋，教治兵"的

图 11-5 《嫦娥执桂图》

说法，不过这还不是节日，只是节令的标志。中秋由节令转变为节日，可能在南北朝至隋唐之际。隋唐时期，中秋节已经正式形成。

中秋节最重要的活动是赏月。这种活动与古代秋祀、拜月习俗有关。早在先秦时期，农业在国家管理与人们的社会生活中占据很重要的地位，受天人合一观念和鬼神信仰的影响，在播种和收获的时候，人们会祈祷土地神，春天称为"春祈"，秋天称为"秋报"。农历八月中旬正是谷物收割、打晒、存储的季节，人们祭祀土地神，报答神灵的福佑，"秋报"中的仪式和活动为"中秋节"的形成奠定了基础。中国古代的原始宗教中有自然崇拜的成分，"祭月""拜月"就是其中的重要内容，并形成了相应的礼仪，如所谓的"夕月"，就是在秋分晚上祭月。汉魏以后，赏月的风俗日渐形成，诗歌中咏月的题材愈益增多，如汉代公孙乘的《雪赋》，南北朝沈约的《咏月》、庾信的《舟中望月》、张正见的《薄帷鉴明月》等。拜月赏月的习俗后来就积淀在中秋节的节日中了。唐代中秋赏月已约定成俗，有俗语"十二度圆皆好看，其中圆极是中秋"。唐欧阳詹的《玩月诗序》载："八月于秋季，始孟终。十五于夜，又月之中。稽之天道则寒暑均，取于月数则蟾魄（一作'兔'）圆。"杜甫有《十六夜玩月》："旧挹金波爽，皆传玉露秋。关山随地阔，河汉近人流。谷口樵归唱，孤城笛起愁。巴童浑不寝，半夜有行舟。"中秋时节，月光皎洁，天宇澄碧，清辉微播，空气清爽，令人心旷神怡；此时月亮圆如盘，莹如玉，似明珠，没有丝毫缺憾，被称为"端正月"，如韩愈《和崔舍人咏月二十韵》"三秋端正月，今夜出东溟"等。

古人对月亮充满诗意的想象和静谧圣洁的感受，因此也产生了嫦娥奔月等优美的传说。人们想象月宫中有桂树、桂子、玉兔、吴刚、蟾蜍等，神奇浪漫。古代中秋望月的诗词文赋，往往化用这些典故，将月亮称为"桂月""桂宫""桂窟""桂轮"等，如唐诗人方干的《月》中写有"桂轮秋出半东方，巢鹊惊飞夜未央"。因为古代科举考试秋闱大比正在八月，所以人们将考试及第称为"月中折桂""蟾宫折桂"，或简称"折桂"，如唐许浑的《下第贻友人》"人心高下月中桂，客思往来波上萍"；温庭筠的《春日将欲东归寄新及第苗绅先辈》（一作《下第寄司马札》）"犹喜故人先折桂，自怜羁客尚飘蓬"等。

"嫦娥奔月"的题材有一个演变的过程，但大体上在秦汉间已经完全定型。《山海经·大荒西经》《吕氏春秋·审分览·勿躬》《淮南子·览冥训》等已有记载，从"常羲""常仪"（或"尚仪"）到"姮娥""嫦娥"，语音、语义演进痕迹分明，说明嫦娥奔月是古老的神话传说，流传很久。嫦娥奔月后的情景，文人墨客也作了奇异而合乎情理的推测，大多认为嫦娥孤身赴月宫，寂寞惆怅，悔恨不已，思乡心切，如李商隐的《嫦娥》诗中所云："嫦娥应悔偷灵药，碧海青天夜夜心。"明代诗人边贡的《嫦娥》也形象地表达了这种情愫："月宫秋冷桂团团，岁岁花开只自攀。共在人间说天上，不知天上忆人间。"也有说嫦娥化蟾蜍捣药的，以此对嫦娥背叛丈夫的行为进行惩罚，如唐陈陶《海昌望月》的"孀居应寒冷，捣药青冥愁"。与明月相关的神话传说丰富了诗词等文学作品的题材内容，同时也增强了人们对中秋明月的好奇与遐想。

唐诗中关于中秋赏月的篇目不胜枚举，可见当时赏月习俗之盛，遍布朝野。宫廷中的赏月要讲究一些，加上道释的渲染，仪式更加复杂，场面奢华。民间虽无充足的资财可以任意挥霍，但也有丰富的赏月活动。唐代诗人曹松的《中秋对月》："直到天头天尽处，不曾私照一人家。"明月共有，人们均可以自由欣赏，只是方式各异而已。文人墨客，呼朋引伴，推杯换盏，吟诗作赋，抒发心中的意绪。或荡舟湖畔，观波光缥缈，水天一色，交融无碍，空中之月与水中之月相互辉映，给人以无限的遐想和哲思；或登高伫立，感受苍穹的高远与辽阔，碧空如洗，皓月当空，人与月似乎缩短了距离，人也就显得高迈了，提升了，精神也自然得到陶养和涤荡，心旷神怡。唐代诗人裴夷直与白居易在中秋夜荡舟洛河曾吟诗："清洛半秋悬璧月，彩船当夕泛银河。苍龙颔底珠皆没，白帝心边镜乍磨。海上几时霜雪积，人间此夜管弦多。须知天地为炉意，尽取黄金铸成波。"这首诗形象地描写了明月如璧、皎洁晶莹、海波似雪、热闹非凡的中秋景象。唐刘禹锡的《八月十五夜桃源玩月》则是有关中秋登高的写照："尘中见月心亦闲，况是清秋仙府间。凝光悠悠寒露坠，此时立在最高山。碧虚无云风不起，山上长松山下水。群动悠然一顾中，天高地平千万里。"生动地传达了目接千里、神思飞扬的意绪。

宋代以后，中秋节俗活动更加丰富多彩，赏月、赏灯、吃月饼、赏桂、观潮，不一而足。

当时人们重视中秋佳节，如北宋邵雍的《中秋月》："一年一度中秋夜，十度中秋九度阴。求满直须当夜半，要明仍候到天心。"中秋往往多雨，阴雨或浮云会减损皓月美景，文人墨客就更加珍惜难得的满月了。即使遇雨，也难以阻止人们赏月的雅兴。欧阳修的《酬王君玉中秋席上待月值雨》："池上虽然无皓魄，尊前殊未减清欢。绿醅自有寒中力，红粉尤宜烛下看。罗绮尘随歌扇动，管弦声杂雨荷干。客舟闲卧王夫子，诗阵教谁主将坛。"又有《中秋不见月问客》："试问玉蟾寒皎皎，何如银烛乱荧荧。不知桂魄今何在，应在吾家紫石屏。"管弦声声，舞影翩翩，杯盏频频，即使天公不作美，人们同样能感受到中秋节的快乐，甚至有诗人以巧妙的解嘲来安慰自己，以画屏的满月来代替空中的满月，拉近了与明月的距离，更显得心物交融、妙趣横生。因此，有时赏月却不自觉地流露出个人的心境。苏轼的《水调歌头》就是情景交融的佳构，明月在他的笔下似乎也被赋予了生命，可以寄托人的思念之情："人有悲欢离合，月有阴晴圆缺，此事古难全。但愿人长久，千里共婵娟。""婵娟"便是指明月，明月共赏，自可作为交流情感的桥梁和纽带了。苏轼的《中秋月寄子由三首》诗也有："明月不解老，良辰难合并。回头坐上人，聚散如流萍。尝闻此宵月，万里同阴晴。天公自着意，此会那可轻。"与《水调歌头》可相映衬，均有中秋明月寄情、怀人的意思。

南宋著名女词人朱淑真写有《中秋夜不见月》诗："不许蟾蜍此夜明，始知天意是无情。何当拨去闲云雾，放出清辉万里清。"对云霭蔽月深表不满，申斥天意无情，同时也表露了拨救明月的心志，当然这只是一种诗意的表达，显示了人物情感的真实，实际上，作者命运不幸、满怀忧愁、一筹莫展而又不失希望的人生境遇与心迹，也自然而然地通过这首诗表达出来了。

《梦粱录》记载南宋中秋夜"大街买卖，直至五鼓，玩月游人，婆娑于市，至晓不绝"，足见当时中秋夜的盛况。

南宋赏月之风极盛，并衍生出赏灯的风俗。赏灯本是元宵节的重要风俗，但在南宋时，中秋节亦在空中或水面布置各式灯笼，以与皓月交相辉映，人们则在灯下或灯旁游玩嬉戏，饮酒赋诗，极富诗意。当然，这种风俗可以视为元宵节与中秋节交融的产物，后世中秋节赏灯的节俗并不普遍。

唐代就有了中秋吃月饼的风俗。到了宋代，月饼花样增多，如《梦粱录》记载的"金银炙焦牡丹饼""枣箍荷叶饼""芙蓉饼""菊花饼""梅花饼"等。苏轼诗曰："小饼如嚼月，中有酥与饴。"可见那时的月饼形如满月，包裹着酥油与糖，其基本制作方式一直延续到今天。

赏桂也是中秋节的重要习俗。中秋季节，桂香沁人，加上古代就有月中桂子落入人间的说法，所以人们在赏月的同时，遥望月中桂树婆娑的姿影，扑面而来的不知是人间的桂花之香，还是明月中桂香，别有一番情趣。唐代宋之问《灵隐寺》"桂子月中落，天香云外飘"，宋代虞俦《有怀汉老弟》"芙蓉泣露坡头见，桂子飘香月下闻"。中秋月明，桂影婆娑，桂香悠悠，人们徜徉树下，感受月光的皎洁和静谧，享受桂花馥郁的芬芳。此时亲人团聚，欢声笑语，人与自然和谐统一，是一种佳境。

图 11-6　观潮图（清·袁江）

我国古代中秋节还有观潮的习俗。观潮作为娱乐活动，起源较早，汉代已有相关文献记载。汉代枚乘的《七发》就有"将以八月之望，与诸侯交游兄弟，并往观涛于广陵之曲江"的记载，"广陵"指今扬州，"八月之望"即中秋，可见，当时已有中秋时节观潮的活动，但是还不及唐宋普遍、盛大。因地域限制，观潮主要流行于南方，特别是江浙一带。唐宋时期，浙江观潮就极为壮观。《元和郡县志·江南道·钱塘县》载："浙江……东北流入于海，江涛每日昼夜再上，常以月十日、二十五日最小，月三日、十八日极大。小则水渐涨不过数尺，大则涛涌高至数丈。每年八月十八日，数百里士女，共观舟人渔子泝潮触浪，谓之'弄涛'。"钱塘江入海口具有得天独厚的条件，是观潮的理想地点。中秋钱塘观潮，唐宋时已盛行，尤以南宋为最。唐代宋之问的《灵隐寺》有"楼观沧海日，门听浙江潮"之语，孟浩然的《与颜钱塘登樟亭望潮作》："百里闻雷震，鸣弦暂辍弹。府中连骑出，江上待潮观。照日秋空迥，浮天渤解宽。惊涛来似雪，一座凛生寒。"刘禹锡的《浪淘沙》："八月涛声吼地来，头高数丈触山回。须臾却入海门去，卷起沙堆似雪堆。"白居易的《忆江南》："江南忆，最忆是杭州。山寺月中寻桂子，郡亭枕上看潮头。何日更重游？"白居易的《潮》："早潮才落晚潮来，一月周流六十回。不独光阴朝复暮，杭州老去被潮催。"宋周密的《武林旧事》记："浙江之潮，天下之伟观也。自既望以至十八日为最盛。……吴儿善泅者数百，皆披发文身，手持十幅大彩旗，争先鼓勇，溯迎而上，出没于鲸波万仞之中，腾身百变，而旗尾略不沾湿，以此夸能。而豪民贵宦，争赏银彩。"可见当时场面壮阔，气氛热烈。苏轼的《八月十五看潮五绝》写道："定知玉兔十分圆，已作霜风九月寒。寄语重门休上钥，夜潮留向月中看。万人鼓噪慑吴侬，犹是浮江老阿童。欲识潮头高几许，越山浑在浪花中。……吴儿生长狎涛渊，冒利轻生不自怜。东海若知明主意，应教斥卤变桑田。"这些诗歌都栩栩如生地状写了中秋观潮的盛况，反映了唐宋观潮风俗的流行。

唐宋以后，中秋赏月、玩月似乎不甚奢华绮丽了，但习俗相沿不绝。尤其是在江南，每当中秋之夜，"妇女盛妆出游，互相往还，或随喜尼庵，鸡声喔喔，犹婆娑月下，谓之'走月亮'"（《清嘉录》）。清黄钺的《于湖竹枝词》记芜湖风俗："人影衣香走月明，碧天如洗晚风清。谁怜没柄团团扇，曾照诗人送客行。"

团圆是中秋节最主要的民俗信仰，几乎贯穿于各项节俗活动中，所以中秋节也叫团圆节。明刘侗、于奕正的《帝京景物略》云："八月十五祭月，其饼必圆，分瓜必牙错，瓣刻如莲花。……其有妇归宁者，是日必返夫家，曰团圆节也。"《新编醉翁谈录》记载南宋拜月风俗，焚香祈祷，男女不同，"男则愿早步蟾宫，高攀仙桂"，"女则愿貌似嫦娥，圆如洁月"。一重科举功名，一重美貌如仙，反映了人们对世俗生活的美好愿望。唐宋以前，关于拜月的记载比较少见，但祭月之风已盛，且多与赏月联系在一起。明清这种风习更加盛行，多是十五日晚间家人团聚，等月亮升起后开始拜月。最简单的是"徒手"的望空（朝向月亮）而祭，有的则将刻有桂殿蟾宫的大月饼镶在木架上当神位，更有用月光马儿（一种纸制祭品，约二三尺至七八尺，顶上有两面旗子，红绿色或黄色，向月而供，祭祀结束后，与纸扎元宝、纸钱一起焚化）作神位的。焚香礼拜后，撤供，焚月光马儿，或分食团圆饼。

　　赏月、吃月饼、赏桂、观潮也是现代社会人们欢度中秋佳节采用的方式，足见其渊源悠久，深受人们的喜爱。中秋赏月、吃月饼、拜亲长，已经成为人们生活中必不可少的内容。特别是中秋夜，合家团聚，饮美酒，赏明月，品月饼，聊家常，洋溢着浓郁的亲情与温馨。或闻桂花之芳香，或观海潮之消长，或赏秋菊之淡雅，或忆月宫之神奇，或觅天体之奥秘，现代社会中的人们已将中秋节的诗意和科技、求美和求真巧妙地结合在一起，从而使这一传统节日重新焕发出生机和活力。

　　思考题：

1.　试谈中国传统节日的文化内涵。

2.　举例说明中国传统节日与传统文化之间的内在关系。

3.　随着社会的日益进步，中国传统节日与内涵会发生哪些变化？试谈自己的理解和体会。

第十二章

传统文化遇到的

挑战

第一节　西方文化的传播和影响

1840 年鸦片战争爆发，闭关自守的中国遭到西方殖民主义的侵略。此后，情况发生了变化，中国进入忧患殷重的时代。西方侵略者用坚船利炮、鸦片和其他商品，冲开了中国的大门，随之而来的是西方文化的涌入和传播。

衰落中的清王朝没有力量抵挡西方的坚船利炮，无法抗拒不断涌入的商品。由于历次反侵略战争的失败，以及战后签订的不平等条约，中国社会逐渐沦入半殖民地的境地。同样，在文化领域，千百年来始终占据主导地位且从未被动摇过的传统文化也遇到西方文化前所未有的挑战。这是中国与西方两种社会、两种文化的碰撞。

这时候，一些头脑清醒的进步学者开始反省中国传统文化，试图寻找在西方文化的挑战下中国传统文化的新出路。这就诱发了中国知识界的新觉醒，围绕着中国传统文化向何处去这个紧迫的现实问题，文化界展开了热烈讨论。

19 世纪中叶开始，中国社会内忧外患日趋严重，这给中国传统文化带来危机，也提供了新的发展机遇。在西方文化潮水般涌来时，知识界表现出惊惶和忧虑，一些学者从盲目虚骄的梦境中渐渐清醒过来。面对现实，他们反躬自省，并且鼓起勇气，承认中国有不如西方的地方，但仅限于承认坚船利炮、养兵练兵之法不如西方。这是当时许多人的共识。

因为在对外反侵略战争中，清政府吃了败仗，一些人发现洋人有坚船利炮、有训练有素的士兵，以为这就是他们能够取胜的法宝。于是，他们在购买坚船利炮的同时便试图仿造，这便是著名学者魏源（1794—1857）在《海国图志》（1842 年五十卷本刊行，1852 年增补为百卷）一书中提出的"师夷长技以制夷"的主张。学了一阵子，发现这还不够，还要有懂技术、会驾驶、能操作的士兵。

当时，从外国购买来的船舰大炮，有许多都是淘汰的废旧品，中国人自己制造的，技术工艺又不过关，加上士兵们不会操作，大炮爆炸的事故时有发生。这样，就有一些人悟到教育和科技的重要性。引进和仿造西方的坚船利炮、培养有近代军事知识的官兵，可以说是西方文化在中国传播初期的主要内容。

19世纪70年代以后，西方文化在中国的传播转向自然科学和技术方面。当时，对西方文化的介绍，带有急功近利的色彩，不重视人文科学著作的翻译，而是侧重于工业机械制造及其他实用学科。西方近代主要自然科学的分支学科，大致都有引进、介绍，如数学、物理、化学、天文学、矿物学、古地质学、医学等。

这些学科的书籍，主要由江南制造总局附设的翻译局翻译刊印。在前后二十多年时间里，翻译局引进翻译了163种自然科学书籍。这些书籍，现在看来还相当粗浅，充其量只能算作一般的科普读物，没有多少系统的理论阐述，缺乏对各学科基本原理和科学方法论的介绍。可是，由于中国与西方文化背景不同，所以对中国一般的读书人来讲，入门仍有困难。

中国古代社会有过科学技术上的辉煌成就，这是众所周知的。但近代意义上的科学技术是鸦片战争以后从西方输入并且日渐传播的。在西方自然科学传入之初，一些思想保守的学者以为中国古代数学很发达，往往接触到一点儿西方近代数学的皮毛，便以为中国古已有之，不愿引进、消化近代数学知识和理论。也有一些迂腐学者对自然科学本来一窍不通，以为西方国家并非知书达礼。严复（1854—1921）曾经形容这些旧学者为：他们头蓄半寸之发，颈积不沐之泥，面戴大圆眼镜，手持长杆烟筒，扁鼻阔额，偻背徐行，似笑不笑，欲言又止。他们往往表现出排斥西方自然科学的态度。这些人在当时为数不少。

当西方自然科学传入中国时，曾涌现出一批有成就的科学家，例如李善兰（1811—1882）、徐寿（1818—1884）、华蘅芳（1833—1902）。他们对自然科学的推广和研究作出了突出贡献。他们不同于当时的旧学者，既有坚实的传统文化（包括自然科学）根底，又能认真消化和研究西方近代科学理论知识；他们也不同于古代的自然科学家，比如他们对科学研究的方法，采用了实验科学、逻辑推论和演绎的方法。因而他们是近代新型科技人才。

李善兰等人由于具备了良好的条件，在科学研究方面就有取得成就的可能。除李善兰外，化学家徐寿、华蘅芳等，都著有自然科学专著。比如李善兰独立完成的《方圆阐幽》介绍了微积分的初步概念。他还翻译了解析几何和微积分的著作，并且宣传了哥白尼的学说，使中国人对近代天文学的全貌有了初步了解。

这就表明，具有中国传统文化素养的学者并不排斥西方自然科学知识，相反，他们在刻苦钻研之后，为近代自然科学在中国的传播作出了重要贡献。这也是西方近代自然科学在中国传播的最初渠道。

另一个渠道，是近代工业企业和新式学堂的兴办。这就使近代科学技术知识在更大范围内传播开来。由于掌握了一些自然科学知识，接触到近代新思想，人们逐渐放弃了妄自尊大的旧观念，重新估量科学技术的价值。1862 年，京师同文馆成立，初设英、法、俄三国语言馆；1867 年设天文算学馆，在社会上引起轩然大波；到废除科举制（1905）的几十年间，中国人学习自然科学，经历了漫长而艰难的过程。在这期间，自然科学知识得到广泛传播，科学技术在一定范围内得到推广，人们逐渐改变了自高自大、抱残守缺的陈旧观念，中国从此开始走向世界。

为了吸引中国人对自然科学的兴趣，向中国知识界灌输近代科学知识，著名科学家徐寿、华蘅芳和传教士傅兰雅（John Fryer，1839—1928）一起，在上海创办了格致书院。他们经常公开演讲科学专题，陈列各种科学实验仪器设备，亲自做课堂科学实验，讲解自然科学的发展史，引导更多的中国人在较短时间里进入自然科学的神圣殿堂。这些开创性的工作，在当时确有一定成效。不少读书人在埋头四书五经之余，也做数学演算题，做物理或化学实验。经过引导，读书人逐渐对自然科学产生了兴趣，中国近代自然科学从此开始起步。

西方近代自然科学的重大成就，到 19 世纪 70 年代才被引入中国，而19 世纪自然科学的一系列重大发现和成就，例如 30 年代的细胞学说，40

年代的能量转化定律，50 年代的生物进化论，60 年代的光谱分析、遗传实验和元素周期律，70 年代的曲面空间与群论的研究，80 年代的细菌与微生物学方面的新发现，90 年代的放射性元素的发现、游离电荷的测定，以及其他一系列科学史上的重要成就，都没有被及时介绍给中国人。

翻译引进的科学知识，对中国知识界产生了很大影响，因为中国毕竟要实现面向世界的近代化，实现中华民族的独立自主，所以西方文化的引进，在近代中国已经势在必行。随着救亡图存、振兴中华的爱国运动蓬勃开展，近代新文化运动也开始兴起和发展。近代科学成就在哲学理论、思想观念上时有反映，新知识、新学说成了政治改革的一种理论依据。例如，当时人们就提出科学救国、文学救国、教育救国等口号，一个接一个地在社会上引起反响。文化的地位和作用，由于自然科学的传入，受到前所未有的重视。直到五四前夕的新文化运动，人们都是把文化当作解决中国问题的根本途径。这对于中国文化的发展无疑会起到积极推动的作用。

西方自然科学知识传入以后，许多学者热衷于用科学知识宣传他们对人生、对社会以及对其他政治问题的见解。被称为"晚清思想界彗星"的谭嗣同（1865—1898），在他的遗作《仁学》（1897 年完成）中，谈到数学、物理、化学、天文学、地质学方面的知识，比如星球的起源、演变，万有引力与地球运行轨道的关系，计算地球的体积和重量等。还有康有为（1858—1927），他对物理学、天文学和古地质学抱有浓厚的兴趣。他仔细研究了哥白尼的日心说和牛顿的天体力学，所写《诸天讲》（1885 年完成初稿）一书，对太阳系的起源、行星和太阳的关系、月亮的圆缺、彗星和流星、太阳黑子等作了科学解释，而且力求把科学知识与思想观念、思维方式的变革相结合。

也有一些学者宣传地球是球形的，他们用这一科学定论，试图打破天朝居中等狂妄自大的旧观念；用电学、热学知识激发国人的热情和爱国心，积极投身救亡图存的活动。最典型的例证莫过于严复译《天演论》（1898 年初版），力图用自然法则震撼中国人的心灵。这是一部有关生物进化论的科学专著，但自从它经严复之手翻译刊印后，无论译者还是读者都没有把它仅仅当作科学著作来看，他们主要是从中悟出了人类社会的生存法则：优胜劣汰，适者生存。严复之所以在当时成为众人瞩目的大学者，就是因为这部书产生的社会影响。

19 世纪末期，西方近代自然科学在中国知识界受到普遍重视，紧接着西方哲学社会科学也引起许多学者的浓厚兴趣。以严复、梁启超（1873—1929）、王国维（1877—1927）等人为代表的一批近代著名学者，接续李善兰、徐寿、华蘅芳介绍西方近代自然科学的工作，并且把他们的工作提高到一个新层次。知识界渴求进一步了解西方文化，除了自然科学知识，还想了解西方社会政治学说的主要内容，用梁启超的话说：这是一个学问饥荒的年代。

为满足知识界的这一需求，严复等人陆续介绍西方近代以来主要的学术流派及其代表著作，也介绍了一些著名学者的生平和主要思想观点。此后，美国著名学者杜威等人到中国各地讲学。西方的实用主义、新实在论等都在中国吸引了一些信奉者；柏格森的生命哲学、尼采的超人哲学，也受到很多学者的重视；康德的批判哲学、黑格尔的唯心论和辩证法更在学术界产生了广泛影响。

在社会科学方面，一批介绍西方人文科学学术流派和理论学说的著作相继问世。严复翻译了数百万字的西方人文科学名著，其中有亚当·斯密的《原富》、孟德斯鸠的《法意》、约翰·穆勒的《名学浅说》、斯宾塞的《群学肆言》等重要著作。梁启超也在《新民丛报》上介绍了斯宾诺莎、培根、康德、卢梭、孟德斯鸠、达尔文的生平事迹和学术思想，在当时的学术界产生了广泛影响。此外，王国维对叔本华哲学的介绍也作出了重大贡献。叔本华是唯意志论的悲观主义哲学家，他的哲学观深深影响了王国维。

五四前后中国学者在介绍、宣传西方各种哲学流派和文化学说方面，虽然取得了一定的成就，但也存在一些问题。引入的西方文化内容非常复杂，其中既有民主主义学说，有进步的现实主义社会科学名著、先进的科学思想，也有社会达尔文主义学说、基督教神学思想，甚至还有三四流乃至等而下之的拙劣作品。从总体上讲，对西方文化的介绍和宣传缺乏系统性，不深入，显得比较驳杂和肤浅。梁启超认为这种介绍无组织、无选择、本末不具、派别不明。

还有一个问题，就是中国知识界在学习西方文化时，由于不同人的政治背景和立场不同，他们在接受西方文化时，也有不同的态度和重点。比如，孙中山（1866—1925）和梁启超、严复对西方自由、民主学说的接受和理解就不相同，他们接受西方文化既有不同倾向，又不同程度地掺杂着中国传统文化的内容。这就影响到中国学者对文化诸问题的理论探讨。

中国知识界对自然科学的学习和接受难度确实不小，但对于人文科学思想的认识和吸收，则要经历更为漫长的岁月，要经历激烈和痛苦的思想斗争和转变。尽管如此，还是有许多学者找到了西方文化中民主与科学的精髓，借助于"天赋人权论""社会契约论"等在当时还比较先进的思想武器，尖锐地批评君权，批评封建礼教，主张兴民权，呼吁人人平等、人人自由。西方民权、平等思想的提倡和传播，削弱了封建礼教支配意识形态的力量，并且为孙中山领导的推翻清朝封建统治的辛亥革命做了思想和理论的准备。1911 年辛亥革命以后，中国近代平等、民主思想，以及认识事物、解决问题的科学思维和科学方法，产生了越来越广泛而深刻的影响。

第二节　对传统文化的思考与反省

近现代中国，经历了从未有过的历史变迁。这个时候，传统文化的继承和发扬问题引起人们，特别是知识界的重视。

近代以来，中华民族，尤其是她的知识分子，一直受到这个问题的困扰：中国传统文化究竟如何实现面向世界、面向未来、面向近代化和现代化的转变? 要解决这个问题, 就必须首先反省中国传统文化, 看一看她与西方文化相比有哪些优长, 有哪些不足。这是迫切需要解决的问题。

从 19 世纪后半期开始, 一批倡导开放与维新的知识分子和各界有识之士, 在反省中国传统文化时, 对她产生了疑问, 她不是完美无缺的, 某些适合古代社会的内容, 如果不加改造, 就不能适应近代社会。这个认识的立足点是对的, 思路也是对的, 但还处在比较浅的层次上, 比如他们认为中国传统文化的缺陷, 在于各门自然科学的发展水平不如西方, 没有坚船利炮和养兵练兵之法, 所以, 他们想在这方面做些补救工作。

在主张采用西学的人们心目中, 有这样一个共识, 中国文化和西方文化有根本的差别, 而这种差别从本源上就存在。在他们看来, 中国传统文化的本质是圣人的道, 而西方文化的本质是器物技艺, 讲西学是为了保存中学, 讲中学是为了采用西学。这种认识主张因时而变, 采用西洋器数之学, 仿用机器。

经过对中国传统文化的反省, 在对西方文化的认识日益加深的基础上, 有识之士提出, 以中国传统的纲常名教为原本, 辅以西方各国的富强之术, 即中国传统的政治制度和意识形态不可动摇, 但西方的科学技术、坚船利炮可以兼用。后来, 这些思想主张被归纳为 "中体西用" 这样一个对待中国传统文化和西方文化的基本原则。

"中体西用", 是 "中学为体, 西学为用" 的节略语, 它包含两对范畴, 一是中、西, 一是体、用。前一对范畴词义明确, 不难理解; 后一对是哲学范畴, 简单地说, "体", 指事物的本体, 或根本; "用", 指作用或效用。中学为体, 就是以中国传统文化作为治国之本; 西学为用, 就是以西方近代科技与文化作为治国的辅助物。

这是一个有深刻时代烙印的命题, 从传统文化的继承和发扬角度看, 它提出了一个问题: 西方近代文化传入中国以后, 我们应该怎样对待它; 中国传统文化在西方近代文化传入以后, 应该怎样继承和发展。这个文化命题, 集中概括了 20 世纪到来以前, 整整一代有识之士对中国传统文化和西方近代文化之间关系的认识。

东方与西方，各有其文化、文明和贡献，中国传统文化与西方近代文化，本来是各自独立的文化体系，它们有着不同生活和不同文化的丰富内涵，但是当欧风美雨袭来时，这两个文化体系开始碰撞。毫无疑问，中国传统文化和西方近代文化都有自己独特的贡献，当然也有各自的不足。"中学为体，西学为用"这个对待中西文化的原则，是不是真正抓住了两种文化体系的优长和缺陷呢？

应该说，这个时代的有识之士找到了中国与西方近代文化的优劣点，但并不全面。他们认为，中国在很多方面应该学习西方，主要学习西方的机器生产、自然科学，这实际上承认中国传统文化面对西方文化的挑战还有自信的一面，表明传统文化对外来文化有包容性；同时也承认中国传统文化并非完美无缺，也有其弱点和不足，这可以用西方近代文化的优点来弥补。19世纪后半期学者的反省，说明中国传统文化并不是一个没有生命力的文化体系。

不过，用"体"和"用"这对概念来说明中西文化的异同，毕竟不能科学地说明问题，而且会造成理解上的分歧，使这个公式超出文化范围而变成政治命题。因此，这个公式在今天看来并不是一个准确的科学命题。事实上，在甲午战争前后，知识界就有人对这个文化公式提出异议。

"中体西用"这个公式，既是19世纪末人们对中国传统文化反思的结果，也是为中国内忧外患寻找到的解救方案。可是1894—1895年甲午战争中，清王朝被近邻日本击败，说明这个公式既没有找到中国传统文化的真正出路，也不可能挽救国家和民族的危亡。时代的潮流猛烈冲击着社会各阶层人们的思想。

那时候，有关心国家命运的人，有读书明理的人，有不满现状志在改革的人，他们忧心忡忡，感到"中学为体，西学为用"的文化原则还存在一些问题，应该加以改进。在这样的背景下，许多人开始深入探究西学，同时进一步反思传统文化。这个共同的要求和志愿，把19世纪末期20世纪初期的一些知识分子团结在一起，他们成为中国近代社会新一代的文化学者。

这一代学者，对中体西用的文化原则很不以为然。梁启超说，提倡"中体西用"的《劝学篇》（1898 年刊行，清末张之洞著），十年内就会化成灰烬，人们闻到它的气味儿，还要捂着鼻子。还有的学者说，没有现代社会政治制度的建立，就不可能有现代的科学技术；没有现代的意识形态，就不可能有整个社会的现代化。例如，严复说，牛有牛之体，马有马之体，牛之体是做负重之用的，马之体是做奔跑之用的，体与用协调一致，不可能分割开来。这种比喻尽管不见得精确恰当，但是表达了这一代学者开始认识到，中体西用之说确实不适应当时的客观现实。

经过戊戌变法和辛亥革命，到五四前夕，许多对中西文化有深入研究的学者们，在反思中国传统文化的时候，提出了用民主与科学的原则研究中国传统文化。这表明他们在思想认识上又提高了一步，同时，为中国传统文化在近代的出路寻找到新的可能。

在五四新文化运动时期，有一些人提出"打倒孔家店"，认为中国传统文化里面主要是儒学的传统，而儒学的传统，可以用"孔家店"三个字来代表，认为这是应该打倒的，这些人偏重于否定传统文化中的封建礼教。与此同时，另外一些人提出"保存国粹"与"打倒孔家店"相对抗，他们偏重保存中国传统文化中的精粹。无论如何，从中国文化的发展情况来看，他们都在试图解决中国传统文化的继承和发扬问题。

那个时候，双方在文化问题上争论得很激烈，各种各样的意见针锋相对。这些争论中除了文化本身的问题以外，还掺杂了政治、经济甚至军事、外交诸方面的因素。这些因素不可避免地影响着人们对中国传统文化的反省，也影响他们对西方文化的认识水平，从而造成各种差异。

当时，有一些学者，包括不少有深厚中国传统文化素养的学者，都认为当时的燃眉之急是国家和民族的独立，否则，我们这个民族就没有立足之处。必须先解决这个问题，再研究古典文献，进而去谈论传统文化问题。这个说法在当时对年轻人有很强的说服力。知识分子把所思考的问题直接与救亡图存以及社会改革联系起来。实际上，这种态度和做法与儒家传统思想基本一致。为什么？因为儒家主张修身、齐家、治国、平天下；天下兴亡、匹夫有责；先天下之忧而忧，后天下之乐而乐。所以，从爱国主义角度分析，中国传统文化，经过改造，是可以与时代接轨的。

在这种意义上，中国传统文化在近代并没有失去它的存在价值，没有失去它的魅力，其中的精华都应当保留下来。除上面所讲的爱国主义思想以外，还有那种威武不屈、爱好和平、不畏强暴、自强不息、愚公移山精神等。所有这些，都会给人们以坚定的信念。

近代以来，有识之士反省中国传统文化，其出发点和落脚点是对的。中国优秀传统文化，并不是可以轻而易举被外来文化击败。所以，保存国粹或者全盘西化，都不是研究中国传统文化的正确思路，都不能真正解决中国传统文化向何处去这个重大问题。近代许多学者，正是在这两者之间寻求中国传统文化的出路。

例如，康有为显然接受了西方近代自由、平等、博爱和天赋人权的学说，又受过儒家文化的熏陶，包括礼运大同说、公羊三世说等。孙中山也是如此，他系统吸取了西方民主主义思想，但在他的理论体系中，也不难见到中国传统的大同思想和均平思想，还有尧、舜、禹、汤、文、武、周公、孔子的道统思想影响。

可以这样认为，凡是近代有成就的学者，对中国传统文化都作过认真的研究，他们很少对民族文化持虚无主义的态度或者完全肯定的态度。对传统文化和西方文化，他们都是有分析、有区别地加以选择。当时，古今中外的思想文化互相影响、互相冲突、互相渗透、互相吸收，形成一种错综复杂而又绚丽多彩的历史画卷。有识之士对此不可能熟视无睹，必然要在他们的思想上反映出来。历史的发展和时代的变迁要求国人必须重新学习，尽管在学习过程中要付出很大的代价。

五四时期的进步学者举起民主与科学这两面旗帜，他们的思想观念已经不同于"中体西用"时代的人们，也区别于严复那一代人。他们对中国传统文化的剖析、研究，以及用西方近代文化与之对比研究，都达到新的高度。他们所取得的成绩超出了前人，也为后人留下了可贵的研究成果。这说明，他们认识中国传统文化的思路基本正确。

不过，这里有一个问题需要仔细分析。在五四时期，有一批学者，激烈抨击以儒学为主要内容的中国传统文化，原因何在？

对这个问题，陈独秀（1879—1942）是这样解释的。他说，对于钱玄同（他甚至主张连汉字也不要使用）等人"以石头压驼背"的主张，《新青年》杂志的同仁多半不赞成。但钱玄同是著名文字学大师，岂有不知文字改革途径的道理？他们实在是出于对"三纲五常"之类封建礼教的愤恨而提出矫枉过正的言论，并不完全代表他们对祖国传统文化的真实态度。即使五四新文化运动中有全面否定和抛弃传统文化的言论，也并非这场深刻的文化运动的主流。

"全盘西化"的口号在中国根本无法生根，在世界其他地方也很少出现过。如果一个民族为了实现现代化，首先把自己民族的传统文化加以抛弃，完全照抄照搬西方那一套，这在理论和实践上都是行不通的。

正因为这样，提出"全盘西化论"的陈序经，在 20 世纪二三十年代受到许多人的批评。而赞同全盘西化论的胡适（1891—1962），当时由于受到批评，公开发表了一篇文章《充分世界化与全盘西化》，为自己的观点辩解。他明确指出自己主张的全盘西化，就是文化的充分世界化，即遵循民主与科学的文化原则去认识中国传统文化，进而改造它。他说，这样做并不是一切都要西方化，比如吃西餐，用刀叉，就不可能被所有的中国人接受。

可是这些人忘记了一个基本的道理，就是如果没有民族化，也就没有世界化。民族化越是得到充分的发挥，世界范围内的文化交流才越能够实现。离开了民族化，也就不可能有世界化。这是文化发展的基本法则。

第三节　传统文化在近代的成就和价值

在中国古代历史上，也有过几次大规模的外来文化输入，比如汉代佛学的传入等。外来文化渗入中国传统文化的土壤，但始终没有改变传统文化的体系和结构。在社会生活中，仍然是以儒家文化为主体的中国传统文化起着主要的作用。随着外国殖民者的侵入，西方文化传进中国，即所谓"西学东渐"。由此，中国传统思想文化逐渐发生变化。这种变化对中国社会的现代化产生了深远而广泛的影响。

有识之士面对西方文化的挑战，潜心研究中国传统文化。在他们的辛勤努力下，近代文化的各个专门领域都发生了变化。新思想文化因素日益增长，新的研究方法逐步形成，并开始在传统文化领域研究中发生作用。学者们开拓了一些新的研究领域，陆续建立了若干新学科。这样，中国近代文化在继承传统文化优长的基础上又有创新，比古代文化还要丰富和复杂。应该说，这是思想文化领域的进步现象。

比如，在史学研究领域中，学者们借助西方近代以来的历史学理论和方法，突破传统史学的局限，开阔了史学研究的思路和视野。近代史学家们从我国固有的文化思想中，寻找有利于新时代的传统思想，形成西方进化论和我国儒家经学相结合的史学理论和方法。他们运用这种理论和方法，对中国几千年的历史作了创造性研究，写出了一批享有盛誉的中国古代史、中国文化史和中国通史的专著。其中影响较大的有梁启超撰写的《中国史叙论》（1901 年完成）和《新史学》（1902 年完成）。在这两篇文章里，梁启超用进化论观点，在中国历史上，首次从理论上和体系上，展开对中国封建时代的史学理论和观念的批评，主张破旧史学，创新史学，反对史学作为一家一姓的封建帝王的家谱。此外，他还明确提出具有重大思想解放意义的史界革命的口号。这表明，近代学者开始创建新的历史哲学理论体系。

此后，史学研究领域发生了深刻变化。用新史学观点来编写中国历史的第一部著作，是 1904 年出版的夏曾佑（1863—1924）的《最新中学中国历史教科书》，此书后改名为《中国古代史》。与此同时，章太炎（1869—1936）再版了《訄书》（1904 年刊行），刘师培（1884—1919）出版了《中国历史教科书》（1905—1906 年刊行），王国维的古史研究也取得了丰硕的成果。这些著作在历史分期、基本内容、编纂体例上都是以近代史观为中心进行中古史研究，颇有价值。

在历史学界发生如此变化的背景下，不少学者主张用怀疑的态度对中国古代文化典籍和古代文明史重新进行研究。他们提出了许多新论据和论点，用以推翻那些被视为天经地义的论断。于是，以顾颉刚为首的一些学者开始着手系统的古史辨伪工作，这些研究成果后来被辑为七卷本的《古史辨》。这些新的研究方法和研究成果，对于破除知识界对古书的迷信，扭转少数学者盲目"信古"、一味"泥古"的偏见做了有益的工作。这些工作对于古代史料的考据、辨伪、订正等还是有价值的。

但是，这种"疑古"派毕竟也受时代的限制，有时就出现了为"疑"而"疑"的状况，否定过多，甚至对一些毋庸置疑的事也加以怀疑，这就走向了片面。真理只要稍加夸大，就会走向谬误。

西方进化论在中国的传播，对传统文化既是冲击和挑战，也是得以进一步发展的机遇。学术界相继介绍了尼采、叔本华、康德等人的哲学理论，其他各种流派的哲学学说也陆续在中国知识界传播。所有这些，有助于中国哲学史、思想史的研究进行新的探索和扩展。人们以传统文化中的变易观与西方进化论观点相接轨，不仅用进化论的观点去论述中国哲学思想的历史变迁，还系统地介绍和研究西方哲学史。

值得一提的是，这个时期有关哲学理论的著述已经出现，例如侯生编撰的《哲学概论》等。书中对若干哲学问题的阐述在今天看来似乎稍嫌肤浅，甚至还有不少错误的地方，可是在近代出现这样的书籍，从启蒙意义上看是难能可贵的。

由于西方哲学学说的影响，中国传统哲学在近代的发展方向有所变化，不仅在哲学思维方式上有所演变，而且其学术特色显然不同于古代哲学。透过浓厚的政治斗争色彩的外表，中国近代哲学在古代哲学基础上，形成了自己独特的哲学范畴和体系。因为古代哲学更多的倾向是对社会政治伦理、社会历史观的思考。而近代哲学除继续保持并发扬这种内容以外，也开始侧重于对自然万物和自然观的思考。

自古以来，中国人在接受外来思想时，总是以本民族已有的逻辑结构和文化心理为基础，对其加以择取、整理和吸收，对于进化论哲学、机械唯物论哲学的引进也是如此。思想家们结合近代中国的国情，继承古代传统哲学的优秀成果，对生物进化论进行新的理论概括和再造，形成自己独特的哲学理论体系。

《天演论》是一个典型，它是英国赫胥黎的著作，严复首先将它翻译介绍到中国来。人们在读这本书的时候，尤其重视严复的序文和按语。因而中国近代哲学的进化原则，已不同于西方各种进化论哲学学说，尽管它保留了大量的进化论术语和概念，但在对这些原理内涵的理解上却存在一些差异。这一方面是因为中西方文化背景不同，另一方面也是由于学者们对西方哲学做出自己的阐释，对其原理的内涵增添了新内容。这是在西方文化挑战下，中国传统文化在哲学研究领域所取得的新成就。

在西方近代民权、平等思想的影响下，清末民初对西方近代法学的介绍和研究，也取得引人瞩目的成果。这也是当时政治形势发展变化和中西方文化相互融合的体现。

清末设立资政院（从形式上讲类似于西方国家议会）和咨议局（相当于地方议会）。民国初年召开了中国第一届国会，成立了责任内阁，企图实行政党政治，采用选举制度，这就需要有法律的依据。同时，剧烈变动的近代社会，也需要法律的制约和调整。学者们从法律定义、法学源流、世界五大法系，到国际法、刑法、民法、行政法等，进行了多方面的研究探讨。当然，它们不可能被运用于处于半殖民地半封建社会的近代中国。

在这样的时代背景下，熟悉中国古代法典的著名人士沈家本，试图以西方近代法律来改革中国的古代法律，他是中国近代法理学的启蒙思想家。法学、政治学中天赋人权、国家概念、民族主义、政体、宪政、地方自治等西方近代法学、政治学中的一系列重要问题，得到当时许多有志于法学、政治学研究的人们的热心探讨。例如，1906年商务印书馆出版了严复所著《政治讲义》，这是中国人自己编著的第一部近代政治学著作。武昌起义以后，湖北革命党人草拟并颁布了《鄂州约法》，此后孙中山代表临时政府颁布了《中华民国临时组织法大纲》和《临时约法》。这些法律文件都是依据美国国会制和总统内阁制为蓝本而编写的。

在语言学、文学方面，中国近代学者们把西方语言学和文艺学理论与中国古典文学语言学、文学艺术结合起来，取得了创造性的成绩。

鸦片战争以后，外来词汇和新词汇大量增加，还有一些欧化汉语和新的语言，使汉语构成有了某些变化。著名学者马建忠（1845—1900）应用西洋语法学研究汉语语法，著《马氏文通》，这是我国第一部用新的理论作指导，系统研究汉语语法的专著，他的这部著作作为汉语语法学奠定了初步基础。

此后，一大批学术工作者对汉语语法做了更深入的研究，取得了很多重要成果。例如，1892年卢戆章的《一目了然初阶（中国切音新字厦腔）》在厦门出版，正式开始了汉字和汉语拼音的革新。随后，还有劳乃宣的《简字谱录》、朱文熊的《江苏新字母》、王炳耀的《拼音字谱》、沈学的《盛世元音》、蔡锡勇的《传音快字》等也相继提出有关汉语和汉语拼音的改革方案。这些改革方案推动了汉语的现代化进程，而且此时大多数学者摒弃了"废除汉文汉语，改用万国新语"的主张。他们主张以汉语拼音字母作为汉字改革的基础，解决了汉字改革中最迫切的问题。

在文学改良方面，学者们提出白话文运动，认为文学不能只是文人们宣泄自己情感的工具，应该成为普通百姓表达自己喜怒哀乐的方式。比如有不少文学家提出，作品不应无病呻吟，务去滥调套语，不讲对仗不用典故，不避俗字俗语，使文学接近民众。陈独秀早在1904年前后，就在安徽创办了《安徽俗话报》，以民众喜闻乐见的形式和通俗易懂的语言，宣传新思想、新观念，在当时受到许多人的欢迎。白话文的推行，其意义决不局限于文学本身，更重要的是，它有文化史上的重要意义，尤其是它促进了知识界思维方式的转变。

文艺理论受西方影响也很大。对文艺的特点、社会作用、创作方法等重要理论问题，学者们都有论述。例如，鲁迅对外国文学作了精辟的评介，对于中国古典文学也进行了概括性评述。他写的《中国小说史略》就是这方面的重要成果。还有王国维，他运用西方哲学、美学和文艺理论研究中国传统文学，比如对《红楼梦》这部古典名著的研究就取得了很大成就。他对小说、戏曲和诗词的研究，在当时是开创性的。

文学艺术的创作，也在传统文化的基础上有某些新变化，出现了许多新的文艺领域。比如，翻译小说从产生到繁荣，发展很快。在这个领域中，涌现出以林纾为代表的文学翻译家。一大批翻译小说的刊行使人们耳目一新，对于中国近代文学家的创作，有很大参考价值。

"传统"这两个字，在汉语中有继承的意思。近代社会与传统文化之间首先应当是继承关系。当然，文化的继承从来都不是全盘继承，而是一个有所选择、改造、取舍即推陈出新的过程。所以说，传统文化既包括古代文化，也包括近代文化。

举一个简单的例子，我们现在使用的语言文字，是从前人那儿继承下来的，可现在的语言文字不仅与几千年前不同，就是与一百年前相比也有差别。语言文字的变化不是突然从哪一天就完成的，而是一个逐渐改进的过程。如果传统文化一成不变地为后代所接受，没有任何更新和发展，那么传统文化就失去了它的生命力。当然，这在事实上也是不可能的。

对于传统文化的取舍、改造与更新，应该是每一代人的正当权利，也是他们的社会义务。中华民族经过几千年而创造的传统文化，具有很强的自新能力，能不断以民族精神与时代精神相调节，对内适应千百年来的时代变迁，对外表现出强大的消化能力与抗衡能力。中国传统文化之所以经久不衰，就是因为自身调节、更新能力比较强。

对于传统文化在近代中国的成就，我们还可以举出许多。不过我们主要想说明的是，中国是世界的中国。在近代开放的世界中，不同文化之间的相互影响、渗透，甚至融合，不仅不可避免，而且十分必要。只要能够正确对待和处理与外部文化的关系，就不会影响自身的独立发展，反而会给它提供机遇，增强活力。

在中国近现代一百多年的历史上，每当我们民族处于历史的十字路口时，知识界便会出现反省、讨论传统文化的热潮，这是不难理解的。这种反思与讨论的一个主要问题，就是中国传统文化的发展趋向。

在近现代历史上，尽管中国传统文化不断面临西方文化的挑战，但还是取得了较大成就。从总体上讲，改造与更新传统文化的尝试并没有完成。第一次世界大战以后，西方国家的社会动荡和思想混乱，导致中国思想界对西方文明产生怀疑，甚至是失望。在这样的情况下，许多学者开始进一步思考中国传统文化与西方文化的优劣问题，寻求传统文化的出路，也就是传统文化的现代化问题。

传统文化的现代化，也应当注意这样的问题，即如何创造性地继承文化遗产中的精品，怎样抛弃它的糟粕，吸取西方文化时应该注意哪些问题，中西方文化怎样有机地结合。

在人类文明史上，任何一种文化，都有其精华与糟粕。因此，对把传统文化划分为精华与糟粕的学术研究方法，不应视其为对保存国粹与全盘西化的折中调和的中间派。实现中国传统文化的现代化，全盘西化不行，复古倒退也不行，这两个极端在当代社会显然都不可取。

我们的看法是：无论对于中国传统文化，还是西方文化，都应坚持"取其精华，去其糟粕"的原则。或许有人不赞成这样的提法，认为文化形态无所谓精华与糟粕。但实际上，也只有遵循这个原则，才可以在传统文化研究中有长久的立足之地，取得研究成果，并被多数人接受。当然，传统文化中，究竟哪些是封建糟粕，哪些是民主精华，还要认真分析，经过相当深入的鉴别判定，然后加以取舍，并在这个基础上进行文化创新。

这里要特别指出的是，在对传统文化的研究中，有一种观点认为，中国传统文化以劣点为其主要特征，一提传统文化，似乎阴暗面就是它的全部内容。这种没有经过深入科学研究而先入为主的偏见，应当予以纠正。应当首先承认传统文化中确有许多珍品，它长期影响中国人的思维方式、生活习惯、审美情趣，而且是构成中华民族特色的重要因素。只有承认这样的事实，才谈得上继承和发展。

只有振奋民族精神，才能实现民族和国家的现代化。而民族的强大凝聚力来源于自身的历史和文化创造。如果把民族的一切都视为包袱而轻易加以否定，其后果必然是否定民族自身，从而使民族陷入涣散和瓦解的困境里。因此，研究传统文化，立足点是肯定其精华，这样才能科学地舍弃其糟粕。

以上所谈问题的跨度，只限于中国近代，即通常所说的从鸦片战争到五四运动。五四运动以后，中国新民主主义运动勃兴起来。1940 年毛泽东在他的《新民主主义论》中关于传统文化的论述，以及如何对待传统文化的原则，是很有远见的。至今这些原则仍然应当遵循。毛泽东这样写道："清理古代文化的发展过程，剔除其封建性的糟粕，吸收其民主性的精华，是发展民族新文化提高民族自信心的必要条件；但是决不能无批判地兼收并蓄。……我们必须尊重自己的历史，决不能割断历史。但是这种尊重，是给历史以一定的科学的地位，是尊重历史的辩证法的发展，而不是颂古非今，不是赞扬任何封建的毒素。"（《毛泽东选集》第二卷，人民出版社 1991 年版。）

近年来，国际社会探讨民族文化问题，出现了两种观点，一是所谓"全球意识"，二是所谓"寻根意识"，这是两种相互矛盾的文化意识。主张"全球意识"的学者，认为文化的发展趋向应该有全球眼光，因为当今世界已进入信息时代，各种新思想、新学说、新文化的相互交流和影响极为迅速，国家和地区之间的联系十分便捷。所以，文化的发展有一个综合的趋向，任何一个国家和地区的文化发展，都不可能不考虑整个世界所面临的重大问题。

另一种文化发展趋向，是所谓"寻根意识"或"民族意识"，它日益受到人们的重视。第二次世界大战以后，民族觉醒和民族独立已经成为不可阻挡的历史潮流。人们意识到，民族要获得发展，就必须寻求自己的文化传统。

对于"全球意识"和"寻根意识"，我们认为都有各自的道理，但二者都似有偏颇之嫌。如果只有"寻根意识"，而没有"全球意识"，就不可能面向世界去思考民族文化问题，也就无法准确地反映这个时代的要求。同样，如果没有民族意识，就不可能创造出有民族特色的新文化形态。

所以，近现代文化的发展，特别是像中国这样一个有悠久文化传统的大国，既要尊重本国的优秀传统文化，又要面向世界，吸取人类创造的一切优秀文化成果。我们对于传统文化需要进行细致的分析，不能简单化地对待。

例如，中国传统文化中有一种非功利主义色彩，这在对外关系中表现得尤其明显。而在西方，例如哥伦布、麦哲伦的航海探险，其推动力之一就是获得巨大财富，这是一种经济动力，是文化上的功利主义。中国明代郑和下西洋，浩浩荡荡，声势颇大，却缺乏经济动因，主要目的是到海外各国去显示天朝上国的礼仪和威势。

相比之下，西方人就实际得多了。马戛尔尼到中国，被清廷当作进贡使者，事实上他来华是为了通商。中国的皇帝臣子则与此相反，宁可丧失实际利益，也不愿丢面子。清朝皇帝对外国使节见还是不见，见面礼节是跪拜还是鞠躬，从咸丰年间，一直交涉到光绪十八年（1892）才解决。这种非功利主义色彩的文化形态有其局限性的一面。

不过，在中国传统文化中，优良的精品比比皆是。例如，中国传统文化，不仅重义甚于重利，重感情甚于重利，而且重信用也甚于重利。中国旧时代的金融机构钱庄银号，存放款项凭信用，中国商人往往把名誉和人格看得比钱财更加重要，他们凭信用做生意，并不签订文字协议或合同，可实际上并不失信于人，这完全依靠道德的约束。对于这种情况，那些初来乍到的西方人感到十分惊讶。因为西方人做生意，不论买卖大小，都要白纸黑字写下合同或契约，这才可以算数。所以，他们对于中国商人之间的这种做法感到难以理解。

孙中山在思考中国传统文化的优劣时，说过这样的话："就信字一方面的道德，中国人实在比外国人好得多。在什么地方可以看得出来呢？在商业的交易上便可以看得出。中国人交易，没有什么契约，只要彼此口头说一句话，便有很大的信用。……所以外国在中国内地做生意很久的人，常常赞美中国人，说中国人讲一句话比外国人立了合同的，还要守信用得多。"（《孙中山选集》下，人民出版社2011年版。）当然，情况并非总是如此，事实上仍有不守信用的例子，但重信用确是中国传统文化的特征之一。

或许有人说，不重契约重信誉，是中国人法制观念淡漠的表现，有了契约，就有了法律的依据。是的，无论自然经济社会，还是商品经济社会，固然需要法律的强制性约束，但道德的制约也是不可缺少的。只有在健全法制的同时，注重道德建设，社会才能正常发展，并不断增强自身的免疫力。

今天研究中国传统文化，固然不是为了把它当作古董珍藏起来，以为奇货可居，而是为了保存它，改造它，吸取它，发展它，使它能适应今天的需要，帮助解决今天所面临的问题，以有利于社会主义精神文明建设。同时，对传统文化进行学习和研究，对于每个人来说，也是一件很有趣味的事情。这一精神活动可以开阔视野，增加知识，增添生活的情趣。

思考题：

1. 19世纪中叶以后，西方自然科学向中国传播的途径有哪些？主要分为几个阶段？有什么特色？

2. 严复、王国维等人译介西方哲学的活动，对他们自身的思想和治学产生了怎样的影响？反映了当时文化传播和接受中还存在着哪些问题？

3. 近代在处理中西文化关系时主要有哪些论点？谈谈自己认识和体会。

4. 在迎接西方文化挑战的过程中，中国传统文化在近代取得了哪些成就? 对当前认识中国传统文化的优长和不足有哪些启发?

第十二章

传统文化

遇到的挑战

结束语

21世纪与中国传统文化

结束语

21世纪与中国

传统文化

一、关于未来世界文明的展望

步入 21 世纪后，全世界有识之士都在关注世界文明的结构和发展趋向。

有一种看法认为，不同文明的冲突将影响世界政治。持这种观点的人说，世界在很大程度上由七八种主要文明的相互作用而形成。这些文明包含西方文明、东方的儒学文明、伊斯兰文明、印度文明、斯拉夫—东正教文明、拉美文明、非洲文明等。不同文明之间将不断发生冲突，此种冲突必然会影响世界经济和政治的发展。

此种观点并没有全面地阐述 21 世纪世界文化的结构和演变趋势，它过于强调不同文化体系之间的冲突，而没有论述它们之间的相互影响和吸引。不同文化体系总是既有冲撞，也有融合，不可能只有一面。而且上述观点也没有深入地论述不同文化体系之间的冲突将会怎样影响世界经济、政治的发展，因而缺少足够的说服力。

再一种观点，认为东方（主要是中国）儒学将对世界发生较大的影响。持这种观点的某些西方学者有过详细的论证。他们说，亚洲和非洲两个大陆获得独立的时间大体相同，但是到今天，不论从政治还是经济方面看，亚洲的发展优于非洲。为什么会出现这种局面？西方有些学者认为，亚洲的一些国家是在他们传统文化基础上建设自己的国家，充分考虑到自己国家的传统，没有盲目地照搬西方的模式。这些国家的领导大都受过儒学的教育。儒家思想传统在整个东亚、东南亚国家有较大的影响。这种学说主张建立一个守纪律的、讲究伦理道德的、稳定的、分层次的社会。因而这些国家能够有条不紊地进行经济和文化建设。它们已经取得优异的成绩并正在进一步发展。

还有一种观点，认为中国优秀传统文化中的道家思想，将对世界，特别是西方经济发达国家产生越来越大的影响。持这种观点的人认为，中国的《老子》一书已经有几十种外国译本，东西方有些大科学家从《老子》中吸取了理论思维的营养，依据《老子》的思维方式，去探索自然和宇宙的奥秘。《老子》中的"道"对一些自然科学家来说，成为最有吸引力的范畴。英国学者李约瑟在其《中国科学技术史》中力求说明中国古代道家学说对古代科学发展所产生的巨大作用。还有些著名的西方自然科学家认为，西方虽然在科学技术上有了很大发展，但是忽视了"人文"，如果"人文"的教育受到削弱，将使整个社会成为畸形的社会，使个人成为某些物质机械的附属物。而在中国古代，比如在《老子》中早就有"科学"和"人文"相结合的思想萌芽，而这一点恰恰就是21世纪科学发展的指导。也就是说，在新世纪里，"科学"和"人文"应当携起手来，祛除世界的弊端，为人类创造幸福美满的生活。

以上观点有不少是西方科学家的经验之谈，是很有深度的见解。但是这些观点也没有全面地阐述21世纪与中国传统文化的关系。可见这是一个非常复杂困难的问题，需要大家共同加以探讨。首先要对中国传统文化进行实事求是的分析，在分析的基础上才能判断它在未来岁月里将对我们自己，以及对世界发生什么作用。本书前些章节已对中国优秀传统文化进行介绍，这里再对儒家人生伦理价值观和道家自然哲学展开分析，作为本书的结语。

二、儒家人生伦理价值观的未来命运

春秋末期大思想家、教育家孔子提出系统的道德理论。他总结了商、周时期的道德和文化遗产，又根据他所处时代的需要做出创造性的贡献。他的道德理论大体上含有以下内容：

1. 文野之分。在中国很早就产生了文野之分的理论，反对野蛮而赞扬文明。在《尚书·舜典》中，就有"睿哲文明，温恭永塞"之说，把"文明"当成一种美德。《疏》的解释说："经天纬地曰文，照临四方曰明。"当时的统治者把他们自己的权利，以及他们应当具有的理想品性，称之为文明美德。后来这样的赞美之词就更多了。《周易》有："见龙在田，天下文明。"（《周易·乾卦》）"其德刚健而文明，应乎天而时行，是以元亨。"（《周易·大有》）孔子为"文明"规定了人们应当遵守的若干道德规范，并认为人们经过学习，可以成为讲文明的君子。

2. 文质彬彬。这是孔子道德理论的重要内容，主张人们的内心和行为、内容和形式应当完美地加以结合。讲道德不但要有好的行为，而且要有高尚的心灵。他说："质胜文则野，文胜质则史。文质彬彬，然后君子。"（《论语·雍也》）"质"即心地朴质，人们看不见；"文"即文采，是形之于外的东西，人们都能见着；"彬彬"形容结合恰当，有统一之意。孔子认为，朴质多于文采，就未免粗野；文采多于朴质，又未免虚浮。只有把文采和朴质、形式和内容统一起来，才是有道德修养的君子。

3. 中庸之道。孔子提出道德的最高标准，主张道德与行事结合，从而使人们分析问题解决问题恰到好处，不过头、不误时，这才是道德的极致。他说："中庸之为德也，其至矣乎！民鲜久矣。"（《论语·雍也》）由此引申出，"中庸"是一种认识方法，它能比较全面地观察事物；"中庸"作为道德教育理论，能鼓励人们去追求完善的人格，做一个有道德的高尚的人。

4. 和而不同。有道德的人胸怀宽阔，能容百物，善于听取不同意见，博采众家之长。孔子说："君子和而不同，小人同而不和。"（《论语·子路》）意思是，讲道德的人以"和"为准则，但不肯盲从附和，敢于提出自己的意见；不正派的人处处盲从附和，而不会提出自己的见解。

5. 寓教于乐。道德教育不是干巴巴的说教，应当是生动活泼的。道德教育和礼、乐教育相结合，才会取得好的效果。

以上五个方面是孔子道德教育的理论基础，孔子时代距今 2600 多年，当时提出这样的原则，无疑是中国道德伦理学说史上的伟大创造。这些理论原则是真理长河中的绝对真理粒子，随着人类社会历史的发展，它们将不断得到充实，永远不会被湮没。在当前和未来的道德伦理教育中，我们要用符合时代要求的内容来充实这些原则，使它们具有旺盛的生命力。

孔子以后，孟子和荀子对道德伦理学说都有创造性贡献。特别是孟子，他继承了孔子人文主义精神，在中国古代道德心理学方面提出过深刻的见解。

早期儒家的道德伦理学认为，一个人要成为有道德的君子，不由天命决定，也不是外力使然，要靠人们的自觉努力。孔子说过，"我欲仁，斯仁至矣"。孟子更加发展出一套人人经过努力皆可以成为道德君子的理论。人人皆有成为尧舜的可能，因为只要是人，就必须具有人的某些特性，否则就和禽兽无异了。所谓"恻隐之心"等，是从人的潜在因素而说的，并不是讨论知识从哪里来，因此对于孟子关于道德心理学的贡献，要实事求是地加以肯定。早期儒家的思想始终认为人自身具有调节人与环境矛盾的能力。孔子早就说过，颜回住在陋室，吃着粗食，生活艰苦，但颜回有强烈的求知欲和成为道德君子的愿望，所以他的精神生活并不受环境的摆布，仍然充满信心地追求着真理。这种执著的精神，在孟子那里被进一步发挥成"浩然之气"，以及"大丈夫"面对富贵温柔之乡，面对穷困潦倒之境，面对粗暴强力威胁，都不能放弃自己宏大志愿的名言。总之，由于有正确的信念，人们内心会产生强大的克服困难的毅力和耐力，以维护人格的崇高地位。这样的道德心理学堪称中国道德理论史中的珍品，在任何时候都是不能丢弃的。

我国早期儒家的道德伦理学说，对于后代人才的培育有不可估量的潜移默化作用。当代诺贝尔奖获得者杨振宁说，他小时候数、理都学得很好，读中学时，身为大学教授的父亲却不支持学微积分，而聘请了一位国学老师教了一个暑假《孟子》，令他受益终身。当然不止杨振宁，不少有成就的人都从早期儒家的道德伦理遗产中受到如何做人的教育。

秦汉时期，随着统一封建国家的建立，中国道德伦理学说又有了新的发展。司马迁不仅是卓越的史学大师，而且是道德伦理学说的伟大学者。他提出"人固有一死，或重于泰山，或轻于鸿毛"的生死观，表现了崇高的价值理想。他又提出"家国为先"的道德标准；提出"荣辱不惊，唯义为先"的生活观，要人们正确地对待顺境和逆境，不论在任何情况下都不放弃道义的原则。他还提出道德并不是儒者君子的专利品，在农人和富贾之中，在社会底层的平民百姓中也有崇高的道德境界。司马迁赞扬平民"振人不赡，先从贫贱始"；"振人之命，不矜其功"。许多平民百姓中的佼佼者有高尚的品德，"其言必信，其行必果，已诺必诚，不爱其躯，赴士之厄困，既已存亡死生矣，而不矜其能，羞伐其德"（《史记·游侠列传》）。如果没有过人的胆识，没有亲身体验过人间的酸甜苦辣，就不会说出这样深刻的道理。司马迁有渊博的知识，丰富的阅历，又有非常不幸的遭遇，所以他一生都在探究什么是善恶。面对西汉时期的现实，他在思索为何有德之人际遇不佳，而那些不讲道德的小人反而官运亨通。道德与现实之间的鸿沟，在《史记》这部史学的百科全书中有详细的描述。

尽管这是常见的事，但是我们不能以成败论英雄，不能以富贵作为检测人间道德的尺度。因此，那些终身潦倒而"言必信，行必果"的仁德君子依然彪炳史册。司马迁揭示了道德伦理学上的一个重大问题，即人的价值不在于权势官位，不在于荣华富贵，而在于人们自身的思想和行动。

东汉时期，汉章帝钦定的《白虎通义》堂而皇之地说，现实和道德完全相符，问题在于人们怎样对待。如果臣民们都能按照汉章帝对"五经"的解义去理解，那么现实和道德不会出现任何鸿沟。而如果臣民们按照异端去解释"五经"，就会走到邪路上去，这是绝对不允许的。《白虎通义》想借皇帝的权威把中国历史上由孔子开其端的人文主义（或称之为理性主义）堵塞起来，把臣民们引到神学和盲从的迷宫中去。《白虎通义》系统地宣传了封建礼教思想。封建社会的礼教和中华民族的传统美德是有区别的。中国封建社会的礼教，大体有这样一些特征：

第一，它将封建制社会的人身依附关系加以伦理化和宗教化。礼教核心的"三纲"就是人身依附关系的最简洁的表述。马克思指出封建制社会以人身依附关系为特征，这是科学的见解。18世纪法国启蒙思想家孟德斯鸠在其名著《论法的精神》一书中说过，在封建社会，人对人的从属关系成为法律的大敌。近代社会之所以与专制社会不同，在于近代社会摆脱了人对人的从属关系，举起了法律面前人人平等的旗帜。

中国封建社会的礼教虽然有人曾经使它宗教化，说帝王就是神，从天统符瑞都可以证明帝王的历史就是神灵转化的历史，但是由于中国早期儒学的强烈人文精神，以及其他原因，封建礼教并没有真正成为宗教。

第二，礼教只从伦理学角度谈社会的各个等级对社会和皇帝应尽的义务，不谈人的权利。同时它又强调人治而摒弃法治。综观中国历史"王子犯法与庶民同罪"，只是法家的理论宣传，找不到太多的实例。中国封建社会里，人的权利观念之不足以及法治之薄弱，都和礼教有密切的关系。

第三，礼教并未能扼杀中国人本主义思想的发展，但是封建制社会的人本主义已和春秋战国时期有了区别。战国时期孟子的人本主义有社会平等的朴素观念。比如有人问他：对暴君能不能杀？孟子回答：可以，暴君已经不是君。秦汉以后，这种论调几乎绝迹。秦汉以后的人本主义是在肯定皇帝统治前提下的"人本"，和孟子不附带前提条件的人本主义有所不同，这是因为秦汉以后中国的人本主义不可能不受到礼教的影响。

因此，我们需要区别传统美德和封建礼教。儒家人文主义伦理价值观是有生命力的，不会消失，所以我们在运用时要关注我们时代以及未来时代的要求，不能完全照搬。至于封建礼教，早已失去了生命力，我们必须加以摒弃。五四时期先驱者对封建礼教的批评是有历史功绩的，虽然当时他们还没有时间去分析传统美德和礼教的区别。

三、道家自然哲学与世界

西方有些历史学家说，中华文化缺少自然哲学，其主体是政治伦理学说。这个论断其实并不全面。中华文化中含有丰富的自然哲学，但是中国传统文化并非离开人生去讲自然，而是从人生出发去探讨自然，其理论又作用于人生，因而形成这样的公式：人生→自然→人生。

在中华文化中有两条主线，一条是上面提到的儒学，一条是道家学说。道家的学说更加鲜明地表述了以上公式的特色。

道家的创始者老子通过对自然的研究，总结出许多人生的哲理。现在选择一二，作为引证：

老子说：天下最柔弱的莫过于水，水穿过山谷，越过平原，水能够克制最坚硬的东西。（"天下之至柔，驰骋天下之至坚。"）人们应当像水一般柔弱，"不言"之教，"无为"之益才是最宝贵的。（"不言之教，无为之益，天下希及之。"）老子说：江海之所以能够容纳百川，是因为它居于最低下的位置。

（"江海所以能为百谷王者，以其善下之。"）圣人真正为百姓所信服，就必须对黎民百姓谦恭和顺。（"是以圣人欲上民，必以言下之。"）老子说：坚强的会走向死亡，柔弱的却会长存。因而凭借武力必将失败，强大的树干总有一天会折断。可见强大是转瞬即逝，柔弱却是永恒不灭。（"……故坚强者死之徒，柔弱者生之徒。是以兵强则不胜，木强则兵。强大处下，柔弱处上。"）

老子从自然哲学回到人生哲学，认为一个人立身处世，应当柔弱似水，谦恭少言，"不言"，"无为"。"无为"不是什么都不做，而是不要强求去做，不要锋芒毕露，不要给人带来烦扰。只有这样才能把事情做成功，如老子所说，"无为"而"无不为"。

老子对自然的观察很细密，闪烁着智慧之光。这和希腊哲学家赫拉克利特有相似之处，但他们又有明显的不同。赫拉克利特从自然反观人生，强调的是"斗争"，而老子却认为"和""返璞归真"才是永葆青春的妙药。从这里也可反映出中西文化相异的历史背景。在此还想再强调一下，在道家的典籍里，有许多对自然和人生作出了深刻观察的论述，有一些生活经验和处世智慧，在养生和延年益寿上更是作出了重大贡献。现在国际学术界对《老子》一书如此重视，看来并非出于偶然。

道家创始人为春秋末期的老子，而战国时期的庄子则是道家学派的另一个重要代表人物。庄子对于自然的观察更加哲理化。在《庄子》一书中，对自然现象的描述，以及众多的寓言故事，都在启发人们去思考自然的奥妙，从而指引人们应当如何对待自然和社会。

例如，《庄子·内篇·应帝王》：

南海之帝为倏，北海之帝为忽，中央之帝为浑沌。倏与忽时相与遇于浑沌之地，浑沌待之甚善。倏与忽谋报浑沌之德，曰：人皆有七窍以视听食息。此独无有，尝试凿之。日凿一窍，七日而浑沌死。

在庄子看来，自然为一整体，是不能破坏的。道家大声疾呼保护自然，不要破坏自然。令人感兴趣的是，日本著名科学家汤川秀树在对三十多种基本粒子背后的基本物质是什么而进行长期探索时，居然从上述寓言故事中受到启发，认为这一基本物质可能类似于"浑沌"。他在成功之后，写下这样的话："中国人是这些人中最早进入精神成年时期的人。……而老子则似乎用惊人的洞察力看透个体的人和整个人类的最终命运。"（转引自董光壁《当代新道家》，华夏出版社1991年版）

道教也引起世界科学家的注意。东汉时期魏伯阳《周易参同契》于20世纪30年代被译成英文，时至今日，国外仍有不少研究它的专著发表。

如果说，欧洲18世纪启蒙思想家非常重视中国的儒学，那么20世纪以后的欧洲和美国学者都越来越重视中国道家思想的研究。

四、传统文化与未来

中华文化不是封闭的文化，她之所以有悠久的生命力，原因之一是她带有开放的特色。这种开放一方面表现为中国境内各个民族间的相互学习和共同创造。早在两千多年前的春秋时期，思想家和政治家们不以自己的出生地为限，他们在中原各国宣传自己的主张，在哪里最能发挥自己的聪明才智，就在哪里定居下来。孔子周游列国，觉得不论到哪里，他的理想都难以实现，最后才回到自己的故乡鲁国，过起教师的生活。

唐朝创造出中国古代的灿烂文化，当时汉族向少数民族学习，少数民族也向汉族学习。唐代文化有些来自少数民族，有些则来自亚洲其他国家。汉代和唐代长安城里有"胡坊"，整条街住的都是外国人。"胡姬当垆"指的是洋女子在中国酒肆里卖酒。长安城里，人们以穿胡服、跳胡舞为时髦，风行一时。

中华文化开放的另一种表现就是善于向外国学习。从西汉末开始传入中国的印度佛教，历经魏晋南北朝时期，至唐朝时形成鼎盛局面。然而中国人对外来的佛教并不照搬照抄，而是加以消化吸收、加工改造，形成了中国自己的佛教。天台宗、华严宗、禅宗等，就是唐朝时期中国佛教的宗派。到了宋代，中国化佛教的某些内容和思维方式被儒学吸收，并加以融合，于是形成了新儒学（理学）的思想理论体系。

16 至 18 世纪，欧洲一些基督教传教士不远万里来到中国，他们学习汉语，了解民情风俗，和中国士大夫广泛结交。士大夫们也向外国传教士学习西方的自然科学，促进了自己的科学研究，出现了徐光启、方以智等大学者。清代康熙皇帝也向传教士学习欧几里得几何学和土地测量法等，都是值得称道的。

在中国近代，一些有识之士到国外留学，寻求富国强兵之道。他们回国后介绍西方的文化和科学，例如严复在 19 世纪末介绍的达尔文、赫胥黎的生物进化论，在中国思想界产生了巨大的影响。

以上事实表明，中华文化的繁荣必须要有中国文化本身和外国文化的结合。然而，历史是复杂的。在中国封建社会，特别是到了王朝衰微的阶段，有些当政者固步自封，闭关自守，以为这样可以千万亿年地统治下去，然而这只是梦想。这不仅延缓了历史的进程，而且给文化发展带来了负面效果。

21 世纪，人们会想到人口、污染、现代病等。解决这些问题，不可能只用一种药方，要靠全球的综合治理。在工业文明给世界带来幸福，同时也带来不幸的时候，人类需要更加健全的精神文明，也就是说，当"现代化"为人类带来生产力的高速度发展，同时也带来所谓的"现代病"的时候，人们就不能不特别注重精神生活的调剂。从这个意义上说，中华文化中的某些部分，在 21 世纪，经过转化、改造，可能为世界上更多的人所乐意接受。

例如，中华文化中重视家庭伦理价值的观点，对于医治老年人的心灵孤独，改善儿童的家庭教育等，也许有一定的作用。

又如，中华文化重视自我意识的修养，重视精神所发挥的作用，宣扬和谐哲学和返璞归真的思想，这对于医治现代工业带来的身心交瘁，以及推动科学发展都有一定的作用。

再如，中华文化强调人文精神、重视群体、倡导中庸之道等，这在 21 世纪有可能启发人们更加实事求是地观察世界。

结束语

21世纪与中国

传统文化

　　有些科学家已经指出，在 21 世纪，人们可以看到东方文化中某些方面的影响。这是可能实现的。

后 记

　　《中国传统文化》书稿，今天全部改毕定稿，余下的工作就是选择插图。这样，我在农历甲戌年正月初一可以来写后记了。

　　怎样来写关于传统文化基础知识方面的书，如果仅从理论上探讨，那很难解决问题。我觉得最好的办法就是多出版几种这方面的著作，听听读者的反映和专家们的指正，这样也许更易于取得共识。

　　关于传统文化基础知识的书，要求具有一定文化水平的读者、特别是大学生们能够看得明白，而且读出兴趣来。要达到这个目的，就要付出心血和劳动，需要不惮其烦地修改书稿。近几年来，我有这样的想法：人文社会科学著作如果只是在少数专家学者中间流传，范围太过于狭窄；今天更加需要有较多读者层面、可读性较强的著作出版。以传统优秀文化为例来说，只有当她为更多的人所了解的时候，她本身才会有生命力，才能取得良好的社会效益。而普及与提高是不可分割的。俗话说："深入浅出"，唯有对所要写的内容进行过研究，将其消化、分解，才有可能用恰当的方式表达出来。如果对于自己要说明的问题毫无研究，那是写不好普及性作品的。

　　我们编写这本书是基于这样的认识：民族的复兴离不开民族文化；有民族化才有世界化。为提高我国人口的素质(这个问题再也不能忽视了)，除认真落实义务教育以外，还需要加强民族文化的宣传。这样的工作不是一朝一夕所能奏效的，但是只要有志同道合的朋友们坚持做下去，积以时日，对于提倡良好的社会风尚，提高人们的精神境界，使道德和美学教育成为全社会关注的大事，将会产生一定的积极作用。我们是教育工作者，而且是从不同的方面研究祖国优秀文化的学术工作者，我们不会下海弄潮，也不会见异思迁，自感能力有限，只能坚守自己的岗位，在冷清的生活中努力为国家、为民族做一点力所能及的事。我们相信这样的工作是有意义的。当然，希望教育和出版部门能理解我们的心情，给我们以批评和帮助。

张岂之

1994年2月10日，农历春节

当我读完再版的清样和1994年2月10日所写的《后记》以后，一来觉得时间过得真快，刹那间已经过去了十年，十年来读者对我们的厚爱使我们深深感动；二来感到我们在大学做人文基础学科教学和科研工作的人，境况有了很大的提高；更加使我们高兴的是，大家对祖国优秀传统文化的认同感越来越强烈。现在可以肯定的是，《中国传统文化》的再版可能会有比过去更多的读者。我衷心希望读者朋友对本书提出宝贵的意见。

在中国优秀文化中包含有科学技术方面的伟大创造，因为我们对这一部分缺少深入的研究，而且鉴于高等教育出版社已经出版有中国科学技术史方面的教材，因此在撰写《中国传统文化》时没有增加这方面的内容，请读者朋友们谅解。

我始终认为，为青年朋友写比较通俗的著作，以普及关于中国传统文化的知识，是非常重要的工作，其价值并不逊于这方面的学术专著。而且写普及性的著作并不容易，如果没有相当的研究基础以及独立自得的见解，是写不出普及性与学术性相融合的作品的。《中国传统文化》一书是这方面的一种尝试，是否完全得当，我们没有把握。古人云：学无止境，只有不断地实践和研究，才可能有一点心得。这就是我读毕《中国传统文化》再版清样后的感想。

我还要感谢高等教育出版社于健航同志，她精心为本书选择插图，用了不少时间。现在将文字与插图对照起来看，会有助于读者了解书的内容，特别是第七章"艺术珍品——中国书法、绘画",如果没有插图,那很难获得鲜明的印象。全书选择的图片是否得当,还请读者予以指正。

张岂之

2005年12月8日

插图资料来源：

1.　中国美术全集编辑委员会编：《中国美术全集》（古代部分），人民美术出版社
　　1984—1989 年版。

2.　中国古代书画鉴定组编：《中国美术分类全集·中国绘画全集》，浙江人民美术出
　　版社、文物出版社 2000 年版。

3.　殷荪编著：《中国书法史图录》，上海书画出版社 2001 年版。

4.　刘正成主编：《中国书法全集》，荣宝斋出版社 1991—2019 年版。

5.　《中国文物精华》编辑委员会编：《中国文物精华》，文物出版社 1997 年版。

6.　中国历代艺术编辑委员会编：《中国历代艺术·建筑艺术篇》，中国建筑工业出版
　　社 1994 年版。

7.　浙江省文物考古研究所等编著：《良渚文化玉器》，文物出版社、两木出版社 1990
　　年版。

8.　朱诚如主编：《清史图典——清朝通史图录》，紫禁城出版社 2002 年版。

9.　《元四家画集》，天津人民美术出版社 1994 年版。

10.　《四僧画集》，天津人民美术出版社 1991 年版。

11.　萧默主编：《中国建筑艺术史》，文物出版社 1999 年版。

12.　朱越利：《道经总论》，辽宁教育出版社 1991 年版。

13.　李养正：《道教与中国社会》，中国华侨出版公司 1989 年版。

14.　许晓光编著：《旅游与宗教》，四川人民出版社 2002 年版。

15.　赵力、贺西林编著：《中国美术史图录简编》，高等教育出版社 2004 年版。

图书在版编目（CIP）数据

中国传统文化 / 张岂之主编 . -- 3 版 . -- 北京：
高等教育出版社，2023.3（2024.12重印）
ISBN 978-7-04-059525-3

Ⅰ.①中… Ⅱ.①张… Ⅲ.①中华文化－高等学校－
教材 Ⅳ.① K203

中国版本图书馆 CIP 数据核字 (2022) 第 211148 号

策划编辑　张　林
责任编辑　马羚玮
书籍设计　刘晓翔
责任校对　张　薇
责任印制　赵　佳

内容提要

本书是一本系统介绍中国优秀传统文化的知识性读物。绪论扼要论述传统文化的基本精神，随后分十一章介绍传统文化的各个重要组成部分，包括史学、哲学、伦理、文学、宗教、文物、教育、书法、绘画、医药、养生、饮食、建筑、节日诸方面，从而展示出中国优秀传统文化的丰富内涵及其相互影响。最后分析中国传统文化在近代遇到的挑战。在结束语中则展望 21 世纪中国传统文化的发展趋向。全书图文并茂、文字流畅、叙述清晰、可读性强，适合具有高中以上文化程度的读者阅读，尤其适宜作为高校中国传统文化课的教材，以及国内外读者了解中国文化、历史的读物。

出版发行	高等教育出版社	反盗版举报电话　(010) 58581999　58582371
社　　址	北京市西城区德外大街4号	反盗版举报邮箱　dd@hep.com.cn
邮政编码	100120	通信地址　北京市西城区德外大街4号
印　　刷	天津市银博印刷集团有限公司	高等教育出版社法律事务部
开　　本	787mm×1 092mm　1/16	邮政编码　100120
印　　张	24	
字　　数	340 000	
购书热线	010-58581118	本书如有缺页、倒页、脱页等质量问题，请到所
咨询电话	400-810-0598	购图书销售部门联系调换。
网　　址	http://www.hep.edu.cn	
	http://www.hep.com.cn	版权所有　侵权必究
网上订购	http://www.hepmall.com.cn	
	http://www.hepmall.com	物料号　59525-00
	http://www.hepmall.cn	
版　　次	1994年7月第1版	
	2023年3月第3版	
印　　次	2024年12月第7次印刷	
定　　价	69.00元	